中国教育学会国际教育分会
CHINA INTERNATIONAL EDUCATION

中国国际教育：
观察与研究

2022

苑大勇　主编

外语教学与研究出版社
FOREIGN LANGUAGE TEACHING AND RESEARCH PRESS
北京 BEIJING

图书在版编目（CIP）数据

中国国际教育：观察与研究. 2022 / 苑大勇主编. -- 北京：外语教学与研究
出版社，2022.12
ISBN 978-7-5213-4164-5

Ⅰ. ①中… Ⅱ. ①苑… Ⅲ. ①国际教育－研究报告－中国－2022 Ⅳ. ①G52

中国版本图书馆 CIP 数据核字 (2022) 第 238266 号

出 版 人　王　芳
项目策划　李国辉　李　晶　张　妍
责任编辑　赵　婧
责任校对　韩　蜜
封面设计　覃一彪
出版发行　外语教学与研究出版社
社　　址　北京市西三环北路 19 号（100089）
网　　址　http://www.fltrp.com
印　　刷　北京虎彩文化传播有限公司
开　　本　650×980　1/16
印　　张　17.5
版　　次　2022 年 12 月第 1 版　2022 年 12 月第 1 次印刷
书　　号　ISBN 978-7-5213-4164-5
定　　价　99.00 元

购书咨询：（010）88819926　电子邮箱：club@fltrp.com
外研书店：https://waiyants.tmall.com
凡印刷、装订质量问题，请联系我社印制部
联系电话：（010）61207896　电子邮箱：zhijian@fltrp.com
凡侵权、盗版书籍线索，请联系我社法律事务部
举报电话：（010）88817519　电子邮箱：banquan@fltrp.com
物料号：341640001

编委会

加强国际教育研究，培养全球教育治理人才（代序）

党中央对全球教育治理、构建人类命运共同体、推动"一带一路"倡议实施、讲好中国故事、加强国际传播能力建设高度重视。2021年9月25日，在北京外国语大学建校80周年之际，习近平总书记给北外老教授回信，对加强国际传播能力建设，推动全球教育治理，引导我国教育更好改革发展作出了重要指示。教育部党组专门发出通知，要求教育战线学习好、宣传好、阐释好、贯彻好、落实好总书记重要回信精神，这也是北京外国语大学和中国教育学会国际教育分会当前和今后一段时期的重要政治任务。我们要以习近平总书记一系列的重要指示批示为指导，以习近平总书记给北京外国语大学老教授的重要回信为遵循，来研究国际教育治理问题，力图发现规律、借鉴经验、交流做法、加深认识、明确方向，使国际教育研究工作、实践工作行稳致远。

全球教育治理是一个相对新的概念，它来源于全球治理。治理和管理有所不同，管理更强调自上而下，上面发号施令，作出指示，下面行动，是一种命令式的传导。治理更强调的是下游需求，上游回应，多方协同，广泛参与，共同推进，取得成效。提高全球教育治理能力和水平，是新时代贯彻习近平总书记重要指示精神，结合中国国情，结合相关的改革发展实际应该采取的行动。我们参与全球教育治理，势在必行，对中国有益，对世界有帮助。为做好全球教育治理的工作，我认为要特别注重以下五点：

第一，注重全球教育治理人才培养。作为一个拥有14亿人口的负责任的大国，中国要深度参与全球教育治理，提高参与全球教育治理的能力和水平，最重要的是要有人才，要有愿意参与全球教育治理，能够参与全球教育治理，坚持参与全球治理的一大批英才。人才主要靠培养，在基础教育阶段，就应该让广大中小学生提升国际化素养，学会求知，学会做事，学会共处，学会做人；要加强中华优秀传统文化教育，让学生获得自信；要加强国际理解教育，让学生学会宽容；要加强相关外语教育，让学生掌握沟通的本领。在高等教育阶段，更应该注重全球教育治理人才的培养，一要突出外语能力。首先是英语，要尽量精通；其次是法语，要尽量掌握；再次是其他语种，我们也需要相关的人才。北京外国语大学开设101种外语，培养了大批外语人才。二要突出中文能力。中文水平低，外文水平往往也难以真正炉火纯青，中外的翻译更难以达到"信达雅"，要重视学生对母语的掌握，提升中文素养。三要突出专业能力。在新的时代参与全球教育治理，懂外语是必须的，但仅懂外语是不够的，还应该懂得一门专业。具备了学科专业能力和全面的素质、熟练的外语，就有可能成为国际教育研究和全球教育治理的人才。四要突出沟通能力。要学会沟通，学会协作，学会相处。全球教育治理人才必须具备很强的沟通能力，特别是跨国家、跨文化的沟通协调能力。五要突出可持续发展能力，联合国教科文组织等国际机构对21世纪人才的要求，把可持续发展放在很重要的位置。

第二，注重全球教育治理的学术研究。要加强国际教育研究，加强比较教育研究，加强区域国别研究。要深入对象国进行研究，要利用对象国的官方语言和常用语言进行研究，要与兄弟院校机构相关人员合作开展研究，要与国际组织、资深人士一起开展研究，要借助科学的方法进行研究，要利用现代的手段进行研究。

第三，注重增强讲好中国教育故事的能力。中国教育取得了很多成绩，探索出了很多好经验，我们要与兄弟国家、发展中国家和其他各国进行交流分享，无私地贡献中国智慧、中国方案、中国力量。世界各国尤其关注中国基础教育的改革发展，中国基础教育发展有很多宝贵的经验，我们开展全球教育治理既要向其他国家学习，也要向外推介我们的做法和经验，要善于讲好中国故事。

第四，注重加强与国际机构的交流合作。提升我国参与全球教育治理的能力，要创设条件，走出去，引进来，与国际机构加强合作。我们要主动请教，加强服务，积极对接，做好与相关国际组织的沟通交流。当然，合作是双向的，尊重是互相的，必须坚持中国人的志气、骨气和底气。

第五，注重搭建全球教育治理广阔平台。研究和参与全球教育治理是新时代一项非常重要的工作，也需要更加广阔的平台。希望国际教育分会各会员单位、各位理事、各位会员、各位学术委员，贡献聪明才智和强大力量，把中国教育学会国际教育分会建设成为在全球教育治理中发挥更大作用的重要平台。中国教育学会国际教育分会、北京外国语大学国际教育学院也愿意作为全球教育治理的平台，一起携手在全球教育治理上行稳致远，共同为中国高校参与全球教育治理作出更大贡献。

北京外国语大学党委书记
中国教育学会国际教育分会理事长
王定华　教授
（本文摘录自 2021 年中国教育学会国际教育分会学术年会主旨报告）

前　言

在我国迈向第二个百年奋斗目标的历史时刻，这本《中国国际教育：观察与研究 2022》面世了。本书汇集了近年来多位教育工作者理论与实践研究的新成果，体现了在建设社会主义现代化强国和构建人类命运共同体的大背景下，中国国际教育发展的新实践和新突破。

本书的内容紧紧围绕着当前我国国际教育发展的新形势和新问题，具有鲜明的时代特征和重要的学术价值。全书聚焦五个主题：青少年全球胜任力的培养、国际教育的课程建设、教师发展和学校评价、新形势下国际特色学校的转型和升级，以及中国参与全球教育治理，充分体现了近年来我国国际教育发展的新理念、新动态、新趋势。本书案例鲜活、数据翔实，为进一步开展理论研究提供了丰富的素材，为一线工作提供了翔实的参考资料。

本书所收录的文章，既有 2021 年中国教育学会国际教育分会学术年会专家报告，也有向教育专家、学者、校长征集而来的文章。作者中有来自高等院校和研究机构的知名学者专家，他们有的多年从事国际教育的研究工作，有的长期在国际组织和驻外机构担任领导职务，具有广阔的国际视野和较高的政策水平，学识广博、高屋建瓴，对新时期国际教育的新使命和新发展提出了真知灼见。还有多位作者是来自教学和管理一线的校长和老师，他们的文章论题反映了实际工作的需要，内容经过实践的检验，结果注重解决实际问题。作者们牢牢地把握立德树人的根本目标，在坚持"四个自信"的前提下学习和借鉴国外的研究成果和发展经验，坚持立足中国实际，突出中国特色。

中国教育学会国际教育分会（英文译名为 China International Education，CIE）成立于 2021 年 6 月，是中国教育学会最年轻的分支机构之一，是中国从事国际教育科学研究、学术交流和成果推广的重要专业团体，其秘书处设立在北京外国语大学，由北外党委书记王定华教授任首任理事长。国际教育分会聚合国内外国际教育领域的各类资源，助力我国教育事业的高质量发展，致力于为全球教育发展贡献中国力量。

《中国国际教育：观察与研究2022》的出版，是国际教育分会坚持"政治立会、科研立会、学术立会"基本原则的具体体现，也是分会为推动和促进新时期国际教育的创新发展所作的应有贡献。

《中国国际教育：观察与研究》系列图书将成为国际教育分会学术研究成果展示的窗口、国际教育工作者们开展学术交流和进行成果推广的平台，我们将努力把这个系列的编写和出版工作坚持下去，为新时期国际教育的发展助力加油。

党的二十大吹响了"全面建成社会主义现代化强国，实现第二个百年奋斗目标"的时代号角，提出以中国式现代化全面推进中华民族伟大复兴的发展方略。新时代、新目标，对我国国际教育提出了新要求、新挑战和新使命。国际教育分会将在中国教育学会的领导下，组织和带领全体会员，深入学习宣传贯彻党的二十大精神，研究和探索新时期中国特色国际教育的发展道路，继续推进中国青少年国际素养和全球胜任力研究、中国特色国际教育课程建设研究、区域国际教育创新发展研究、儿童友好与儿童发展研究等重点领域的研究工作，积极推动我国教育事业的高质量发展，为构建人类命运共同体培养优秀人才，为世界教育发展贡献中国智慧。

中国教育学会国际教育分会秘书长

张东升

目　录

第一部分

国际教育理念升级——全球胜任力培养的中国路径

中国基础教育阶段全球胜任力培养的实践探索

李劲红　北京市第一六六中学
朱　竹　东城区教育科学研究院

【摘要】在全球化的时代，对学生全球胜任力的培养已经成为国际社会的深刻共识。美国基础教育终极目标即培养具有全球胜任力的公民，并将其全面渗透融入国家、地区（州）、学校层面课程设置中。中国虽然没有在各级政府文件中明确提出全球胜任力，但是将国际理解能力纳入核心素养，同时具有丰富的实践基础，而在未来需要进一步加强有关培养全球胜任力的治理结构和课程建设。

【关键词】基础教育；全球胜任力；课程建设

一、全球胜任力理念的多样化

当今时代的特征表现为日益增长的全球相互依赖与激烈竞争的并存，呼吁每个人能够在面对地方、国家和全球公民生活的同时具备有效地参与解决全球问题的能力。立足本土、参与全球的能力已经成为当前和今后很长一段时期内个体和国家生存和发展所必需的能力，也是实现全球和谐共存的必要能力，世界各国几乎达成共识，全球胜任力已成为 21 世纪人才的核心素养。

2017 年 12 月 12 日，经济合作与发展组织（OECD）和哈佛大学研究生院联合发布《PISA 全球胜任力框架》将全球胜任力纳入 2018 年国际学生评估项目（PISA 2018）之列，我们通常也把全球胜任力称之为全球素养。根据《PISA 全球胜任力框架》的界定，全球胜任力是指个体能够体察本土、全球和跨文化问题，理解并欣赏他者的观点和世界观，与不同文化背景下的人进行既相互尊重又有效的互动，并为集体福祉和可持续发展采取负责任的行动。此外，培养具有全球胜任力的人才更是支持联合国可持续发展目标的重要途径，帮助新一代的年轻人关心全球事务，参与并解决我们面临的社会、政治、经济和环境问题。这四个维度彼此衔接，互相依存，同时还需要四个方面的支持：1. 具备关于世界和他文化的知识；2. 理解世界并采取行动的技能；3. 开放的态度，对不同文化背景的人的尊重以及全球思维方式；4. 对人类尊严和多元性价值的认同（滕珺，2018）。

学术界对全球胜任力没有统一的定义，计莹斐（2019）分析并整合了国内外不同的观点，并将"全球胜任力"与"全球竞争力""跨文化能力""世界公民能力""全球意识"和"全球视角"进行对比研究后，提出了如下对全球胜任力的比较全面的理解，笔者赞同如下定义。全球胜任力可定义为：通晓全球性知识、理解周围环境以外世界、与其他国家和文化背景的人们交流共处、参与全球事务与国际竞争的能力（计莹斐，2019）。

中国和其他国家出台的一系列教育政策和文件中对全球胜任力的理解和界定呈现多样化：2010 年 7 月 29 日中共中央、国务院颁布的《国家中长期教育改革和发展规划纲要（2010—2020 年）》明确指出"要培养大批具有国际视野、通晓国际规则、能够参与国际事务和国际竞争的国际化人才"，"要加强国际理解教育，推动跨文化交流，增进学生对不同国家、不同文化的认识和理解"。2016 年 9 月颁布的《中国学生发展核心素养》提出培养人文底蕴、科学精神、学会学习、健康生活、责任担当、实践创新六大素养，其中"责任担当"意指"学生在处理与社会、国家、国际等关系方面所形成的情感态度、价值取向和行为方式"，包括社会责任、国家认同、国际理解三项基本要点。"国际理解"意指"具有全球意识和开放的心态，了解人类文明进程和世界发展动态；能尊重世界多元文化的多样性和差异性，积极参与跨文化交流；关注人类面临的全球性挑战，理解人类命运共同体的内涵与价值等"（林崇德，2016），可视为个体适应全球生存与发展的能力，体现了"全球胜任力"中的重要内涵。2020 年 6 月，《教育部等八部门关于加快和扩大新时代教育对外开放的意见》明确提出把培养具有全球竞争力的人才摆在重要位置：提高基础教育对外开放水平，培养德智体美劳全面发展且具有国际视野的新时代青少年。清华大学在 2016 年 7 月启动实施的《清华大学全球战略》提出了"培养具有全球胜任力的创新人才"目标，进而提出全球胜任力意指"在国际与多元文化环境中有效学习、工作和与人相处的能力"，包含认知、人际与个人三个维度上的六大核心素养：全球议题与世界文化、母语与外语、开放与尊重、沟通与协作、自觉与自信以及道德与责任。值得关注的是，这一全球胜任力理念也创新地阐释了我国国家教育规划中有关"国际视野"人才培养目标，并且与《中国学生发展核心素养》中的"国际理解"形成积极对话（钟周、张传杰，2018）。

在过去的半个世纪中，美国持续实施着培养全球胜任力以提升国际竞争力的国家教育战略，并且将在教育体系中培养全球胜任力作为保障国家利益与国家安全的一项重要国防战略。美国教育部在 2012 年 11 月发布了《通过国际教育与国际参与制胜全球：美国教育部 2012—2016 年国际战略》。该《战略》是美国教育部首次发布的一项全面系统的国际战略，将全球胜任力界定为"个体能够在全球日益密切相连的世界上获得成功，并且能够充分参与具有全球影响力的国际事务并且有效发挥作用的知识和技能"（钟周、张传杰，2018）。2011 年美国各州教育官员委员会与亚洲协会联合发布了报告《为了全球胜任力的教育：为青年人参与世界做好准备》，提出全球胜任力在于培养"学生对世界如何运转具有敏感性和好奇心，并通过学科性和跨学科性知识来理解世界"；同时还提出了培养全球胜任力的四类相辅相成的行动：探索世界、认识多元视角、沟通思想以及采取行动。

综上所述，经合组织对全球胜任力的定义更加注重个人需要具备的素质，而美国提出的理念则更加注重个人素质与美国全球利益的连接。中国对于学生全球胜任力的培养既是作为国家人才储备战略，又是一个普适性的教育目标，即提高全体国民的综合素质。

二、对基础教育阶段培养学生全球胜任力实践探究的定位

经济合作与发展组织召开了 2022 年全球胜任力论坛，并发布基于 2018

年国际学生评估项目的最新研究报告《大局思维：为互联的世界培养"全人"的原则与实践》（Big picture thinking: How to educate the whole person for an interconnected world—principles and practices）。报告对各国全球胜任力的不同培养渠道、学习方式、教学模式、培养质量、教师专业素养等方面，提出了观点和看法。该报告指出：学校教育为学生全球胜任力培养提供更多主动参与学习的机会，起到重要作用；全球胜任力倡导的学习理念已由传统的"获取或掌握知识"扩展到"主动的生活体验"；全球胜任力的培养既可以依托独立的学习项目，也可以融入日常教学环节。报告表明，全球胜任力并非学科学习的产物，需要专门的关注和培养；从年龄来看，全球胜任力能够并且应该从学生的幼儿时期就开始培养（Mansilla & Schleicher, 2022）。报告中的上述内容为本研究的定位提供了有力的支持，即探究基础教育阶段学校对学生全球胜任力的培养实践是有效可行的，具有实际借鉴意义的。本文以美国伍顿高中所在马里兰学区为基础，分析并借鉴美国基础教育阶段全球胜任力培养的一些经验，为中国基础教育阶段学校培养学生的全球胜任力提供一些可行性参考建议。课程是学校教育重要的载体，本文将重点探究对全球胜任力培养方面进行的课程建设的相关内容。

三、美国基础教育阶段学生全球胜任力培养实践

（一）美国明确将培养全球胜任力作为基础教育国际化的方向

二战后，美国为了巩固其霸主地位，急需与其他国家进行文化上广泛而深入的交流，输出美国价值观。《1946年富布赖特法案》（The Fulbright Act of 1946）的签署标志着美联邦政府对国际教育和文化交流的正式介入。后续一系列教育法案的出台都旨在增进国际理解。1988年，美国国际教育交流协会发表的报告《为全球胜任力而教》，首次提及"全球胜任力"这一概念，揭示了提升全球胜任力的重要性和紧迫性（滕珺等，2018）。而研究报告《为全球胜任力而教：美国未来的通行证》的出台，再次呼吁为增强美国在世界范围内领导者的角色，就必须加强培养学生的全球胜任力，确保所有美国人具备全球胜任力（American Council on Education，1998）。对

于国际化人才培养，联邦政府从聚焦高等教育领域逐渐转向关注基础教育，意识到必须加强基础教育阶段学生在语言和文化方面的学习。21世纪，教育国际化问题日益得到联邦政府的关注，克林顿总统签署《国际教育政策备忘录》，并制定和实施相应的教育国际化战略。自此，全球胜任力培养上升为国家战略，培养对象转向了全体普通公民，全球胜任力培养得以普及。美国关于培养学生全球胜任力的国家政策发展经历了目标定位与教育理念的转变。

（二）美国基础教育全球胜任力培养的实施

美国基础教育全球胜任力的培养虽然没有在各级课程标准中明确用文字表述出来，但在课程设计和规划中无处不渗透、融入全球胜任力培养的各个要素。

美国2010年发布的《共同核心课程标准》（Common Core State Standards, CCSS）在学科要求中强调了培养批判性思维（如基于合理推理他人观点作出评价和批评）、解决问题（坚持找到解决问题的方案）和分析技能（如寻找并揭示规律性）的重要性，将学科内容标准与实际情况联系起来，是全球胜任力核心能力的一部分。

拥有教育自主权的地方（州）政府积极倡导全球教育，研究制定本地区培养全球胜任力的政策法规，促进将全球概念纳入课程框架，将其转化为学校的实际实施，并为教师提供足够的资源支持和专业培训，以培养学生的全球胜任力。

学区和学校层面的全球胜任力培养主要体现在课程设计上。通识性的单学科课程，如语言、数学、科学、社会科学、艺术、体育等分成2—5个层次供不同学习能力和不同学习目标的学生学习；此外，部分州教育局和绝大多数学区教育局提供了成熟的跨学科学习项目和课程群，如工科课程项目、信息工程课程群等，甚至一些学校还出现了"校中校"，即跨学科课程学院。这些成熟的跨学科课程和跨学科项目使得绝大多数学校能够顺利推进全球胜任力培养，达成基础教育全球胜任力培养的目标。

课堂教学中，通过学科与跨学科的融合渗透，通过学校内外课程的交融互补，基于开放的、合作的、应用的教学方法，整合具有全球与本土意义的真实话题和问题，让学生协作解决现实问题，培养他们解决未来在国际社会真实情境中遇到其他问题时所需的技能。

高校研究机构和非政府组织同样积极参与全球胜任力的培养和教学，探索以全球胜任力为主导的教育模式，开发全球胜任力的模型和指标体系，设计并实施一系列课程，联合学校推进全球胜任力的教学，指导教师将全球胜任力的培养融入课堂实践。美国基础教育全球胜任力培养方案有成熟和强大的理论基础做支持，从而能够为课程改革提供成熟的理论指导。

（三）蒙哥马利学区公立高中全球胜任力课程建设

蒙哥马利学区隶属于美国马里兰州。马里兰州是美国教育比较发达的州，该州的生物科技和信息技术非常发达。蒙哥马利公立学区是马里兰州最大的学区，截至 2018 年共有 202 所学校，学生超过 15 万，全美排名第十七；该学区来自 157 个国家的学生讲 138 种语言（学生中 31% 是白人，28.5% 是拉美裔，21.5% 是非裔美国人，14% 是亚裔，5% 来自其他族裔），是真正意义的多种族与多文化交汇的地区，基础教育全球胜任力培养在该区的意义更加凸显。

在课程建设中，州教育局主要负责制定与国家课程和联邦政府教育政策相一致的州教育政策及简要的课程纲领，包括课程总目标、取得高中毕业文凭需完成的课程统一测评、资格测评、部分升学课程的测评等，不负责具体课程的设计和规划。课程建设主要由当地学区详细地编写各学科课程大纲，而学区内的各个学校根据学区的课程设置结合自己的办学理念，进行本学校课程的建设。

蒙哥马利学区公立学校培养目标与马里兰州和国家的培养目标一致，即致力于为高中生进一步升学和就业做充分准备，同时培养学生成为全球范围内具有创造力的公民。蒙哥马利学区课程大纲设置了范围广泛、种类多样的课程超过 700 门，涵盖了学生在今后学习、生活和工作领域能够接触到的几乎所有社会范畴。这些课程设置新颖有趣，又聚焦于对学生进一步升学或就业的目标，同时为培养学生获得全球性知识和解决实际问题的能力打下坚实的学术基础，形成具有全球意识的情感态度和价值观。学区内的所有公立高中可以在这 700 多门课程中进行广泛的选择，结合自己的办学理念，进行本学校通识课程建设和特色课程建设，形成具有本校办学特色的课程体系。蒙哥马利学区的课程大纲详细规定了每个学科的知识、技能、情感态度及实践能力的培养目标，这些目标都是培养全球胜任力的重要组成部分。

蒙哥马利学区在全球胜任力课程建设中有几大突出特点：（1）重视外语课程建设，注重培养学生跨文化意识；（2）生涯课程体系成熟，注重所学知识和技能与解决现实问题紧密结合；（3）校内课程体系完善，与目标达成关联度高；（4）重视与社会组织合作，开发学科融合课程、多样性课程、高精尖技术课程。

（四）伍顿高中全球胜任力课程建设

美国伍顿高中成立于 1970 年，是隶属于马里兰州的蒙哥马利学区的公立中学，在全美高中排名中较高，属于"蓝带中学"。由于各个公立学校的课程大纲定位是对学区教学大纲的补充和发展，所以伍顿高中基础教育全球胜任力培养的实施与蒙哥马利学区总体实施情况基本一致。伍顿高中全面而系统地引入蒙哥马利学区的通识课程，但课程目标更加精细化，更加利于操作和实践。

伍顿高中的课程主要有：通识类基础学科课程，如语言类课程、计算机科学和技术教育课程、艺术课程、社会科学课程、学生领导力课程；伍顿高精尖特色课程，如信息技术学院课程（AOIT），教育学院课程，人文和艺术特色课程，科学、技术和研究学者特色项目（STARS），"项目引路"特色项目（PLTW）——工程学课程，实习课程和托马斯爱迪生技术学校课程。

伍顿高中的特色课程项目都进行了一定程度的跨学科融合，整体课程设置与蒙哥马利学区一致。在课程学习中可以全面培养学生全球胜任力，使学生在全球背景下对自己的文化了解甚至精通；对所讨论的其他文化了解、理解；对全球问题理解；能够具备获取、分析和评估信息的能力，并将文化因素参考在内来批判性思考和解决实际问题；具有跨文化交流、合作的技能，以及能进行批判性思考和解决问题的技能；能够培养学生作为全球公民的开放态度以及尊重文化差异的积极态度；在问题解决和决策过程中寻求并应用对不同视角的理解；在探究和证据的基础上形成观念；坚持终身学习与反思；勇于承担责任，采取合作行动，与他人协同思考和解决问题。

综上所述，美国基础教育终极目标，即培养具有全球胜任力的公民，全面渗透融入国家、地区（州）、学校层面课程设置中。虽然课程目标并没有明确的文字体现，但是全球胜任力的全球性、解决问题的应用技能、全球意识和价值观无一不体现在具体课程的设置和实施中。

四、中国基础教育阶段学生全球胜任力培养的未来发展

通过对美国国家、马里兰州、蒙哥马利县和伍顿高中的基础教育阶段的课程纲要及课程设置的探究，结合中国国情与教育政策制度对中国基础教育阶段学生全球胜任力培养有如下建议：

（一）加强科研引领，建立培养全球胜任力的国家治理结构

目前中国主要依赖于地方学校将全球胜任力培养当成特色进行实践，但这样并不能实现长期、系统、有效的全球胜任力培养的目标。中国教育部颁布的《国家中长期教育改革和发展规划纲要（2010—2020 年）》《中国学生发展核心素养》《教育部等八部门关于加快和扩大新时代教育对外开放的意见》等教育政策文件虽然提出了"国际理解""国际视野""全球竞争力人才"等概念，但从国家到地方教育部门并未出现执行该教育政策相应的官方框架和措施。从美国伍顿高中的案例中可以看出，美国国家、地区（州）、学校的全球胜任力培养政策与课程高度一致，只是在逐层下沉的过程根据地方人口状况、经济发展情况、培养目标的地方需求进行特色课程的建设。

对于全球胜任力培养，中国在基础教育阶段已经有非常雄厚的基础。在科研上，北京师范大学国际与比较教育研究院不仅引入了经合组织等提出的相关概念，还进行了本土化的理论研究，中国教育科学研究院、北京

外国语大学国际教育学院等相关机构也开始做该领域的研究，从理论和方向上对实践进行引领。而类似的理念譬如联合国教科文组织的可持续发展教育、国际理解教育等理念不仅已经在中国进行了充分研究和本土化，还进行了广泛的实践，取得了辉煌的成绩：可持续发展教育（ESD）理念以北京教育科学研究院为龙头，不仅研究成果丰富，通过中国可持续发展教育项目在全国范围内广泛推进，对基础教育改革起了促进作用，还创造了中国参与全球教育治理的独特模式；国际理解教育理念由北师大比较教育学院进行了研究，同时上海、成都等地区也进行了区域推进，在全国范围内也有很多学校以此为特色发展路径，这些都为全球胜任力在中国提供了丰富的理论和实践基础。在政策文件上，国家很多文件都提到了国际化人才培养，《国家中长期教育改革和发展规划纲要（2010—2020年）》、国家教育"十二五""十三五"规划纲要、《教育部等八部门关于加快和扩大新时代教育对外开放的意见》，新时代学生培养的总目标《中国学生发展核心素养》更是明确提到了国际理解素养。此外，国家和政府各层级文件也提到了要加强可持续发展教育。虽然各类文件没有提出全球胜任力，但是这些都为基础教育阶段全球胜任力培养提供了政策保障。在国家、地方各层级行为主体上，教育部所属的中国国际教育交流协会、中外人文交流中心以及新成立的中国教育学会国际教育分会、中国可持续发展教育有关的组织架构都是国家级别专门从事国际教育的政府组织，为全球胜任力培养提供了资源和平台，此外还有地方各级国际教育交流中心。除了国际学校、公立学校国际部，各级区域和公立学校层面也都有关于全球胜任力培养的实践基础，譬如可持续发展教育项目校、国际理解特色学校，甚至各级模拟联合国活动。此外，社会层面还有广泛的企业、机构、国际非政府组织（INGO），这些都可成为全球胜任力培养的重要行为主体。

综上所述，中国的全球胜任力是中国的基础教育人才培养战略目标，有着丰富的理论和实践基础，有着多样化的机构设置和保障。但是，从历史发展和现状来看，更多呈现出碎片化特点，需要建立行之有效的符合新时代要求和特点的治理结构，充分发挥之前的基础和优势，同时充分调动各行为主体的积极性共同参与。

（二）将全球胜任力培养和课程建设紧密结合

课程是实现全球胜任力培养的重要载体，依赖学校层级的校本课程设计进行全球胜任力的培养，定会出现一批有特色、有深度并且培养效果显著的课程，是学校培养全球胜任力的先锋力量和楷模示范。但不同区域经济、人口、教育发达程度等因素会导致人才培养不均衡的现象。而由国家、地方两个层级设计全球胜任力培养的课程基本框架，同时至少提供该框架内的一些基础性课程，保证培养均衡的底线，这样才能带动全国绝大部分地区全球胜任力培养的普及和高端人才的选拔。

国家课程是推动全球胜任力培养的重要载体，2016 年国家颁布了《中国学生发展核心素养》，明确提出了国际理解，随后在义务教育阶段以及高中阶段新课程方案中，都有对于国际化人才培养的相关内容和要求。但是，根据林崇德（2016）团队的研究，国家课程标准中国际意识、可持续发展意识、环境意识、多元文化、尊重和包容等相关能力还是相对较少。当然，全球胜任力不单单是对国际问题、跨文化交流和理解能力的培养，更是一种复合能力，是未来能够在国际社会自由行走的人才所需要的素养，新课改的整体方向是与此相辅相成的。

全球胜任力培养主要可以通过校本课程的方式实现，通过地方特色和校本特色课程的建设实现教育目标。除了学校常采用的类似于模拟联合国、跨文化节、友好校交流、境外研学、讲座等常规活动，还有如下方式：基于地方和学校优势学科，引入高端国际资源和课程，建立基地，进行阶梯化人才培养，打造学校特色，同时发挥辐射影响作用；引入国际资源，打造国际化的平台，建设国际化校本课程群，从全校层面整体提高国际化水平，从而提高师生的国际视野和素养；引入全球胜任力国际课程资源，并且从单纯引入国际化课程到鼓励教师进行自主化的本土课程研发；进行跨学科的课程项目或者学院的建设，打通以教研组为单位的学科的界限，鼓励教师配合进行多元学科融合的创新，其中项目式学习（PBL）是个很好的授课方式；更加重视生涯教育的顶层设计，将其放在整体课程建设中进行考虑；对接各类资源，做好顶层架构，建立具有中国本土特色的全球胜任力课程体系，系统性地培养学生的全球素养。

参考文献

[1] 计莹斐. 2019. 美国基础教育全球胜任力培养研究 [D]. 上海: 华东师范大学.

[2] 林崇德. 2016. 21 世纪学生发展核心素养研究 [M]. 北京: 北京师范大学出版社, 239.

[3] 滕珺. 2018. 国际组织需要什么样的人 [M]. 上海: 上海教育出版社, 115.

[4] 滕珺, 张婷婷, 胡佳怡. 2018. 培养学生的"全球胜任力"——美国国际教育的政策变迁与理念转化 [J]. 教育研究, 39（1）: 142-147, 158.

[5] 中共中央、国务院. 2010. 国家中长期教育改革和发展规划纲要（2010—2020年）[EB/OL]. (2010-07-29) [2021-9-27]. http://www.moe.gov.cn/srcsite/A01/s7048/201007/t20100729_171904.html.

[6] 中华人民共和国教育部. 2020. 教育部等八部门印发意见加快和扩大新时代教育对外开放 [EB/OL]. (2020-06-23) [2021-9-27]. http://www.moe.gov.cn/jyb_xwfb/s5147/202006/ t20200623_467784.html.

[7] 钟周, 张传杰. 2018. 立足本地、参与全球: 全球胜任力美国国家教育战略探析 [J]. 清华大学教育研究, （2）: 60-68.

[8] American Council on Education. 1998. Educating for global competence: America's passport to the future [EB/OL]. (1998-00-00) [2022-10-11]. https://eric.ed.gov/?id=ED421940.

[9] Council of Chief State School Officers & Asia Society. 2011. Educating for global competence: preparing our youth to engage the world [EB/OL]. (2011-10-1) [2021-9-27]. https://asiasociety.org/files/book-globalcompetence.pdf.

[10] Council of Chief State School Officers & NGA Center. 2010. Common core state standards for English language arts & literacy in history/social studies, science, and technical subjects [S/OL]. (2010-6-1) [2021-9-27]. http://www.corestandards.org/wp-content/uploads/ELA_Standards1.pdf.

[11] Mansilla, V. B. & A. Schleicher. 2022. Big picture thinking: how to educate the whole person for an interconnected world—principles and practices [R]. Paris: OECD Publishing, 11-42.

[12] OECD. 2017. The OECD PISA global competence framework—preparing our youth for an inclusive and sustainable world [EB/OL]. (2017-12-13) [2021-9-27]. https://www.oecd.org/pisa/Handbook-PISA-2018-Global-Competence.pdf.

作者简介

李劲红： 北京市第一六六中学英语教师，除擅长各学段英语教学外，还同时研究基础教育阶段全球胜任力培养、项目式学习在基础教育阶段的实践探究等方向。

朱 竹： 东城区教育科学研究院课程理论政策研究部教研员，北京大学国际公共政策硕士。研究领域：特色课程、全球胜任力、可持续发展教育。

全球胜任力视域下小学国际理解教育课程实践研究：以成都市盐道街小学为例

罗晓航　　王亚菲　成都市盐道街小学

【摘要】身处互联、多元、迅速变革的世界，全球胜任力作为参与全球竞争与合作的能力，成为 21 世纪人才核心素养之一。成都市盐道街小学积淀百余年办学文化，探索出较为完善的全球胜任力视域下的小学国际理解教育课程实践体系。该体系以"儿童为本"作为课程理念，以培育文化自信的学生、具有全球素养的教师、包容开放的学校为总目标，以共同建设领域、可持续发展领域、多元文化与互鉴领域为课程内容，通过跨学科融合、课外主题实践活动、中外人文交流、校园气氛营造四大路径实施并综合评价，通过观念引领、健全工作机制、提升师资力量、搭建交流平台四大策略保障课程体系。

【关键词】全球胜任力；小学国际理解教育课程；实践探索

近年来，经济合作与发展组织（OECD）提出全球胜任力（global competence），又译为全球素养，立即引发全球关注。经合组织将全球胜任力界定为："个体审视本地、全球和跨文化事务，理解并欣赏他人的观点和世界观，并与来自不同文化背景的人进行公开、适当和有效的互动，且为集体福祉和可持续发展采取行动的能力"（OECD，2020）。该定义整合了全球胜任力框架中的四个基本维度，即全球胜任力可以帮助个体在日益多元的社会中促进文化意识和相互尊重的互动；提高就业能力；帮助个体合理利用数字空间；帮助个体关心全球问题，并参与解决（邓莉、吴月竹，2021）。

在新冠肺炎疫情重塑全球政治经济格局、我国外部发展环境更加错综复杂的背景下，2020 年 6 月，《教育部等八部门关于加快和扩大新时代教育对外开放的意见》，提出要着眼加快推进我国教育现代化，培养更具全球竞争力的人才，加强中小学国际理解教育（中华人民共和国教育部）。由此看来，建构具有全球胜任力的中国国际理解教育的课程极具紧迫性。尽管部分地区和学校正在实施国际理解教育，但缺乏系统的培养全球胜任力的国际理解教育课程体系。

成都市盐道街小学（以下简称"盐小"）创办于 1919 年，有超过百年的历史。2010 年 6 月，盐小成立国际部，将教育国际化工作纳入学校发展的整体布局，推动了国际理解教育进程。目前，国际理解教育成为盐小的四大办学特色之一，学校在此过程中积累了丰富的指向全球胜任力的国际理解教育实践经验。

一、全球胜任力视域下小学国际理解教育课程的理念

多元文化融合共生是国际理解教育课程的基础（邓勇，2022），具有全球胜任力可以将多元文化进行有效融合（Reimers et al.，2016）。在"厚德如盐，适融入道"的办学理念下，盐小秉承"盐"真情滋养的"厚德"品性，发展"盐"的"适度适量"和"消融、融合、调和、和乐、润育"的灵动智慧，立足于学校国际化的办学特色，确定全球胜任力视域下小学国际理解教育课程的基本理念为以儿童为本，即"Of the Children，By the Children，For the Children"。"Of the Children"，表示课程的性质，是指国际理解教育课程的选题是否在儿童独特的视角下。"By the Children"表示课程的主体，是指国际理解教育课程的实施中，儿童是否全身心参与。"For the Children"表示课程的宗旨，是指国际理解教育课程中目标的设立与达成是否致力于儿童的终身发展。

二、全球胜任力视域下小学国际理解教育课程的培养目标

依据《中外人文交流教育实验区国际理解教育项目实施指南（试行）》通知，盐小结合多年的探索实践经验，从儿童发展的需要和对未来教育的思考出发，确定全球胜任力视域下国际理解教育课程的培养目标是浸润文

化自信的学生、培养具有全球素养的教师、构建包容开放的学校，这三个目标间相互联系、相互支持，共同建构成有机整体。

（一）浸润具有文化自信的学生

全球胜任力可以在日益多元的社会中促进文化相互尊重，"四个自信"的文化建构要求我们在开展国际理解教育时树立国家认同和文化认同。盐小积淀百年文化，致力以"厚德之盐"浸润多元文化，培育具有文化自信的学生。

从认知层面来说，学生需要了解掌握关于民族文化和民族精神、文化多样性与文明互鉴、可持续发展等方面的知识。从能力层面来说，学生需要建立深厚的民族认同感、传承民族文化和民族精神的能力。从情感态度层面来说，学生需要对自己国家和民族高度认同和热爱，理解不同的生活方式与文化观念。

（二）培养具有全球素养的教师

教师是新观点的引导者和宣传者，也是新社会秩序建立的协助者（陈光春、周洪宇，2021）。随着全球胜任力的提出，国际社会在强调学生全球胜任力的同时，也要求培养教师的全球素养，提高教师开展国际理解教育教学的能力（张蓉，2020）。盐小立足学校文化，致力在"适融"和"善创"的底蕴中，培养具有全球素养的教师。

从认知层面来说，具有全球素养的教师需要有开阔的文化视野，了解健康、环境、人口、国际组织、和平、人权等全球知识。从能力层面来说，教师要有对其他文化的敏感性，具备批判分析、解决冲突、与人合作的能力，以及开展国际理解教育的教学技能。从情感态度层面来说，教师要有民主、公正、尊重他人、宽容、责任心等品质。

（三）构建包容开放的学校

包容开放的学校可以帮助学生树立自信，享有众多团队协作和个人发展的机会。盐小承接"适融善创"的办学理念，"适"字本义为适合、切合，"融"字体现开放包容。"适融入道"指引其发展规划始终关注资源共享，在规范的制度中协同合作。

从认知层面来说，包容开放的学校不仅需要语、数等课程，还需要开设多样化的国际理解教育课程。从能力层面来说，学校需要兼容并蓄、向内生长和向外发展的能力。从情感态度层面来说，学校中学生、教师的多样性受到接纳，形成平等共生、尊重包容的意识和态度。

三、全球胜任力视域下小学国际理解教育课程的体系建构

"善创"是对盐小办学理念的继承和发展。盐小在完善中创造，构建出全球胜任力视域下国际理解教育的课程体系（见图1）。它是以培育文化自信的学生、具有全球素养的教师、包容开放的学校为总目标，以共同建设领域、可持续发展领域、多元文化与互鉴领域为课程内容，通过跨学科融合、课外主题实践活动、中外人文交流、校园气氛营造四大路径进行实施

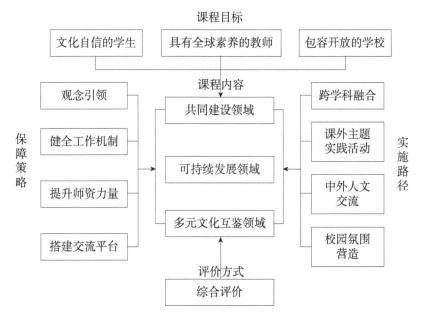

图1　全球胜任力视域下小学国际理解教育课程的体系

并综合评价，通过观念引领、健全工作机制、提升师资力量、搭建交流评价四大策略保障课程体系。

（一）课程内容的创建

全球胜任力是围绕国际形势变化和人才需求展开的。在联系日益紧密的世界中，全球胜任力有助于成功参与或处理全球议题（滕珺等，2018）。结合盐小的文化特色，建构全球胜任力视域下小学国际理解教育课程的内容包括"同心圆"国际理解教育课程、17项可持续发展国际理解教育课程和"熊猫走世界"国际理解教育课程。

1. 共同体建设领域——"同心圆"国际理解教育课程

全球胜任力是以人类命运共同体为目标，强调共建人类命运共同体以实现共赢，而非服务于自身的全球扩张战略（姚威、储昭卫，2021）。

盐小以人类命运共同体为目标，从学生熟悉的校园出发，以"盐娃语、成都行、巴蜀情、中华梦、亚洲路、世界眼"六个同心圆的方式由内到外逐步拓展，六个同心圆分别代表小学阶段六年的成长期（见图2）。涉及

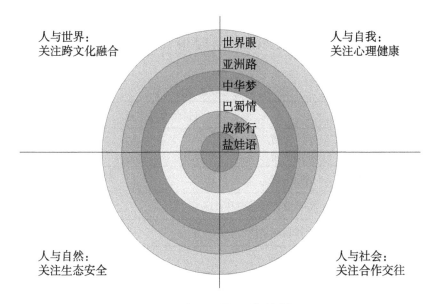

图2 "同心圆"国际理解教育课程

"人与世界""人与自我""人与自然""人与社会"四个领域。其中，"人与世界"领域关注跨文化融合，"人与自我"领域关注心理健康，"人与自然"领域关注生态安全，"人与社会"领域关注合作交往。以"中国心—同心圆—世界情"的方式，帮助孩子从学校、区域、城市、国家等不同维度了解世界政治、经济、历史、地理与文化动态。

2. 可持续发展领域——17 项可持续发展国际理解教育课程

全球胜任力在理念上传承了可持续发展的要求，扬弃了传统全球化的斗争哲学（姚威、储昭卫，2021）。联合国通过《变革我们的世界：2030 年可持续发展议程》发表了水下生物、陆地生物、消除贫困、消除饥饿、可持续城市和社区等 17 项可持续发展目标（United Nations，2015）。盐小结合不同年级学生的心理特点，围绕不同主题的可持续发展目标展开国际理解教育课程（见表 1）。

一年级的可持续发展主题为"水下生物"和"陆地生物"；二年级的可持续发展主题为"消除饥饿"；三年级的可持续发展主题为"可持续发展城市和社区"；四年级的可持续发展主题为"促进目标实现的合作关系"；五年级的可持续发展主题为"气候行动"；六年级的可持续发展主题为"和平、正义与强大的机构"。17 项可持续发展国际理解教育课程以多元主题的形式，帮助学生了解世界发展动态，培养国际视野，增强国际公民责任感。

表 1　可持续发展课程主题

年级	可持续发展主题
一年级	水下生物 陆地生物
二年级	消除饥饿
三年级	可持续发展城市和社区
四年级	促进目标实现的合作关系
五年级	气候行动
六年级	和平、正义与强大的机构

3．多元文化与互鉴领域——"熊猫走世界"国际课程

全球胜任力在理念上强调文明间的包容性，秉承包容合作、互利共赢、友好尊重的态度（姚威、储昭卫，2021）。盐小依托巴蜀文化，为弘扬中华传统文化精髓，树立学生的民族自信和文化自信，面向校内学生开设"熊猫走世界"国际理解课程。

"熊猫走世界"国际理解课程以脸谱、行当和身法为内容，通过赏、品、学三步阶梯式递进学习，配以双语讲解和精美图样，帮助中外孩子深入领会中国川剧的魅力。在川剧脸谱部分，学生先"赏"川剧变脸视频，感受川剧中的脸谱；再通过对比不同颜色的脸谱，体验脸谱的绘制，进而细"品"川剧；最后，通过体验活动"学"脸谱角色性格。在川剧行当部分，学生先"赏"川剧片段，初步感受川剧中的行当；再通过观察不同行当的川剧服饰图，学习不同角色的服装穿戴，以"品"味川剧中五个行当和生旦净末丑的相关知识；最后，通过服饰与唱腔"学"不同行当角色的特点。在川剧身法部分，学生先"赏"川剧中生角和旦角的不同动作和身法；然后，再跟着盐小"文化小大使"一起"品"味川剧中经典动作的名称和含义；最后，自主"学"川剧的身法，在特定的情景中完成表演。

（二）课程实施的路径

全球胜任力是综合性能力，涉及学科素养、跨学科素养以及跨文化素养（滕珺等，2018）。在此背景下，盐小主要通过跨学科融合渗透、课外主题实践活动、中外交流活动、校园氛围营造四条路径推进全球胜任力视域下的国际理解教育课程落地。

1．跨学科融合渗透

跨学科融合渗透是指学校选择若干相关教育主题，教师团队对相关学科教材知识点进行汇总、研究、拓展，形成围绕主题的跨学科国际理解教育课程。跨学科融合渗透可以帮助学生实现对多元文化的渗透和理解，开阔学生的视野，培养学生的国际理解素养。学校可以深入挖掘语、数、科等各学科国际化素养内涵，以融合的方式将全球胜任力渗透到各学科中。

例如，盐小结合巴蜀传统文化，以英语为语言载体，结合美术、音乐、信息技术等学科的思维和手段，通过定格人物的模型创作、视频拍摄、后期配音剪辑等内容，将盐小文化和巴蜀川剧文化融合，形成了"熊猫走世界"课程宣传片——"盼达赏川剧"。此外，还结合戏曲知识，开发戏曲身法操。通过戏曲悠扬韵致的旋律以及川剧身法的经典动作，将川剧艺术的精神魅力形象地传递，帮助学生感悟中国文化的重要意义，树立文化自信。

2. 课外主题实践活动

课外主题实践活动是指根据本地、本校和班级的教育教学实际情况，规划、制订方案并组织实施国际理解教育相关的主题实践活动。通过丰富多彩的活动让学生参与体验、开阔视野、增长知识、增长才干，增进相互理解、合作、沟通的态度和能力，提升学生的全球胜任力。盐小的课外主题实践活动主要包括项目式主题实践活动和模拟会议活动。

项目式主题实践活动。例如，盐小开发17项国际理解项目式学习课程，从提问、计划、探索、创造四个方面锻炼孩子们的综合能力，促进学生文明互鉴，促进各国人民相互了解，相互理解和相互帮助。开展"疫情下的规则"项目学习活动，孩子们梳理复学经验，了解疫情期间行课的流程。在真实情境下挖掘信息，深度探索，从社会责任、防疫规则、国际关系等多个层面探究学习，培养学生的规则意识。另外，还开展了丰富多彩的"爱成都，迎大运"项目活动。在综合实践中，孩子们关注大运会赛事，走访成都街区，以丰富多彩的活动迎接大运会，对话世界。

模拟会议活动。例如，2021年10月1日盐小六年级学生代表亲身体验了观点阐述、政策辩论、投票表决、决议制定等联合国会议的形式，语言表达、思辨能力和合作沟通能力得以提升。

3. 中外人文交流活动

中外人文交流活动是指通过政府、友城、校友、家长等不同渠道建立国际友好学校关系，采取线上线下相结合的方式，策划开展常态化人文交流活动。它可以推进与国际友好学校间互学对方语言、共同备课、共建共享课程等，提高国际理解教育水平。盐小的中外人文交流活动主要包括代表团交流活动和国际演出活动。

代表团交流活动。近年来，盐小师生出访美国、英国、日本、澳大利亚、芬兰等国家进行研修学习，开展文化交流，提升了盐小学生跨文化交际的意识和能力。同时，为外籍学生开设特色课程，如空竹、川剧、剪纸、软笔和武术等个性化天府课程。通过丰富多彩的活动，让外籍学生了解天府文化，交流民族文化。

国际演出活动。近年来，盐小艺术团的师生们赴日本、澳大利亚、中国香港等国家和地区访学演出，在庆祝香港回归20周年、庆祝中澳建交40周年、东亚儿童艺术节等活动舞台上彰显四川魅力。此外，来自美国、瑞士的友好学校校长及澳大利亚、英国的教育友人访校，盐小的学生邀他们共奏古筝，共绘青花瓷，共习中国字，共练中国拳，共剪中国娃娃。

4. 校园氛围营造

校园氛围营造是指通过校园环境设计、班级方阵展示、校园游园活动等形式，营造文化浓郁、丰富和谐、开放平等、中西融合的校园，它可以帮助学生潜移默化地浸润多元文化。盐小主要通过双语标识、英语广播、中外小使者团队等多种形式营造国际理解的校园氛围，既有"中国风"又有"国际范"，做到一景一文化、一景一课程。

双语标识。利用学校的林荫道、展板、校园文化墙，融入各国和盐小的文化。在楼梯、功能室、公共区域等用汉语和英语进行无声的引导，使师生尊重和包容不同文化，树立世界共生共荣、各美其美、美美与共的全球视野。

英语广播。通过英语广播开展世界"早知道"课程。每学年上学期，主题为外语绘本或国际主题。下学期主题为"爱成都，迎大运"，各年级介绍每个参赛国家和地区排名靠前的大学或者往届大运会期间发生的逸闻趣事。促进学生了解世界各地风土人情，学会在生活中恰当使用语言，提高跨文化交际理解能力。

中外小使者团队。英语语言由各年级英语老师推荐，小语种语言由社团老师举荐，选拔双语中外小使者人选。为学校大型活动及赛事、双语电视台节目录制、中外人文交流项目以及外事接待培养了一批兼备文化自信、家国情怀、国际视野的未来小使者。

（三）课程评价方式

全球胜任力视域下的小学国际理解教育课程的目标不仅是需要培养多元文化认识与理解，更在于培养学生主体性、参与性和合作性（赵章靖，2022）。因此，评价时应重视综合评价。课外主题实践活动主要采用作品展示的方式，如项目式模型、绘画、小报等。跨学科融合渗透活动主要采用视频和表演的评定方式，如拍摄的宣传片、节目表演等。对中外人文交流活动来说，主要对学生文化包容、创新解决等方面进行评价，采用盐小特有的"厚德、善创、健体、尚美、勤劳"五育特色盐币的奖励方式。

（四）课程保障策略

为助力全球胜任力视域下的国际理解教育课程的实施，盐小在文化温度与厚度的共构中，总结出观念引领、健全工作机制、提升师资力量、搭建交流平台四大保障策略。

首先，观念引领。盐小校长领军，通过理论书籍学习、外出访问学习、国际论坛发言等形式获取范围广、适宜用的国际视野资源。行政班子担纲，骨干教师推进，全体教师认真学习国家相关政策、学界理论成果以及其他学校先进做法。

其次，健全工作机制。建立以校长室为负责人，设英语老师为语言顾问，艺体老师为资源宝库，大队部、年级组、班主任为实践操手的三维国际部团队。发展至今，已经形成了规范的外事接待流程和完善的涉外管理制度。

再次，提升师资力量。盐小规范聘请外籍专职教师四人，外教课设置中西文化课程内容。此外，学校每年选派教师参加教育部中外语言交流合作中心国际汉语教师能力提升培训，积极组织教师参加国家、省、市、区各级各类国际化专项培训研讨会，并邀请各级各类专家到校做专题分享，主承办各级各类会议及论坛以提升教师的全球素养。

最后，搭建交流平台。盐小积极拓展与友好国家的教育交流合作关系，建立研学互访机制。近年来，学校先后接待了美国、瑞士等国家和地区的政府及教育代表团，并与美国、英国等地六所学校结为友好学校。

四、实施的效果与展望

在全球胜任力的背景下，盐小经过多年探索，在课程品质、融通交流、学校发展方面取得了显著的成效。在课程品质方面，盐小三位教师在成都市"中小学国际理解教育优课"评选中获得一等奖。在"第三届基础教育课程改革实验区课改项目与课例展示活动"中，1位教师获得创意奖。在融通交流方面，近年来盐小积极主、承办各级国际化工作会议5次，参与相关国际论坛9次。通过信息交流平台，线上远程互动教学11次，线下委派教师送教7次，帮助结对学校在国际理解课程建设、师生国际素养发展等方面持续成长。在学校发展方面，盐小从"成都市国际理解教育研究实验基地学校"发展成为"成都市教育国际化窗口学校立项建设单位"，如今进阶为"中英伙伴学校交流计划"项目学校。盐小向着包容开放的学校不断前进，起到了对外窗口和对内示范的作用。

全球胜任力是对教育的时代要求。未来，盐小将根据不同年龄段学生的特点，着力开发更丰富的国际理解教育课程，探寻更有效的实践方式，制定更具体的评价标准。继续根植于盐之道，在巴蜀文化的熏陶下，传播和弘扬中华传统文化，培养学生更具"未来公民"的品质和素养，增强学生民族自信，树立其开放包容大气的人生观、世界观和价值观。

参考文献

[1] 陈光春，周洪宇. 2021. 孟禄文化交流视域下的国际理解观点述析 [J]. 比较教育研究，43（01）：3-9.

[2] 邓莉，吴月竹. 2021. 经合组织全球胜任力框架及测评的争议——兼论对中国国际理解教育的反思 [J]. 比较教育研究，43（11）：22-30.

[3] 邓勇. 2022. 命运共生视域下国际理解教育课程体系探论 [J]. 中学政治教学参考，39（19）：79-82.

[4] 滕珺，张婷婷，胡佳怡. 2018. 培养学生的"全球胜任力"——美国国际教育的政策变迁与理念转化 [J]. 教育研究，39（1）：142-147,158.

[5] 姚威，储昭卫. 2021. 新全球化背景下研究型大学本科生全球胜任力培养模式构建——基于内容分析法的多案例研究 [J]. 教育发展研究，41（23）：21-29.

[6] 张蓉. 2020. 中小学国际理解教育课程建设的未来展望：基于国际比较的视角 [J]. 课程·教材·教法，40（12）：46-52.

[7]　赵章靖. 2022. 促进教育发展与变革的全球胜任力培养——"全球教育创新倡议"的课程探索述评 [J]. 比较教育研究，44（6）：11-17, 37.

[8]　中华人民共和国教育部. 2020. 教育部等八部门印发意见加快和扩大新时代教育对外开放 [EB/OL]. (2020-06-23) [2022-10-08]. http://www.moe.gov.cn/jyb_xwfb/s5147/202006/ t20200623_467784.html.

[9]　OECD. 2020. PISA 2018 results (Volume VI): Are students ready to thrive in an interconnected world? [EB/OL]. (2020-10-22) [2022-10-08]. https://www.oecd.org/publications/pisa-2018-results-volume-vi-d5f68679-en.htm.

[10]　Reimers, F., Chopra, V., Chung. C. K., et al. 2016. *Empowering global citizens: a world course* [M]. Charleston, SC: Create Space Independent Publishing Platform.

[11]　United Nations. 2015. Transforming our world: the 2030 agenda for sustainable development [EB/OL]. (2015-10-21) [2022-06-15]. https://sdgs.un.org/publications/transforming-our-world-2030-agenda-sustainable-development-17981.

作者简介

罗晓航：　现任成都市盐道街小学集团党委书记、集团总校长，正高级教师，全国百年小学发展共同体首任理事长，第四届成都市督学。研究方向为教育管理。

王亚菲：　教育硕士，盐道街小学科学教师。研究方向为小学教育与小学科学教学。

全球胜任力视域下的国际理解教育课程：保定市第十七中学的实践探索

杨志娟　李　梅　河北省保定市第十七中学

【摘要】全球一体化进程的加快对人才培养和教育改革提出了新的时代要求，培养具有全球胜任力的国际化人才是时代发展的需要。国际理解教育是培养学生全球胜任力的必由之路。本文通过介绍保定市第十七中学在实施基于全球胜任力培养的国际理解课程建构和学生培养方面的实践经验与思考，为提升中学国际理解教育本土化课程设计和实施提供可借鉴的思路和范本。

【关键词】全球胜任力；国际理解教育；课程建构

一、国际理解教育，为全球胜任力而教

当今世界，随着全球经济一体化进程的加快和互联网及信息技术的飞速发展，人类面临越来越多的共同挑战和议题，互联互通、互依互存的全球化 3.0 时代已经到来。伴随着综合国力的提升，中国参与全球发展变革的步伐不断加快，"一带一路"建设的全面推进标志着中国越来越走近世界舞台的中心，而世界也在走向中国。在这样特定的时代背景下，培养中国学生成为拥有与国际对接和沟通能力、具有跨文化生存能力、能够解决问题并创造价值的具有全球素养的国际化人才已成为关乎国家发展、民族振兴的战略工程。习近平总书记在十九大报告中提出了"构建人类命运共同体"的伟大设想，对于教育来说，就是要培养学生的全球胜任力。

2017 年 12 月，经济合作与发展组织（OECD）正式发布《PISA 全球胜任力框架》，从知识、技能、态度和价值观四个维度对全球胜任力作出明确定义：能够分析当地、全球和跨文化的问题，理解和欣赏他人的观点和

世界观，与不同文化背景的人进行开放、得体和有效的互动，以及为集体福祉和可持续发展采取行动的能力（见图 1）。

2020 年，《教育部等八部门关于加快和扩大新时代教育对外开放的意见》提出：基础教育领域，将加强中小学国际理解教育，帮助学生树立人类命运共同体意识，培养德智体美劳全面发展且具有国际视野的新时代青少年。《中国学生发展核心素养》中明确了"国际理解"的要义，包括培养学生具有全球意识和开放的心态，了解人类文明进程和世界发展动态；能尊重世界多元文化的多样性和差异性，积极参与跨文化交流；关注人类面临的全球性挑战，理解人类命运共同体的内涵与价值等（核心素养研究课题组，2016）。国际理解教育是提升学生全球胜任力的必由之路，是人才培养的需求，是时代发展的呼唤。

图 1　PISA 全球胜任力框架

保定市第十七中学始建于 1906 年，是一所具有百年历史的公办初级中学，学校始终坚持进行教育深度变革，不断开创教育高质量发展新格局，以高品质教育闻名省内外乃至全国，2021 年成立教育集团。学校秉承"从这里走向世界"的办学理念，坚持"学思结合，知行统一"的校训，深入实施素质教育，全面落实"五育并举"，全力育植中国学生发展核心素养，全方位培养具有家国情怀、国际视野、未来素养和全球胜任力的优秀世界公民。学校聚焦新时代教育发展趋势和国际化人才培养方向，不断创新国际化办学思路，以"创素养课堂，建国际课程，育未来人才"为目标，充分发挥英语特色教育品牌优势，在构建国际理解教育课程和实施立体化学生培养方案等方面进行了有益的探索与实践。

二、国际理解课程建设，在实践中探索

2019 年保定市第十七中学基于"培养全面发展的人"，对标中国学生发展核心素养，提出"融文化"理念，在课程领域进行了全面深入的改革，构建了以"融汇文理、融会学思、融炼身心、融达情理、融贯中西、融通知行、融渥情智"为维度的"融文化"课程体系（见图 2）。

学校以"融文化"课程体系为依托，立足英语教育特色，以中国学生核心素养和《PISA 全球胜任力框架》为导向，融合多种教育资源，融通中外交流渠道，以全球化人才培养为目标，建构本土化、校本化、多元化的"融文化"国际理解课程体系，包含："一品"国家课程、"优品"校本课程、"精品"社团课程、"尚品"跨界课程、"臻品"定制课程（见图 3）。在此基础上，实施跨学科、项目式、个性化、多元化教学和实践活动，全方位、多维度、立体化培养学生成为具有中国根基、世界眼光、未来素养和全球胜任力的综合性、创新型人才，助其担负起未来国家建设和构建人类命运共同体重任。

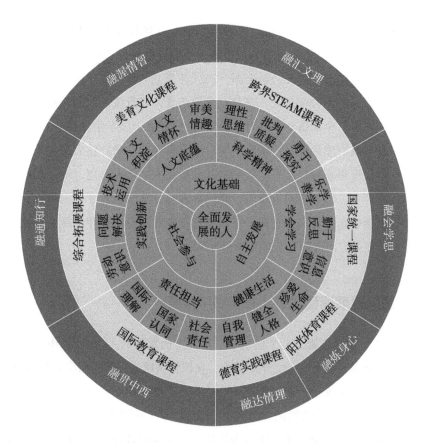

图 2　保定市第十七中学基于核心素养培养的"融文化"课程体系 1.0 版

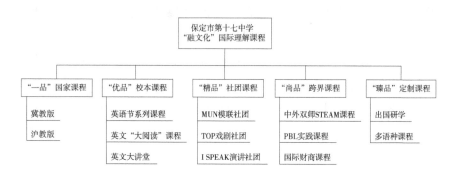

图 3　保定市第十七中学"融文化"国际理解课程

（一）立足学科特色，融合拓展，跨文化而动

《PISA 全球胜任力框架》的四个维度中，明确提出要理解并欣赏他人的观点和世界观，与不同文化背景的人进行开放、得体和有效的互动。因此，具备全球胜任力的学生能够参与跨文化交流，具有多视角思考全球问题和他人观点与行为的意愿及能力，以及了解文化规范、交互风格、跨文化情境的正式程度，能灵活调整自己的行为和用语，以适应不同的互动情境（OECD，2017）。

国际学生评估项目（PISA）已宣布将从 2025 年起增加外语技能的测评，以监测各国 15 岁学生外语能力的变化趋势。

《义务教育英语课程标准（2022 年版）》（以下简称《英语课程标准》）指出，义务教育英语课程体现工具性和人文性的统一，具有基础性、实践性和综合性特征。学习和运用英语有助于学生了解不同文化，比较文化异同，汲取文化精华，逐步形成跨文化沟通与交流的意识和能力，学会客观、理性看待世界，树立国际视野，涵养家国情怀，坚定文化自信，形成正确的世界观、人生观和价值观，为学生终身学习、适应未来社会发展奠定基础（中华人民共和国教育部，2022）。

保定市第十七中学以英语特色为载体，立足国家课程，积极整合、拓展多版本教材资源，拓宽英语学用渠道，打造特色英语校本课程体系，实行全方位、多维度、多元化的浸润式语言学习，为学生开启通往世界的大门。学生通过英语学习开阔视野，启迪心智，发展思维，提升了人文综合素养，为跨文化交流和可持续发展奠定基础。主要特色如下：

一是打造全球素养课堂。英语教学实施"3+2+1"（小班课、走班课和外教课结合）的动态课堂教学模式，分层走班，外教授课，翻转课堂，智慧课堂，中外双师教学，基于大观念、大主题的整合式、项目式学习，小组合作等多模态教学，打破时空限制，为每一个学生提供适合自身发展的个性化优质学习方式，为培养学生全球视野、提升国际理解力和全球胜任力奠定了基础。

二是实施全员大阅读工程。通过开展整本书阅读、报刊阅读、持续默读等"大阅读"课程，借助英文经典书目、《悦读联播》、《21 世纪英文报》

等优质阅读资源，拓展学生跨文化视野。初中三年，优秀学生阅读量达到100万字以上，最低达到30万字，远远超过《英语课程标准》15万字的要求。在学校"大阅读"课程中，学生获取信息，认识世界，不断提升全球意识和思辨能力。

三是举办年度校园英语节。学校为学生拓展国际视野、提升国际理解力提供全方位机会。学校坚持"扎根中国，融通中外，素养为根，立德为本"的宗旨，遵循课程育人、活动育人、体验育人、过程育人的全方位育人原则，坚持全校师生人人参与，精心打造、不断升级年度英语节活动课程，让英语走出课堂、浸润生活。自2009年开始至今学校已经成功举办14届英语节（见图4）。每年一个新主题，每届都有新突破。保定市第十七中

年份	界次	主题
2009	第一届	Let English Be Part of Our Life　让英语成为生活的一部分
2010	第二届	Kiss English　Kiss the World　亲近英语　拥抱世界
2011	第三届	Open the Door to the World　打开通往世界之门
2012	第四届	Learn English　Fly Your Dream　学好英语　放飞梦想
2013	第五届	Better English　Better Life　英语，让生活更美好
2014	第六届	Read Beautiful English　Enjoy Colorful Life　美好英语　多彩生活
2015	第七届	English, a Key to the Outside World　英语，打开世界之门的钥匙
2016	第八届	Embrace the World with English　Achieve Our Dreams by Effort　用英语拥抱世界　让努力成就梦想
2017	第九届	Fly Your Dream with English　Color Your Life with Happiness　用英语放飞梦想　让快乐着色人生
2018	第十届	Boost our dreams with English, entering a new era　英语助力梦想　走进新时代
2019	第十一届	Learn English　Unlock the World　Pursue Your Dreams in the New Era　学英语　迎未来　追梦新时代
2020	第十二届	Integrate with the World　Tell Stories of China in English　融通世界　用英语讲中国故事
2021	第十三届	Utter the Voice of China　Be with the World　话中国声音　与世界同在
2022	第十四届	Advance with the Joint World　Together for a Shared Future　携手世界　共向未来

图4　保定市第十七中学历届英语节主题

学英语节始终把握时代脉搏，坚持育人为本，在传承与创新中成为学校的特色教育金名片。

2022 年第 14 届英语节，以"Advance with the Joint World, Together for a Shared Future（携手世界，共向未来）"为主题，聚合"爱国主调、时代背景、生活情境、世界视域、未来蓝图"多元素，以"学习（I Learn）—展示（U Show）—成长（We Grow）"为活动主线，构建"中国—世界—未来"大格局，融合语言浸润类、语言实践类、项目探究类、个性拓展类活动内容（见图 5），整合书面、演讲、视频、论坛、讲堂等多元展示形式，融入多语种、多模态等创意元素，实现了全员全过程参与，为学生搭建了学用语言、提升思维、开阔视野的机会。英语节以项目式活动发挥学生主体作用，以班级创意活动实现全员参与，是一届"双减"之下、线下云端"创新、共享、欢乐、成长"的英语节。

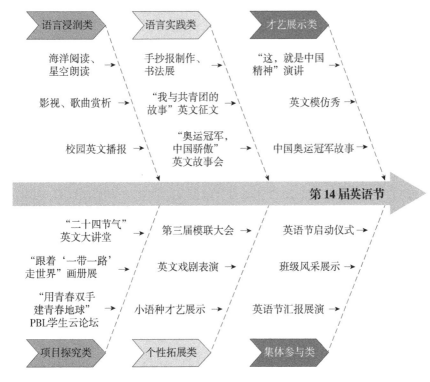

图 5　保定市第十七中学第 14 届英语节活动

保定市第十七中学英语节，是讲好中国故事的舞台，是国际理解教育的盛宴，带给了学生全新的视野和创造的活力，提升了学生全面的素养和综合的能力。每个孩子在活动参与中都展现出青春最美的模样。

四是广泛组织跨文化交流。学校坚持推进国际交流与合作，先后与英国、美国、加拿大、澳大利亚等多个国家的学区、学校建立了友好关系，实现双方互访，成功接待来自欧美、亚非国家和澳大利亚、新西兰等多国访问考察团。至今，学校 500 余名学生参加赴美国、英国、芬兰、澳大利亚、意大利、新加坡出国研学和文化体验活动。2013 至 2018 年，学校连续六年成功举办美国全外教来华夏令营。丰富多彩的国际交流活动助力学生扩展全球视野，提升跨文化交流能力。剑桥英语学校挂牌、新加坡教育部奖学金项目（SM1）、澳大利亚新南威尔士州精英公立学校保送生项目、澳大利亚国际联校学科竞赛与评估（ICAS）、新加坡国际科技创新大赛（IDEX）等国际合作项目为学生搭建了走向世界的阶梯。学校正积极开拓世界疫情背景下的对外交流新路径，不断加深跨文化交流。

五是开设多语种选修课程。学校创建国际多语种人才培养的"国际语言学院"，开设法语、西班牙语、德语、日语、韩语等多语种课程，聘请专业外教、大学教师或有留学背景的专业语言教师任教，以社团形式进行授课，每周两节课，为英语成绩突出、对第二外语学习感兴趣的学生拓宽了解世界的跨文化多元视角。2021 年 12 月，多语种社团学生们自主设计的中、英、韩、日、法、德、西等七种语言演绎的冬奥校园宣传片《一起向未来》，引起很大反响。2022 年 4 月，他们又集体亮相学校第 14 届英语节启动仪式，带来多语种精彩祝福。

六是创办模联（MUN）社团。2018 年学校正式成为北外模联联盟校，借助北外优质资源和专业指导，以模联校本课程建设课题研究为引导，学校创立模联社团，开设"模拟联合国"系列活动课程，成为学校国际理解课程的重要部分。学校通过开展模联社团活动，帮助学生从青少年时期树立远大理想，关注世界局势和国家发展，形成理性思考、敢于并善于建言献策的思维习惯，赋予人生持续向上生长的空间与力量。学校召开年度模联大会，为学生提供建立未来思维和实践锻炼的平台。保定市第十七中学第一届模联社团主席 1708 班的张钶宁同学参加了 2019 年国际青少年模拟联合国（MMUN）纽约峰会，与来自全球 100 多个国家的近 3,500 名中小学生齐聚纽约，就联合国热点议题，共同商议解决方案。张钶宁同学以优秀的表现获得全体与会成员的一致好评。

（二）跨越学科藩篱，实践创新，为未来而学

全球胜任力的另外两个维度还包含：对地区、全球和跨文化议题的分析能力，以及为集体福祉和可持续发展采取行动的能力。这要求拥有全球胜任力的学生要具备 21 世纪的人才核心素养，即沟通能力（Communication）、批判性思维（Critical Thinking）、合作能力（Collaboration）、创造力与创新能力（Creativity and Innovation）。学生通过跨学科运用知识、批判性思考与分析，形成自己的立场，为本地的、全球的、跨文化议题作出回应，为未来参与全球管理作出准备。

当今世界变化的速度之快前所未有，因此，教育最好能够帮助学习者为在这样的世界中生活而做好准备（珀金斯，2015）。成为一代有卓越国际合作能力的个体——能够在工作场所、多个国家之间、通过互联网以及在个人决策中解决全球问题的个体"（曼西利亚，2021）。哈佛教育研究院提出，优质的全球胜任力教育应当基于学习的六大特点，其中，relevant learning（将身边发生的话题以及全球性话题带进课堂，加强信息内容与学生生活的联系）位列其中。

《义务教育课程方案和标准（2022 年版）》将发展学生核心素养作为目标，从强调学生知识培养转向了跨学科技能和综合运用能力的培养。加强学科间相互关联，带动课程综合化实施，是培养创新型人才的重要途径。基于此，学校积极开发国际理解教育跨学科课程，链接真实生活，通过开展基于项目的情境式学习实践，为学生提供现实世界的真实问题情境，学生在项目活动中应用多个学科的知识解决问题，提升创造力和创新能力。

学校积极打造跨学科实践应用平台，让英语学习走进生活大课堂，打开世界大书本。在"模拟联合国"社团课程实施中，学校以举办年度"模拟联合国大会"为平台，聚焦世界性问题，以项目式学习驱动跨学科实践

探究，为学生提供理性思考、建言献策的空间、为世界发声的舞台。2021年的学校模联大会以"疫情下的世界粮食安全"为议题，学生开展跨学科项目式学习，融合国家地域差异、粮食作物生长习性、历史政治背景等知识，同时结合政府官方报告，检查评估国际组织报告信息，代表不同国家，对疫情背景下可行的以及将来有望实现的保障粮食安全方案在模联大会上进行磋商，取得很好的实践效果。

学校开展跨学科项目式学习，开设国际财商社团，特聘毕业于加拿大多伦多商学院的专业教师指导，通过跨学科的课题项目的方式开展活动。2021年12月，学校举办以"燃情冰雪，相约冬奥"为主题的冬奥知识中英双语大讲堂活动。活动充分发挥学生主体作用，以跨学科项目式学习为驱动，在全校师生中推广冬奥知识和冰雪运动，助力北京冬奥会。

学校引入美国STEAM跨学科大课题创新探究项目，以国际先进的STEAM跨学科教育理念为依托，融合美国优质教育创新资源和本校创新理念，为学生量身定制STEAM课程，实施每学期为期15周的美国教师线上教学、中教同步线下辅助教学的双导师制课程学习。2021年4月至7月，在中美教师合作下，完成了STEAM课程"未来之城"项目，学期末学生通过跨学科课题作品成果展示、知识竞赛、诗歌朗诵、情景剧展演等不同方式进行汇报和学习成果推广，取得了很好的效果，为学校推进跨学科教学、开展项目式学习提供可行的思路和范本。2022年3月至6月，学校携手美国南卡罗来纳州切斯尼蓝带高中（Chesnee High School），开展了"可持续发展绿色城市"跨学科环保主题探究项目，中美双方同龄学生同步进行，线上交流互动，共同制作"太阳能发电小推车"科学实验项目，成果申报参加中国教育国际交流协会组织的"中美青少年绿色创新活动"。同时，15个学生绘画、诗歌等艺术作品参加美国环保作品比赛。学校实现了STEAM课程的本土化、立体化实施，成功开创了世界疫情背景下的对外交流新路径。

中美STEAM跨学科大课题创新探究项目的成功实施，为学生提供了真实的生活情境和浸入式的学习环境，全方位培养了学生的领导能力、团队协作能力、创新能力及解决问题的能力，拓展了学生国际视野，深化人类命运共同体意识，全面助力提升学生核心素养和全球胜任力。同时，课程配备的丰富教学资源库、教学管理评估体系、师资培训等，对教师专业化成长和跨学科教学能力也起到了积极的推进作用。

三、国际理解课程建设，在深耕中收获

全球胜任力视域下国际理解课程的实施为学生成长赋能。学生参加国内、国际赛事屡获大奖，捷报频传。中央电视台"希望之星"英语风采和英语能力大赛中，30余名学生获省特等奖，数十人获省一等奖；2016年在全国"希望之星"英语戏剧大赛总决赛中，保定市第十七中学团队以《哈姆雷特》戏剧表演获最高奖项"评委会大奖"，成为全国唯一的初中段获奖学校。在新加坡教育部奖学金项目（SM1）中，保定市第十七中学已经有22名学生通过该项目赴新加坡免费留学。本校学生于2016—2021年连续六年受邀参加新加坡国际科技创新大赛（IDEX），成绩优秀。2018年，冯时雨、崔赫栩和盛轼城提交的人工智能作品《智能守护天使》最终获得三等奖，是中国参赛最好成绩。2021年，李佩琦、梁博禹和张公尧同学凭借人工智能作品《爱心路口》获新加坡科技创新比赛医疗保健技术奖。多名学生连续在五届澳大利亚国际联校学科竞赛与评估（ICAS）中获大奖，景若妍、卢志垚等五名同学获一等奖并免费赴澳游学。2021年，在VEX机器人亚洲公开赛中，保定市第十七中学参赛团队斩获联队合作季军和最佳风采奖。

国际视域下的本土化国际理解课程助推学校教育高质量发展，实现了在英语特色课程建设、英语课堂教学改革、特色外语活动开展、对外交流途径方面的"四突破"，助力学生成长，成就学生未来。

四、国际理解课程建设，在思考中前行

为更深入、持久地开展国际理解教育，实现学生全面而个性化的未来发展，学校将在以下几方面不断学习思考并实践拓新。

一是坚定培养具有全球胜任力的学生，让其为未来做好准备。"21世纪将是高度国际化和信息化的时代，个人参与国际交往的机会越来越多，因此，有必要加强爱国主义教育和国际主义教育"（王定华，2021）。学校要顺应教育发展趋势，坚定走好国际化办学和内涵发展之路。基于立德树人根本任务，立足学生全面发展，以"五育"为核心，不断升级重构国际理解教育课程，更好融入学校"五育融合"课程生态体系。通过国际理解教育让学生认识到个人与世界的密切关系，形成全球意识、国际视野，让学生拥有放远世界的眼界，具备与国际接轨的思维、能力和行为方式，培养学生的国际视野和应对国际竞争的能力以及对世界多元文化的理解和跨文化交流的能力，助其以卓越的全球胜任力在未来的竞争中应对各种竞争和挑战，成为未来建设祖国和改变世界的栋梁之材。

二是培养具有全球胜任力的学生首先要厚植爱国情怀。"为谁培养人、培养怎样的人"是教育的根本问题。为党育人，为国育才是教育的神圣使命。具有全球胜任力的人才，不仅是全球问题的解决者，更是本国发展的栋梁。要深刻地认识到，国际理解教育前提是民族情怀。只有尊重和认同本民族文化，才能尊重和理解不同民族、地域、国家的文化，成为与世界同步的未来人才。因此，培养新时代青少年要以立足家国为使命，以全球视野为站位。首先要建立民族认同，坚定文化自信，夯实中国根基，弘扬中国精神，传承中华优秀传统文化，用外语讲述中国故事，用外语向世界传递中国声音，做好将中国文化向世界传播的使者，这是进行国际理解教育的基础和底气。只有这样，才能走得长远，才能拥有更大的未来发展空间。

保定市第十七中学坚持教育国际化与本土化融合，全面推进英语课程培根铸魂工程，年度英语节主题从最初的"Let English Be Part of Our Life（让英语成为生活的一部分）"到2021年的第十三届"红色英语节""Utter the Voice of China, Be with the World（话中国声音，与世界同在）"主题，活动由最初的单纯语言类活动，到英文"习语青听"、党史英语大讲堂、"青春向党"英文演讲等系列活动，有力证明了学校在国际理解教育中始终与时代同频共振，筑牢中国根基，实现立德树人，让每个学生成为有底气、骨气和志气的中国人的决心和行动。

三是培养具备全球胜任力的教师，为未来而教。教师要跳出传统的思维框架，重新审视生活，审视教育，用未来的观点建构以全球视野、人类命运共同体为视角的基于当下问题解决的课程设计。学校将深入推进教师专业化和国际化发展，引导教师不断更新知识库，鼓励教师将通识课程和学科课程结合，通过学习培训、课例研磨、对外合作等方式，不断扩充教师国际视野，提升教师的课程开发力和跨学科教学执行力，使自己成为学生与世界沟通的桥梁（姜建瓴、周成海，2020）。

四是将全球胜任力教育融入跨学科综合课程体系。以大观念统领下的项目式学习为驱动，进行更多课程、学科教学和评价的教学评一体化设计，开展跨学科教学融合，实现学科联动。要充分考虑学生的个体特点，重视体验学习和探究学习，把运用现代化信息技术作为辅助手段。在综合性课程学习中培养学生系统性思维，让学生在真实的问题情境中找到跨学科解决方案。

五是深化国际交流，创新沟通渠道。为师生提供全球化经历的深度体验，使全球胜任力培养真正落地。教师和学生能够站在世界的高度，以发展的眼光放眼未来，不断提升综合素养。

正视全球胜任力人才培养价值，坚持国际理解教育，要顺应世界发展趋势并立足民族复兴大业，只有这样，才能不断汲取内生力量，为人类命运共同体的实现聚势、赋能、助力。未来已来，为全球胜任力而教，让学生为参与世界而准备，为拥抱未来而努力。

参考文献

[1] 核心素养研究课题组. 2016. 中国学生发展核心素养 [J]. 中国教育学刊. 282 (10): 1-3.

[2] 姜建瓴，周成海. 2020. 培养全球胜任力：国外的经验及启示 [J]. 基础教育参考. 18（8）：10-14.

[3] 曼西利亚，2021. 全球胜任力：融入世界的技能 [M]. 上海：华东师范大学出版社.

[4] 珀金斯. 2015. 为未知而教，为未来而学 [M]. 浙江：浙江人民出版.

[5] 王定华. 2021. 中国基础教育：观察与研究 [M]. 北京：人民教育出版社.

[6] 中华人民共和国教育部. 2020. 教育部等八部门印发意见加快和扩大新时代教育对外开放 [EB/OL]. (2020-06-23) [2022-05-30]. http://www.moe.gov.cn/jyb_xwfb/s5147/202006/ t20200623_467784.html.

[7] 中华人民共和国教育部. 2022. 义务教育英语课程标准（2022年版）[S]. 北京：北京师范大学出版社.

[8] OECD. 2017. The OECD PISA global competence framework—preparing our youth for an inclusive and sustainable world [EB/OL]. (2017-12-13) [2022-05-30]. https://www.oecd.org/pisa/Handbook-PISA-2018-Global-Competence.pdf.

作者简介

杨志娟： 保定市第十七中学英语教师，中小学高级教师，英语教研组长，办公室副主任。主要研究方向为英语课堂教学、英语教师培训和校本课程建构与实施等。

李　梅： 河北省保定市第十七中学校长、河北保定外国语学校党委书记。正高级教师，特级教师，河北省第十三届人大代表，中国教育学会初中专业委员会理事。主持多项国家、省级课题, 在《中国教育学刊》等发表多篇论文。

北京市东城区国际理解教育课程建设的实践与探索

李　莎　刘　娜　曹天骄　刘春梅　北京市东城区教育科学研究院

【摘要】在全球化纵深发展的时代背景下，发展国际教育已成为一个国家繁荣教育事业的重要途径和必然趋势。作为国际教育重要表现形式之一的国际理解教育必然承担着时代赋予的新使命。北京市东城区教育科学研究院学生发展中心国际教育部立足区域视角，从"国际理解教育"角度设计，从助力基础教育改革角度思考，从国家文化战略角度统筹，从让每一个学生一生受益角度规划，积极开展区域国际理解教育课程建设，搭建双向交流、互惠互利、以我为主、兼收并蓄的教育对外开放交流平台，为推动共建人类命运共同体做好基础教育阶段的思想准备与人才储备工作。

【关键词】国际理解教育；可持续发展；人类命运共同体；国际理解教育课程

2021 年 11 月 10 日，联合国教科文组织面向全球发布报告《一起重新构想我们的未来：为教育打造新的社会契约》，探讨和展望面向未来乃至 2050 年的教育。报告指出教育作为一种共同愿景，在塑造人类共同的美好未来中，需要承担起应有的责任。面对日益复杂、不稳定和不确定的世界，各国都希望通过教育的力量来扩大学生的全球视野与能力，进而培养具有平等、尊重与合作意识，能适应未来社会发展的国际化人才。基于国际形势的发展，国际理解教育因其坚守和平发展的价值内核、倡导平等包容的精神理念、关注人类发展的丰富内涵，日益发挥着重要的时代使命。国际理解教育课程作为开展国际理解教育的重要载体，已经在世界各国开展了积极有效的实践探索。

一、课程背景

自 20 世纪 80 年代以来，我国出于国家改革开放的需要、增强民族自豪感的需要和教育现代化的需要，开展了教育体制改革，积极实行国际理解教育（张蓉，2020）。进入21世纪后，随着我国对外开放的广度和深度不断拓展，国际理解教育在中国开始迅速发展，尤其是国际理解教育课程建设及学科教学问题。2001年教育部发布的《基础教育课程改革纲要（试行）》再次强调要以"教育要面向现代化，面向世界，面向未来"为指导思想。2003年教育部颁布的《普通高中课程方案（实验）》，明确指出普通高中教育的培养目标之一是使学生"学会交流与合作，具有团队精神，理解文化的多样性，初步具有面向世界的开放意识"。2010年，中共中央、国务院印发了《国家中长期教育改革和发展规划纲要（2010—2020年）》，纲要明确提出"加强国际理解教育，推动文化交流，增进学生对不同国家、不同文化的认识和理解"。这表明，国际理解教育已经成为中国教育政策的重要内容。2012年党的十八大明确提出的"人类命运共同体"理念和2013年习近平总书记提出的"一带一路"重大倡议，标志着中国进入了新一轮对外开放的历史时期，从国家战略层面为国际理解教育提供了新的发展契机。2016年中共中央、国务院出台的《关于做好新时期教育对外开放工作的若干意见》和教育部印发的《推进共建"一带一路"教育行动》均明确指出加强国际理解教育的重要性。同年，"国际理解"作为中国学生发展核心素养的18个基本要点之一被明确提出。2020年6月，《教育部等八部门关于加快和扩大新时代教育对外开放的意见》正式印发。负责人答记者问时，再次强调"基础教育领域，我们将加强中小学国际理解教育，帮助学生树立人类命运共同体意识，培养德智体美劳全面发展且具有国际视野的新时代青少年。"

基于以上政策文件的指导，我国各城市和地区的中小学国际理解教育日益蓬勃发展。从2002年起，越来越多地政策制定者和研究者加入对此领域的关注、研究和实践行列。大家多围绕国际理解教育产生与发展、定义内涵和特征等一般理论知识进行阐述，对开展国际理解教育的必要性、价值和意义进行了充分的肯定，对开展过程中存在的问题与对策、模式、困惑和障碍也进行了探讨，并且在不同方面提出了有参考价值的建议，对于学校开展国际理解教育的必要性和重要意义达成了共识。但是，把国际理解教育作为学校课程进行专题研究，关注的人还相对较少，国际理解教育课程还是一个尚待深度开发的新领域（郑彩华，2019）。北京市东城区教育科学研究院学生发展中心国际教育部站立于时代潮头，结合东城核心区域定位，服务首都城市战略发展，从"国际理解教育"角度设计，从助力基础教育改革角度思考，从国家文化战略角度统筹，从让每一个学生一生受益角度规划，积极开展区域国际理解教育课程建设，搭建双向交流、互惠互利、以我为主、兼收并蓄的教育对外开放交流平台。

二、课程核心素养构建

（一）国际理解教育内涵

国际理解教育是联合国教科文组织在 1946 年首次国际大会上提出的，旨在促进世界和平与人类和谐发展。70 多年来，国际理解教育的内涵随着国际形势和教育需求的变化不断丰富和发展，已经由最初的在平等和尊重的基础上不同国家之间相互理解以维护世界和平与安全，逐步演变为今天的包括民主、基本自由、资源和环境保护、尊重物种和文化多样性、全球化背景下的世界相互依存、可持续发展等内容在内的以学会生存和学会共处为标识的内涵丰富的"国际教育"（郑彩华，2019），其目标也逐渐转变为打造兼具全球竞争力与全球共生力、具备传播全球责任意识和人类命运共同体意识的新时代合格国民。

（二）国际理解素养定义

2016 年，《中国学生发展核心素养》正式发布，"国际理解"位列 18 个基本要点当中，成为新时代中国学生必备品格和关键能力之一。《中国学生发展核心素养》明确指出国际理解的重点，即具有全球意识和开放的心态，了解人类文明进程和世界发展动态；能尊重世界多元文化的多样性和差异性，积极参与跨文化交流；关注人类面临的全球性挑战，理解人类命运共同体的内涵与价值等（核心素养研究课题组，2016）。核心素养的出台将国际理解素养的培育提升到了前所未有的高度，加强国际理解教育已经成为我国新时代教育的重要使命。同时，从我国对国际理解的定位可以看到，我们正在摆脱以"国际竞争力"为主线的"教育国际化"范畴，融合了思考全球责任意识和人类命运共同体的内涵与价值，这对我国国际理解教育未来发展方向具有里程碑式的意义（姜英敏，2017）。

（三）国际理解教育课程核心素养指标体系

2016 年 9 月开始，我们开展了历时一年的区域国际教育现状调研，基于数据分析、访谈交流和文献分析，初步建构了以"文化品格""全球视野""跨文化能力"为一级指标的东城区国际教育课程核心素养体系（见图1），旨在培养"具有全球素养的中国人"。

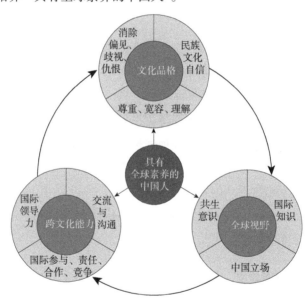

图 1　东城区国际理解教育课程核心素养

1. 课程总体目标定位

第一，"中国人"。当下，国际理解教育的培养对象主要是公立学校的中国学生，因此，我们要让学生能够根植民族文化基因，坚守"文化品格"底色，具备文化自觉与自信，树立中华民族伟大复兴的目标与决心。第二，全球素养。"全球素养"又名全球胜任力，是从国际视角对中国学生发展核心素养的内涵延伸和空间维度的拓展。这就要求学生站在全球的视角，以世界格局发展自身的全球竞争力;以"人类命运共同体"理念培养自身的全球共生力,最终在跨国、跨民族、跨文化交流中促进各领域未来的可持续发展,提升个人与本民族的全球胜任力。

2. 一级指标体系解读

第一,文化品格。"文化品格"是指对中外文化的理解和对优秀文化的认同,是学生在全球化背景下表现出的文化意识、人文修养、价值与行为取向,包含两个方面:一方面,是对中华优秀传统文化的理解、认同、内化、传承、发展,建立对中华民族的文化自信,树立文化自觉,打好民族认同底色;另一方面,是对世界多元文化现象、历史渊源、逻辑思维、表达方式、价值观念的认识与理解,形成对异文化族群的尊重与悦纳,消除对其他族群文化的偏见、歧视和仇恨,推动文明开放包容和交流互鉴。第二,全球视野。"全球视野"旨在聚焦全球化背景下个人与他人、与社会、与世界之间的紧密关系,明晰世界各国之间的高度关联与相互依存。一方面,学生要坚守中国立场,做中华民族伟大复兴的奋斗者和践行者;另一方面,学生要树立世界眼光,认识到新时代下个体与民族的进步不能只关注自身孤立的成长和发展,而要跳出民族主义的狭隘视野,立足于国内、国际的发展环境,与世界同频共振,具备创新思维、合作理念、开放意识、共赢观念,增强人类命运共同体理念下的世界格局和国际交往能力,发展全球共生力。第三,跨文化能力。"跨文化能力"是指在"文化品格"与"全球视野"基础上,能够在多元文化环境中进行有效交流与沟通,精准预测与掌控异文化族群态度与行为,进行有效国际参与、竞争与合作,开展跨国家、跨文化良性互动,实现各领域未来可持续发展,既包含全球竞争力,又包含全球共生力。"跨文化能力"培养不仅需要语言和知识方面的深厚功底以及对中外文化的深刻认识与融会贯通,还需要学生建立新时代国际化人才应有的思维及行为模式,能在竞争中合作、在合作中竞争,展现出大国人才应有的气度和魄力,激发中华民族伟大复兴的使命担当。

三、课程规划与构建

国际理解教育课程既是一种内涵丰富的课程理念,也是一种系统的课程实践体系。我们以"比较"的视野研发"双向交流"的课程内容，以"活动"的方式打造素养导向，覆盖全学段的综合课程，初步提出区域国际理解教育课程在目标、内容、实施等各方面所特有的基本信息（见图 2）。

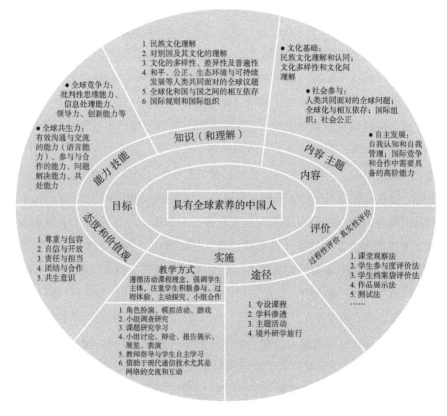

图 2　东城区国际理解教育课程概览图

（一）课程定位

国际理解教育是一种价值观教育，其知识、技能、态度和价值观方面的目标不可能通过一门课程实现，且课程内容主题广泛，因此，相对于学校分科课程，我们将国际理解教育课程定位为以学生素养培养为核心的综合课程，包括学科本位、社会本位和经验本位三种类型。课程强调基于学生先前的知识和经验整体地建构学习，注重通过综合的、活动的、探究取向的课程为学生提供发展和完善其知识和能力的潜在机会，增强学生的自我效能感和学习动机，进而完成素养提升的目标。

（二）课程目标

国际理解教育的总体目标在具体实施过程中还需要分解为不同维度的具体目标。

1．知识目标

在知识方面，首先，不仅包括对本民族文化的理解，而且也包括掌握和了解世界上其他国家和民族的文化和历史，认识到文化的多样性、差异性及普遍性；其次，了解当今世界人类社会发展所共同面临的全球议题，知道引起这些问题的原因和解决这些问题的基本途径和方法；再次，了解全球化时代世界不同国家和民族之间相互依存的关系，尤其是我国与别国的关系，以及不同国家之间不同关系背后的原因。

2．能力目标

在能力方面，我们主要关注两大能力的培养，即全球竞争力和全球共生力。在全球竞争力培养目标下强调批判性思维能力、信息处理能力、领导力、创新能力等，在全球共生力的培养目标下则注重有效沟通与交流的能力、参与及合作的能力、问题解决能力、共处能力等。

3．情感、态度和价值观

在情感、态度和价值观方面，第一，既要对自我、中国和中华民族有身份认同感和自尊自信，也能换位思考，尊重别人、尊重不同国家和民族，对多样性、差异性具有开放的心胸和包容的心态。第二，对待人类面临的全球问题和挑战具有全球责任感，勇于担当，善于团结与合作。第三，怀有仁爱之心、具有共生意识、致力于和平、主动维护社会公平和正义。

（三）课程内容

课程目标决定课程内容。国际理解教育课程不以获取知识为目的，也不是将学科知识信息机械牵强地拼合，而是追求课程的整体性和整合化，因此，我们把国际理解教育课程以国际理解教育的价值观和课程目标观作为基本标准，将问题、观点和概念作为课程内容的组织核心，形成广泛的、跨学科的"大观念"，促进学生的深度学习。同时，我们将国际理解教育课程总体目标定位于从国际视角对中国学生发展核心素养进行内涵延伸和空间维度的拓展，因此，我们将关于国际视角的课程内容基本维度同构中国学生发展核心素养三个方面，包括文化基础、社会参与和自主发展。为了使课程内容的三个维度更具指导性和可操作性，我们又进一步细化了每个维度包含的内容主题（见图3）。

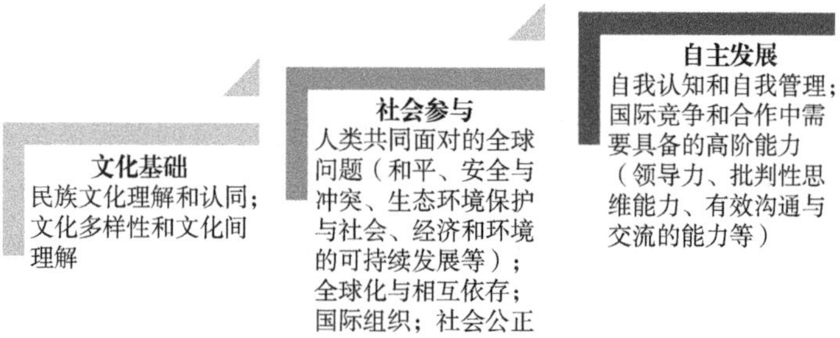

文化基础
民族文化理解和认同；文化多样性和文化间理解

社会参与
人类共同面对的全球问题（和平、安全与冲突、生态环境保护与社会、经济和环境的可持续发展等）；全球化与相互依存；国际组织；社会公正

自主发展
自我认知和自我管理；国际竞争和合作中需要具备的高阶能力（领导力、批判性思维能力、有效沟通与交流的能力等）

图3　国际理解教育课程内容主题框架

由于中小学生在认知发展水平等方面存在着差异，我们在不同学段使用以上课程维度和课程内容主题进行课程开发时也有所侧重。小学低年级段和高年级段都主要以文化基础维度为主，从低年级段到高年级段，课程目标也逐步从了解文化表象、比较现象差异，发展到能简单分析异己现象背后的文化原因，初步培养学生的文化自信和对异文化的理解尊重。小学高年级段适当增加了社会参与维度的全球问题主题，比如生态环境保护、人类文化遗产保护等。课程目标主要以了解问题现象、分析问题成因、认识我国在参与全球治理过程中发挥的重要作用为主。

初中阶段的学生，身心逐步发展，知识结构日趋完善，我们在文化基础维度的课程目标更侧重培养学生如何在与异文化共存中有效改进自己的行为，形成行为共生的策略和意识。同时，也重点关注社会参与维度的全球问题，比如经济和环境的可持续发展等，引导学生认识人与人、人与社会、人与自然的相互依存性。

高中阶段的学生，身心进一步发展，知识结构更加完善和丰富，因此，除了社会参与维度的内容主题学习，我们更加关注学生自主发展维度的主题开发。在课程目标定位上，一方面，强调学生能有效管理自己的学习和生活，认识和发现自我价值，发掘自身潜力；另一方面，引导学生正确认识世界不同国家之间的相互依存关系，培养学生在国际竞争和合作中处理各种利益冲突或矛盾时所需要的各种能力，树立起为祖国和人类社会和谐发展而奋斗的坚定信念和全球责任感。

综上所述，我们在进行具体课程内容选择和组织过程中，遵循的是循序渐进、阶梯式上升原则，文化基础是实现社会参与和自主发展的前提，三个内容维度相互之间具有内在关联性。随着学生的年龄增长和心智发展，课程内容由浅入深、由表及里，由现象到本质、由感性到理性逐步递进。

四、实施路径与策略

（一）引进与研发同向度发力

我们通过外部资源引入和内部自主研发两个角度融构优质国际理解教育资源，打造双向度发力的课程实施平台，初步形成较为完整的课程建制。

1. 外部资源引入

基于东城区国际理解教育课程核心素养与需求调研，我们引入优质课程，建立了境内外课程资源库，供辖区内中小学选择适配的课程门类嵌入学校课程体系。例如，东城区黑芝麻胡同小学本着"国际视野，创造精神"的办学理念将科技信息类课程"神奇的DNA"纳入学校"1+3+N+X"的课程结构，将东城区国际理解教育与学校提出的生态文明教育进行融合与发展；北京宏志中学将创意思维类课程"思辨表达"纳入学校三层课程体系中的拓展课程类，成为学校具有代表性的特色课程，健全了学校课程体系。

2. 内部自主研发

借鉴"外脑"的终极目的是增强自身的"造血功能"，实现自主研发与创新。为此，课程团队深研国际理解教育理论，深耕课程与教学实践，深入学校真实课堂实地授课，自主研发了东城区国际理解教育专设课程之"对话世界"，形成包含课程纲要、教案、PPT、配套教具、课堂实录的完整资源包。"对话世界"课程聚焦新时代国际理解教育课程的核心关切：生态文明与可持续发展，对标联合国提出的 17 个可持续发展目标（Sustainable Development Goals，缩写为 SDGs），结合北京市教育委员会 2008 年发布的《北京市中小学可持续发展教育指导纲要（试行）》等纲领性文件，从核心知识、关键能力、态度与价值观、行为习惯四个维度进行目标划分，从"环境共治""文化共生""经济共赢""社会共荣"四个模块搭设课程框架，各部分既紧密关联，环环相扣，又逐层递进，螺旋上升，以可持续发展素养提升贯穿始终。同时，课程团队以研究课题为抓手，形成了包含市级相关领域专家、区域研究部门、区域基地校教师在内的合作共同体，实现国际理解教育从理论研究到落地实施，力促新时代国际理解教育在区域范围内的赓续发展。

（二）课程与活动一体化延伸

新时代国际理解教育指向"理解"和"被理解"两个维度。在教育对外开放的新时代语境下，国际理解不仅仅要做好"理解"，更要做好"被理解"，用外国人听得到、听得懂、听得进的途径和方式，讲述好中国故事，传播好中国声音（马刚，2020），从而实现教育在促进民心相通方面的独特作用。为此，我们建构了"课程＋活动"的一体化延伸路径，形成了独具特色的协同育人模式。

1. 开展"用英语讲中国故事"——东城区中小学生英语风采展示活动

自 2018 年起，东城区启动本项活动，在内容方面，厚植文化基因，紧扣时代热点，先后涉及中华成语、课本经典、抗疫故事、冬奥之约、建党百年、"一带一路"建设等；在活动表达形式方面，力求多元，鼓励原创，包含微课、纪实短片、视频博客（vlog）、小主播、定格动画、微戏剧等。五年来，辖区内累计 3 万余名学生参与其中，通过用英语讲述中国故事的方式，将中华民族的精神之源与道德力量内化于心，外化于行。

2. 课程与活动协同，实现国际理解教育课程与活动的一体化延伸

基于历届"用英语讲中国故事"活动的经验积累，着手打造配套课程，联合外语与教学研究出版社合作研发了"以古通今：'一带一路'上的中国故事"课程。该课程以"一带一路"倡议为背景，以中国故事和"一带一

路"沿线国家故事为载体，以中国智慧和中国精神为主线，以演讲技能提升为目标，由导入模块、故事模块、演讲模块和展示模块四部分构成，引导学生探寻文化基因，树立文化自信，理解"一带一路"倡议的重大意义，形成全球化思维，培养人类命运共同体意识，与"用英语讲中国故事"活动相得益彰，协同培育学生国际理解素养。

（三）境内与境外长链条衔接

针对长链条学习，我们整合资源，打通部分境内选修课程与境外研学旅行课程壁垒，整体设计了"前置性学习、沉浸式学习、反思性学习"三阶段学习模式。学生通过完整学习，不仅能了解和掌握课程知识，而且，在真实场域中提升了跨文化沟通与交际能力。目前，我们累计开发了 20 余门课程主题，包括"俄罗斯文化探索夏令营""新加坡神奇的 DNA"等。境外研学旅行课程中的最大亮点是"沿'一带一路'，传中华文化"环节的设置，包含"中华茶艺小使者"及"中华传统文化漂流箱"两项活动。"中华茶艺小使者"是学生在行前参加的茶艺培训课程，专业教师对出访学生进行茶艺相关知识的指导，学生在境外研学旅行中会向境外师生进行茶艺展示；"中华传统文化漂流箱"则是由出访校选择能体现中国文化或学校特色的手工艺品，如毛猴、国画、剪纸、中国结等，用于境外的中华文化传播。通过文化展示，学生真正成为中华文明的传播使者。

（四）学生与教师双主体提升

学生素养的提升关键在教师，因此，在为各校提供课程资源惠及学生的同时，我们也在寻找更多路径帮助教师转变观念、转换视角、转化行动，提升教师国际素养，让教师成为推动区域教育教学发展的"源头活水"。

1. 依托教师培训更新理念

基于跨学科教学视角，开展 STEM 课程系列培训项目，包括"STEM 学科整合教育"培训、STEM+ 教育教师研训班、STEM 课堂教学指导和 STEM 教学案例设计。基于国际比较视角，利用区域师训平台面向中小幼职不同教师群体开设"国际视野下课堂教学方式的比较探索"师训课程，丰富教师的教学方法与手段。

2. 利用同课异构转换视角

我们联合区域学校教师开展了一系列学科类同课异构主题活动，涉及英语、文学、历史等不同科目，旨在引领教师在课例观摩与比较的直观体验中，挖掘具有借鉴意义的课程要素，打开思路与视角。例如，在东城区和平里第四小学开展的"京港小学英语课程同课异构教学研讨会"上，来自我区和香港地区的两位教师分别以"交通工具的选择"为主题呈现了各具特色的教学设计；在北京市景山学校组织全区初中及高中语文学科教师开展题为"提升综合素养，加强国际理解"的文学科目"同课异构"活动。来自英国和美国的外籍教师与来自东城区第二中学及景山学校的中方教师分别以《皇帝的新装》和《老人与海》两篇文学素材为教学内容面向初中、高中同一班级的学生授课；在北京市第五十中学分校连续开展了三期题为"跨越国别，跨越语界，聚焦教学效益，构建生态课堂"的中外教师同课异构活动，来自英国的三位外教与来自五十中学分校的三位中教在两个学期内面向全校师生陆续展示了三次"同课异构"课程，学科涉及文学、语言、历史，学段涉及初中与高中。

3. 借助课程研究引领变革

课程团队依托自主研发课程"对话世界"带领区域教师开展课程实验和教学研究。首先，我们开展先期研发工作，包括课程类型确立、课程纲要编制、课程框架搭建、课程主题与内容筛选、教学设计、教具包制作、基地校课堂实验等。其次，吸纳意向学校及教师加入课程研发团队，开展定期教研，以"研"促"思"，以"思"促"行"，双方形成课程开发共同体。几年来，我们组织的教研活动在类型上包括通识培训、主题培训、教学观摩与研讨、教学主题与内容开发等；在主题上包括"从文化比较的视角看国际理解教育""从'学习金字塔'理论看不同教学方式的有效性"等；教师基于课程样本自主研发的新增内容包括"藏在中西建筑里的文化符号""饮食文化多样性""货币带你看古今"等。通过课程研究与实践，基地校教师的国际理解素养得以提升，课程开发能力得到增强，为国际理解教育课程的可持续发展奠定基础。

五、课程评价与效果

（一）构建"三位一体"的评价体系

《基础教育课程改革纲要（试行）》提出"建立促进学生全面发展的评价体系""建立促进教师不断提高的评价体系"和"建立促进课程不断发展的评价体系"（中华人民共和国教育部，2001），因此，国际理解教育课程遵循四个评价原则，即激励性原则、过程性原则、主体性原则和差异性原则，建构学生、教师、课程三位一体的质量监控体系。

1. 对课程效果评价

我们聘请社会专业机构、专家团队和第三方力量，对课程分别进行前期论证、课程过程建设评价、课程实施效果评价，针对课程的可行性、必要性、科学性、有效性和可持续性等维度提出专业建议和解决策略。课程管理团队在学期初和学期末对每门课程的实施情况和存在的问题进行周期性、科学性的分析评估和反馈。评估和反馈采取专家座谈、观摩研讨、学生访谈、问卷调查等方式，最终以课程报告形式呈现。

2. 对教师发展的评价

我们对授课教师主要采取自我评价、同行评价和学生评价的方式，包括教师对国际理解教育课程的专业知识、课程设计能力、课程执行能力以及自我反思与改进的能力四个维度。每学期的期中和期末，我们通过调查问卷、访谈、课堂观察和专家论证等形式对教师进行评价，评价和分析结论最终以报告形式呈现。

3. 对学生学业成绩的评价

《基础教育课程改革纲要（试行）》提出"改变课程评价过分强调甄别与选拔的功能，发挥评价促进学生发展、教师提高和改进教学实践的功能"（中华人民共和国教育部，2001）。因此，我们对学生主要从形成性评价、发展性评价、总结性评价等维度来对学生的综合表现进行评价，最终为促进学生的发展而服务。基于不同课程的具体课程目标，我们设计符合学生心智特征的调查问卷，涵盖出勤情况、课堂表现、课程学习、创新实践等维度，采取学生自评、伙伴互评、教师评价相结合的方式，对学生进行综合评价。

（二）课程效果显著

经过多年实践，我们致力于境内课程与境外研学旅行双轮驱动，两翼齐飞，实现两条路径同频。国际理解教育课程辐射范围从"2014 年仅 1 所学校、1 个课程项目"到"2022 年 79 所中小学和幼儿园、40 余个课程项目"，课程数量和学校辐射面实现逐年稳步提升。国际理解教育课程的调查问卷显示，选课学生对课程的满意度均在 85% 以上。

六、反思与展望

全球化时代，世界正经历着百年未有之大变局，时代之于教育的拷问，促使国际理解教育已然成为教育改革的热点议题，如何培养能够在现代世界自由行走的中国人，培养能够具备人类命运共同体意识并承担人类命运共同体责任的社会成员，是每一个教育人需要面对的课题。在实践探索中，我们始终坚持"为党育人、为国育才"的方针，在课程的理念、课程研发、课程实施、课程评价等方面形成区域特色。未来，我们将继续从推进人类命运共同体建设角度思考国际理解教育的时代任务。一方面，把握时代脉搏，明确教育的基本方向，围绕"培养什么样的人""为谁培养人""怎样培养人"这三个基本问题，运用现代课程理论赋能国际理解教育的区域课程实践。另一方面，坚持本民族文化育人，担当起涵养文化自信的教育使命。国际理解教育的核心是文化交流与互鉴，交流的基础是自身文化的塑成，只有坚实本民族文化基础，打好民族认同底色，学生才能在人文交流中发挥引荐、吸收、传播世界文明的作用。从"国家"到"人类"，从"合作共赢"到"命运与共"，从"地球村"到"共同体"，"天下大同"的人类命运共同体理念为东城区国际理解教育提供了新思维和新坐标。面向人类文明交流互鉴的诉求，面向中国素质教育发展的诉求，我们将继续深耕国际理解教育课程建设，为国际理解教育发展贡献"东城方案"。

参考文献

[1] 北京市教育委员会. 2008. 北京市教育委员会关于印发《北京市中小学可持续发展教育指导纲要（试行）》的通知 [EB/OL]. (2008-04-11) [2022-04-19]. http://jw.beijing.

gov.cn/xxgk/zfxxgkml/zfgkzcwj/zwgkxzgfxwj/202001/t20200107_1562780.html.

[2] 核心素养研究课题组. 2016. 中国学生发展核心素养 [J]. 中国教育学刊. 282 (10): 1-3.

[3] 姜英敏. 2017. 全球化时代我国国际理解教育的理论体系建构 [J]. 清华大学教育研究, 38（1）: 87-93.

[4] 马刚. 2020. 新时代国际理解教育的路径探索 [J]. 中国德育,（19）: 21-24.

[5] 张蓉. 2020. 国际理解教育课程建设的国际比较研究 [M]. 南京: 南京师范大学出版社, 297.

[6] 郑彩华. 2019. 中小学国际理解教育课程比较研究 [M]. 北京: 人民出版社, 47-48.

[7] 中共中央、国务院. 2010. 国家中长期教育改革和发展规划纲要（2010—2020年）[EB/OL]. (2010-07-29) [2022-04-18]. http://www.moe.gov.cn/srcsite/A01/s7048/201007/t20100729_171904.html.

[8] 中共中央、国务院. 2016. 中办国办印发《关于做好新时期教育对外开放工作的若干意见》[EB/OL]. (2016-04-30) [2022-04-18]. http://www.moe.gov.cn/jyb_xwfb/s6052/moe_838/201605/t20160503_241658.html.

[9] 中华人民共和国教育部. 2001. 教育部关于印发《基础教育课程改革纲要（试行）》的通知 [EB/OL]. (2001-06-08) [2022-04-18]. http://www.moe.gov.cn/srcsite/A26/jcj_kcjcgh/200106/t20010608_167343.html.

[10] 中华人民共和国教育部. 2003. 教育部关于印发《普通高中课程方案（实验）》和语文等十五个学科课程标准（实验）的通知 [EB/OL]. (2003-03-31) [2022-04-18]. http://www.moe.gov.cn/srcsite/A26/s8001/200303/t20030331_167349.html.

[11] 中华人民共和国教育部. 2016. 教育部关于印发《推进共建"一带一路"教育行动》的通知 [EB/OL]. (2016-07-15) [2022-04-18]. http://www.moe.gov.cn/srcsite/A20/s7068/201608/t20160811_274679.html.

[12] 中华人民共和国教育部. 2020. 教育部等八部门印发意见加快和扩大新时代教育对外开放 [EB/OL]. (2020-06-23) [2022-04-18]. http://www.moe.gov.cn/jyb_xwfb/s5147/202006/ t20200623_467784.html.

[13] UNESCO. 2021. Reimagining our futures together: a new social contract for education [EB/OL]. (2021-11-10) [2022-04-18]. https://unesdoc.unesco.org/ark:/48223/pf0000379707.html.

作者简介

李　莎：现担任北京市东城区教育科学研究院国际教育部主任，兼职中国教育学会国际教育分会理事。一直致力于研究开发国际理解教育课程，探索国际教育与基础教育有效融合的途径和方式，促进区域国际教育发展。

刘　娜：东城区教育科学研究院国际教育部教师，中国教育学会国际教育分会会员。主要研究方向为国际理解教育课程与教学，曾参与多项有关国际教育的课题研究，并发表相关领域论文数篇。

曹天骄：现为北京市东城区教育科学研究院国际教育部研修员。研究方向为国际理解教育，参与开发区域国际理解教育课程。

刘春梅：北京市东城区教育科学研究院学生发展中心国际教育部研修员，从事国际理解教育的研究，国际理解课程的研发及境内境外研学旅行等。

基础教育全球胜任力培养的"石外模式"研究

冯云英　石家庄外国语学校

【摘要】随着社会的发展，越来越多的学校认识到培养学生全球胜任力的重要性，并在具体的教育教学活动中进行了诸多尝试。石家庄外国语学校（以下简称"石外"）在 30 年的开放办学过程中，形成了本校培养学生全球胜任力的实践经验，暨家国情怀是培养学生全球胜任力的基石，外语能力是培养学生全球胜任力的关键，实践创新是培养学生全球胜任力的重要途径。家国情怀以主题班会为抓手，外语能力以课程设置为根基，实践创新以贴近生活实际为出发点，以培养学生的责任感为落脚点，培养学生将"爱国、交际、协作、文明、健康、创新"集于一身，成为既有优秀中华传统文化底蕴，又有国际视野并具有国际竞争力的人。

【关键词】全球胜任力；家国情怀；外语能力；创新实践

伴随着全球化、信息化的不断深入，全球胜任力的培育日渐受到国际关注。全球胜任力是提升国家核心竞争力的重要手段，也是评价学生综合素质和核心素养的重要指标。具有全球胜任力对正在建构思维观念的青少年来说尤为重要。经历了全球肆虐的新冠疫情，我们更加深刻地认识到帮助青年更好地认知自我、联结世界，对青少年进行全球胜任力培养的重要性。我们认为，家国情怀是培养学生全球胜任力的基石，外语能力是培养学生全球胜任力的关键，实践创新是培养学生全球胜任力的重要途径。

一、家国情怀是培养学全球胜任力的基石

新时代，教育担任着立德树人、为国育才、为党育人的重要使命。

习近平总书记在 2021 年的中央人才工作会议上强调,"做好人才工作必须坚持正确政治方向,不断加强和改进知识分子工作,鼓励人才深怀爱国之心、砥砺报国之志,主动担负起时代赋予的使命责任。""广大人才要继承和发扬老一辈科学家胸怀祖国、服务人民的优秀品质,心怀'国之大者',为国分忧、为国解难、为国尽责。"

培养学生的全球胜任力首先要培养学生的家国情怀和国家认同感。这样才能使学生在分析对于地区、全球和文化有重要意义的议题时,坚定立场,保持定力。"新形势下的家国情怀,既要牢固树立民族自信、制度自信、文化自信的坚定信念,继承和发扬传统的民族文化,又要抱持海纳百川、博采众长的宽阔胸怀,敢于并善于借鉴外来的先进文化(强新志,2015)。"为培养学生的家国情怀,学校开发了 11 项德育校本必修课程。

(一)构建基于主题德育课程的全球胜任力培养主阵地

主题德育课是学校教育主阵地,是培养学生为集体福祉和可持续发展采取行动的思想阵地。我们把对学生"爱国、交际、协作、文明、健康、创新"十二字培养目标的认知放在主题德育课上进行。这 12 个字是在分析和思考 21 世纪人才应该具备的核心素质和能力的基础上提出来的,集中体现了学校对人才素质和学校教育培养目标的定位。

爱国情感能够激发学生为祖国强盛而发奋努力;交际能力能让人生的天地更加广阔;协作意识能使人生的事业走向成功;文明素养会将人类文明不断推向高峰;健康身心会使人生永远充满活力和激情;具有创新精神才能努力建设创新型国家。学生只有具备"爱国、交际、协作、文明、健康、创新"的核心素质和能力,才能成为立足未来社会、服务未来社会的人。

六个主题教育贯穿整个学年每个星期的主题班会。第一学期 9—10 月是爱国主题教育,11 月是交际主题教育,12 月是协作主题教育;第二学期 3—4 月是文明主题教育,5 月是健康主题教育,6 月是创新主题教育。学生们在选题班会、准备班会、展示班会中进行课前预习、自学,借助已有的知识和经验对新知识进行探索,在学习的过程中发现问题。在课堂小组讨论中，对发现的问题进行观点分享、辩论、提炼、概括、归纳，相互学习形成共识。在展示交流中，多种观点的辩论、不同见解的交锋，不同思维的碰撞，开阔学生思维，锻炼学生的表述能力，让学生学会理解和欣赏不同的看法、立场和世界观。

（二）全球胜任力培养需要扎实的国家认同根基

当今世界正经历百年未有之大变局，制度竞争是综合国力竞争的重要方面，制度优势是一个国家赢得战略主动的重要优势。

人民代表大会制度课程和"四史"教育课程是高中学生的校本德育必修课。学生通过系统学习，了解人民代表大会制度和党史、新中国史、改革开放史、社会主义发展史，培养学生的国家政治认同素养，注重将个人成长与祖国发展紧密联系，引导广大青少年努力成长为担当民族复兴大任的时代新人。

为了加强学生对人民代表大会制度的深入了解，石外人大代表联络站于 2019 年成立，是河北省首个设在中学的人大代表联络站，站内的人大代表都来自石外的教师和学生家长，目前有全国、省、市、区四级人大代表共 37 人。学生走进人大代表联络站是一项重要的特色社会实践活动。联络站的人大代表直接参与指导学生开展社会实践，从选题、实地调研、数据收集和分析，到完成调研报告。该活动在促进学生社会实践调研报告转化为人大代表建议的同时，让学生通过亲身参与体验人大代表履职过程，增强他们对我国人民代表大会制度的了解，感悟人民代表大会制度的优越性。在各级人大代表的指导下，已有 128 份学生社会实践报告成果被全国、省、市、区四级人大代表 35 人转化成人大代表建议。

二、外语能力是培养学生全球胜任力的关键

经合组织"全球胜任力"的第三个维度是参与开放、得体并有效的跨文化互动（滕珺、杜晓燕，2018）。外国语学校在培养学生与不同文化背景的人进行开放、得体和有效的沟通方面有明显的优势。

（一）丰富的外语课程，为学生全球胜任力打下坚实的基础

作为外国语学校，我们在开全开足国家课程基础上，强化外语学科教学，外语课程分为基础性课程、拓展性活动和选修课程。基础性课程以国家课程为主，细化各种课型：精读课夯实基础，阅读课提升文化意识，视听课培养思维能力，口语课提升沟通能力。

拓展性活动通过日活动、月主题活动、年度外语艺术节大型活动、国内及海外研学活动，为学生搭建综合运用语言、提升跨文化沟通能力的舞台。

外语选修课程为学生设置了 15 种课程，包括空中英语听力在线、科技英语、英语文学选读、英语演讲与辩论、英语影视赏析、跨文化交际与国际理解、英美社会与文化、英语报刊阅读、大学英语、基础英语语法与词汇、多语种入门（日语、俄语、德语、法语、西班牙语）等课程。此外，面向有出国留学需求的学生，开设了有针对性的出国留学精品课程。学校还承担澳大利亚新南威尔士大学海外唯一的语言预科课程（FEEC），开设加拿大多伦多大学、日本立命馆大学的"绿色直通车"项目基地课程。

在外语教学方式上，采用"分小班、全外语"教学方式，进行"双教材、双主修"教学活动，着力培养学生"听、说、读、写、看、译、演、辩"八大语言技能，增强学生跨文化交流沟通能力和传播中华文化的能力，为培养国际化、复合型人才奠定坚实基础。

学校开设英语、日语、俄语、德语、法语和西班牙语六个语种。大部分学生进行英语为一外的外语学习，每年有 100 余名学生进行日语、俄语、德语、法语和西班牙语的学习。在多语种学生培养方面，学校始终坚持"小规模、做精品、多渠道、育英才"的育人理念。"小规模、做精品"指的是日、俄、德、法、西每个语种的学生人数控制在 20 人左右，为每一个学生设计符合其个性特色的"成长发展路线图"。"多渠道、育英才"指的是帮助学生做好出国留学、高考或保送的选择与辅导，培养学生"扎根中国、融通中外、双语并重、文理兼通、聚焦素养、面向国际"的素养与视野。

（二）开放办学交流互鉴，为全球胜任力培养创建开放的平台

学校在建校初期，就坚持中西方教育相结合为目的的开放办学，采用"请进来、走出去"的方式广泛开展国际交流。先后与22个国家的202所学校建立了校际友好关系，每年开展师生互访交流活动。学校常年聘请外教，进行六个语种的教学工作。定期派出老师到美国、英国、瑞典等友好学校教授中文，开展中国武术、中国音乐和中国舞蹈等课程，介绍中国文化，讲述中国故事。

1. 全球基础教育研究联盟

2014年，学校联合世界各地的友好学校，组建了全球基础教育研究联盟。每年10月，来自世界各地的专家齐聚石外，就基础教育阶段面临的问题与挑战进行交流沟通，分享学习。2014—2021年共举办了七次国际论坛，分别围绕创新人才培养、阅读素养和科学素养、公民素养、艺术素养、健康素养、学生领导力培养、重新定义学习（线上进行）七个主题进行主旨讲座、圆桌座谈，与专家面对面，走进中国家庭等丰富多彩的活动，实现了联盟会的宗旨：搭建全球基础教育研究平台，开展基础教育国际合作与交流，推动基础教育改革与创新，服务人类社会可持续发展。

2. "世界粮食奖青年领袖营"活动

世界粮食奖被誉为粮食与农业领域的"诺贝尔奖"，是国际上农业领域的最高荣誉和最具声望的国际大奖。"世界粮食奖青年领袖营"每年要从全美和世界各国选拔200多名优秀高中学生参加由世界粮食奖基金会组织的为期三天的活动。截至2021年10月，石外共有60名高中学生参加了世界粮食奖颁奖典礼和青年论坛，先后提交了《中国：可持续农作物产量和粮食安全》《中国：转基因食品的现状以及可靠发展的解决方案》等60篇农业方面的英文论文，在世界粮食奖的舞台上第一次发出中国青年的声音，展现了中国学生的风采。

3. 线上交流新范式

面临突发的新冠疫情，学校积极与国际友好学校联系，以网络视频交流方式开启国际交流新形态。2021年下半年，学校与日本、美国、哥斯达

黎加、法国、西班牙的友好学校开展了 11 场以"传统文化"和"学校生活"为主题的线上交流活动。中外学生们进行传统节日介绍、传统乐器表演、传统游戏体验等活动，增进了对彼此的了解，提升了青少年的全球意识。随着各项国际交流活动的开展，学校日益走近世界基础教育舞台中央，交流互鉴中外基础教育改革成果，传播中国优秀文化，讲好中国教育故事，向世界展现真实、立体、全面的中国基础教育。

三、实践创新是学生全球胜任力培养的重要途径

学校始终坚持创新发展理念。在国际交流和中外教育比较中，更新观念，结合我国教育实际，破解应试教育难题，形成了用"大的教育观、大的质量观、大的人才观"引领学校发展的教育观念。学校积极开展研究性学习项目，培养学生的自主学习、自主发展、自主教育和自主管理的能力。

（一）"我爱石家庄"社会实践活动

"我爱石家庄"社会实践活动是石外"立德树人"德育校本必修课程，开始于 2009 年，常年在 7—10 年级开设。该课程以班级为单位开展，围绕石家庄的经济、政治、文化、社会、生态建设等方面，每班选择一个具体课题进行研究和实践。通过班级选题论证、实地调研、问卷调查、数据分析，得出结果，研究制定解决方案，形成调研报告。其目的是培养学生"住在石家庄、了解石家庄、热爱石家庄、建设石家庄"的家乡情感和家乡意识，进而培养学生的爱国情感和社会责任感。

（二）"阳光小讲台"支教活动

自 2006 年起，学校紧紧围绕立德树人根本任务，以体验教育为基本途径，创办了高中学生"阳光小讲台"志愿支教活动，教育和引导学生承担社会责任，以实际行动为构建和谐社会作出力所能及的贡献。高一、高二年级学生全员参与"阳光小讲台"活动，每人共计 20 课时。高三保送生在每年 4 月进行为期一个月的志愿支教活动。保送生前往石外帮扶的六所县

域初中，担任班主任助理，与山区学生同吃同住，按照"上好一节文化课，上好一节主题德育课，深度帮扶一名学生，开展一次励志活动，给校长写一封建议信，每天一篇工作日记"的"六个一"的要求开展学习辅导和交流谈心活动。"扶贫先扶志，扶贫必扶智"。"阳光小讲台"活动不仅帮助山区学生找到榜样和方向，同时也给予高中志愿者责任和力量。三尺讲台，见证了学生们传递的知识与希望，更展现了学生们作为青年所肩负起的责任与担当。

2016年9月发布的《中国学生发展核心素养》要点中提到：要让学生"具有全球意识和开放的心态，了解人类文明进程和世界发展动态；能尊重世界多元文化的多样性和差异性，积极参与跨文化交流；关注人类面临的全球性挑战，理解人类命运共同体的内涵与价值等（核心素养课题研究组）。"全球胜任力是中国学生核心素养的重要维度，应该将其摆在重要位置，变革人才培养模式，寻找本土化的全球胜任力实施途径，培养具有全球胜任力的新型人才。

参考文献

[1] 核心素养研究课题组. 2016. 中国学生发展核心素养 [J]. 中国教育学刊. 282 (10): 1-3.

[2] 强新志. 2015. 我的教育思考与探索 [M]. 北京：人民日报出版社，272.

[3] 腾珺，杜晓燕. 2018. 经合组织《PISA全球胜任力框架》述评 [J]. 外国教育研究，（12）：100-111.

作者简介

冯云英： 石家庄外国语学校副校长，中小学高级教师，石家庄市外语学科名师，河北省中小学外语教师教学能手，首届全国中小学外语教师名师、教学能手。研究方向为中学英语课堂教学。

第二部分

国际教育实践创新——多类型学校国际化特色发展图景

公立高中国际化教育研究与探索：以河北正定中学为例

周　庆　高志英　河北正定中学

杨院生　河北正中实验中学

【摘要】河北正定中学是河北省一所具有120年办学历史的公立高中，办学成绩优异。秉承培养具有"文化底色、家国情怀、世界眼光和现代意识"的未来世界优秀公民的办学理念，学校于2011年起，开始了公立高中国际化教育探索与实践。结合学校实际，建立了完善的国际教育交流工作体系，实施了丰富多彩的师生国际交流活动，开设了一系列国际化校本选修课程，开展了扎实的双向留学工作，开启了国际汉语课程输出项目。国际化教育实践推动了学校的高质量内涵发展，扩大了中国教育的世界影响力，开阔了师生的国际视野，提升了学生的跨文化交流能力。

【关键词】基础教育；国际化；公立高中；实践

一、学校概况

河北正定中学是直属石家庄市教育局的省级示范性高中。学校建于清光绪二十八年（1902年），始名正定府中学堂，后曾更名为直隶省立第七中学、河北省第七中学、河北省立正定中学、晋察冀边区正定联合中学、晋察冀边区第四中学、河北正定第一中学等，1979年定名为河北正定中学。

河北正定中学是石家庄地区中国共产党组织的发祥地和革命摇篮。1924年12月下旬，在共产党员张兆丰、郝久亭介绍下，直隶七中（现河北正定中学）学生高克谦、尹玉峰、杨天然、裴树藩、于华峰加入中国共产党，正式成立中共直隶省立第七中学校支部委员会。直隶七中支部是石家庄地区第一个建立的早期基层党组织，也是石家庄地区共产党组织发祥地。

河北正定中学现有两个校区，校本部占地约10.7万平方米，东校区占地超过20万平方米。两校区有学生9,000余人，专任教师530人，其中特级教师9人，高级教师99人，具有中、高级技术职务的老师达到95%，国家、省、市级骨干教师、优秀教师、学科带头人、教学能手等占教师总数的25%。在百年的进程中，学校以培养人才、振兴中华为己任，为国家培养出了以中科院院士张香桐、石家庄工人运动领袖高克谦、率部打响全面抗战第一枪的何基沣、著名诗人公木等为代表的一大批杰出人才。

河北正定中学一贯坚持教育的本质是育人，教育应该成为塑造人生可贵品质的过程。学校把这一可贵品质理解为"具有文化底色、家国情怀、世界眼光和现代意识"，因此，在教育过程中，努力以优秀传统文化打造学生的文化底色，以校本文化培养学生的家国情怀，以教育国际化开拓学生的世界眼光，以高远的人生规划树立学生的现代意识，使学生成为具有上述特质的优秀公民。

河北正定中学全面贯彻党和国家的教育方针，全面提高教育质量，取得了令人瞩目的成绩。随着教育教学质量逐年提高，社会声誉持续提升，学校连续18次被评为石家庄市高中教学工作先进单位，先后获得全国文明单位、中国百强名校、中华百年名校、全国规范化管理先进单位、全国中小学班级管理创新先进单位、全国群众体育先进单位、全国中华民族传统美德教育优秀实验学校、全国青少年普法教育先进单位、河北省文明单位、河北省先进企事业单位、河北省教育系统先进集体、河北省教育系统先进基层党组织、河北省学校思想政治教育工作先进集体、河北省教育工作先进集体、河北省国际教育交流先进集体、河北省对台工作先进集体、石家庄市文明单位、石家庄市十大知名学校、石家庄市德育示范学校等荣誉称号，被誉为石家庄市"城市品牌"。

二、学校国际化办学实践

（一）高度重视国际教育交流工作

　　培养具有国际视野的优秀公民是河北正定中学的不懈追求。2012 年，学校制定了《河北正定中学国际化教育改革和发展规划》，致力于融合中国基础教育传统优势与世界先进教育精华，坚持走特色化、国际化的道路，积极开拓国际教育交流渠道，提升学生的跨文化意识，培养学生的国际化视野。

（二）建立和完善国际教育交流工作体系

　　河北正定中学于 2013 年成立国际教育交流办公室，全面负责学校的国际交流工作。在《河北正定中学国际教育交流发展规划》的指引下，建立并不断完善国际交流相关制度，先后制定了《河北正定中学国际来访接待规范》《外国文教专家管理制度》《外国留学生录取及教学管理工作规范》《大型国际交流活动筹备工作规范》《教师因公出访工作规范》《学生留学指导服务工作规范》《学生留学申请成绩证明备案工作规范》等一系列规章制度。在全校上下齐心努力下，国际教育交流中心逐步开展了丰富多彩的国际教育交流工作。

（三）国际化教育成为一张 "新名片"

　　自 2011 年开启国际教育交流至今，学校积极开拓国际教育交流渠道，不断巩固和充实海外教育资源。丰富多彩的国际教育交流活动，营造了日益浓厚的校园国际化氛围，培养了师生的跨文化意识和跨文化沟通能力。学校的国际化教育从无到有，从小到大，不断发展壮大。发展至今，国际化教育已成为学校的一张 "新名片"，河北正定中学也已成为河北省基础教育国际化的旗帜学校。

　　1. 高品质、大规模的国际论坛活动

　　随着学校国际化教育的不断深入，海外资源的不断充实，为进一步提升国际化氛围，开阔学生的国际化视野，在河北省教育厅、石家庄市教育局等上级主管部门的大力支持下，学校成功举办了十余场大型国际交流活动。

2014年起，学校连续举办五届"中外中学校长论坛"，来自英国、美国、加拿大、澳大利亚、新西兰等国家的30余所优秀中学的校长来学校参加交流活动。

为贯彻落实《河北省推进共建"一带一路"教育行动计划》和《石家庄市推进"一带一路"教育行动计划实施方案》，进一步提升学校的教育国际化水平，巩固中外中学校长交流成果，扩大交流活动影响力，学校于2018年发起成立"一带一路"青少年教育发展联盟，并成功举办三届年会活动，已有近30个沿线国家的院校加入联盟，50余名校长和院校代表参加了年会活动。巴基斯坦前驻华大使出席了联盟启动仪式，中国教育学会国际教育分会领导、河北省及石家庄市教育部门领导也多次参加活动。多家门户网站和媒体对活动作了报道。

2. 高频次、参与广的交流活动

学校已与英国、美国、加拿大、澳大利亚、新西兰、新加坡、德国、法国、日本、韩国、巴西、罗马尼亚、斯洛伐克、乌干达等30多个国家的60多所院校建立了稳定的、长期的友好交流机制，开展了师生互访交流、专题教师培训、双师课堂、短期学期体验、艺术体育专题交流、学生社团主题交流、国际文化理解日等形式多样的交流活动。先后接待外国友好学校师生来访1,000余人次，参与校内国际交流活动学生人数达20,000余人次，选派学生赴境外友好学校交流访问500余人次。

高频次、大规模的国际交流活动给了每一位学生进行跨文化交际的机会，与国际交换生同班学习更给了学生们了解外国同龄人、建立国际友谊的宝贵机会。学生可以自信从容地与海外友人交流，可以熟知多个国家的社会习俗，为将来走向世界舞台奠定了坚实的基础。

为进一步提升学校的海外影响力，巩固和强化与海外院校的国际友谊，2020年上半年，学校克服重重困难，为"一带一路"沿线国家友好学校罗马尼亚马克·吐温国际学校和斯洛伐克米库拉什·科瓦奇双语学校捐赠医用防护口罩 3,000 余只，缓解友好学校师生抗疫压力，加深了与海外友好学校的国际友谊。

3．卓有成效的教师国际交流培训

培养国际化人才，教师必须首先要有国际化视野。为了开阔学校教师的国际化视野，提升学校的办学水平，学校曾先后派出多名中层干部赴新加坡学习深造，先后组织 150 余名优秀教师赴海外进行教学管理培训。同时，还组织教师与海外友好学校教师开展在线教研活动，全力提升教师的跨文化意识。

4．不断完善的国际化校本课程体系

课程是一所学校最大的特色和最强的竞争力。学校积极打造国际化教育特色课程，推进特色课程建设。

2012 年以来，学校陆续开设了外国文化及外教口语、国际文化理解等校本课程，全面提升学生的国际理解能力和跨文化沟通能力。

自 2016 年以来，与美国友好学校合作，学校尝试引进美国 STEM 教育课程，积极探索和建立适合校情的 STEM 教育体系。2017 年，成功举办 STEM 主题公开课、教师培训和学生夏令营，在秋季学期，成功开设了 STEM 校本选修课程。

为进一步提升国际化办学层次，丰富学生的课程选择，学校积极引进国际标准课程，先后开设 AP、A-level、雅思中学等选修课程。

5．安全有效的留学生教育工作

学校致力于为优秀学生进入国外一流大学拓宽道路，为有意出国的学生提供一条权威、安全、多元的留学之路。为此，学校积极与海外知名大学联系，为学生留学海外打造安全优质的通道，提供安全放心的留学服务。每年都有十多所世界名校来学校现场面试录取优秀学生。截至目前，学校已有 200 多名学生被海外知名大学录取。

与此同时，学校还积极开拓出国留学和来华留学途径。学校有十多名学生作为国际交换生在美国优秀中学学习，同时也接收多名来自美国、意大利和澳大利亚的长期国际交换生。

6. 稳步推进的国际课程合作

作为学校"一带一路"青少年教育发展联盟活动成果，校长周庆曾亲率师生代表团赴罗马尼亚和斯洛伐克友好学校访问交流，探索加深合作的契机。学校已经与斯洛伐克米库拉什·科瓦奇双语中学和罗马尼亚马克·吐温国际学校达成了包括中文课程输出在内的课程共建计划，与乌干达鲁扬子中学达成了为在非洲工作的华人随居子女提供国内高中课程的合作计划。此外，学校还受鲁扬子中学邀请参与乌干达中学理科课程标准修订及中学教师教学培训工作。

2021 年，学校开展了面向斯洛伐克米库拉什·科瓦奇双语中学的学科汉语线上直播课程，授课活动受到了双语学校领导和师生的广泛认可。同年，学校成功承办教育部中外语言交流合作中心 2021 年"汉语桥"线上团组项目"河北正定中学–米库拉什·科瓦奇双语中学学科汉语文化主题冬令营"。

2022 年，世界百强名校莫斯科国立大学在学校设立语言文化交流中心和远程教育中心。

三、公立高中国际化办学思考

（一）基础教育国际化已成为不可逆转的潮流

20 世纪末，经济、文化等领域的国际化趋势日益显著，包括基础教育在内的教育国际化逐渐形成一种不可逆转的发展潮流，基础教育国际化逐渐成为新世纪世界基础教育改革的一项重点。在世界各国都在寻求更开放的教育市场，谋求教育新发展的同时，从长远看，人类教育的目标与价值可能是多元的，但终极目标与普遍价值则应当是统一的，这是教育国际化的理论前提（赵宣、张佩萍，2011）。

《国家中长期教育改革和发展规划纲要（2010—2020 年）》明确指出，要提高我国教育国际化水平，适应国家经济社会对外开放的要求，培养大批具有国际视野、通晓国际规则、能够参与国际事务和国际竞争的国际化人才（中共中央、国务院，2010）。

在新冠肺炎疫情重塑全球政治经济格局、我国外部发展环境更加错综复杂的特殊背景下，2020年6月出台了《教育部等八部门关于加快和扩大新时代教育对外开放的意见》，表明了国家坚持教育对外开放不动摇的坚定决心。这也为我们下一步的国际教育交流工作增强了信心，指引了方向。

国际化人才的产生，不仅仅是高等教育的责任，基础教育的奠基作用也不可忽视。我们现在培养的孩子，将来必定要走向国际社会，今天的基础教育，必须具有预见性和可持续性。如何让我们的孩子将来能够更好地融入国际社会，具备国际视野和知识，通晓国际规则，能参与国际事务和国际竞争，中小学作为基础性教育，责无旁贷（叶莎莎，2014）。正是基于此，学校于11年前就开始了对公立高中的国际化发展道路的探索。

（二）基础教育国际化要坚持本国立场

基础教育国际化不是照抄照搬，而是在博采众长的基础上进一步强化自己的特色。各国教育的土壤不同，发展条件不同，因而形成了鲜明的地域特色，从激励教师团队专业发展的政策，到教师日常课堂的组织形式，从挖掘学生个性特长的手段与方法，到学生学业成绩的认定与考核，从对特殊学生的指导和帮助，到处理学校与家庭和社区的关系，千差万别，各具特色。任何先进的经验都植根于特定的土壤，只在特定的水肥条件下才能旺盛生长。同样，任何教育中的困惑与问题，都是特定社会环境的产物，必须在原有的生态环境中寻求改变。国际教育交流中，互相学习的是先进理念，而在教育改良中的具体措施却需要充分考虑本国本校的实际情况。

（三）国际化教育促进了学校的内涵发展

学校坚持将国际化教育交流活动与学校的办学实践相结合，着力融合外国学校先进办学经验，促进学校高质量内涵发展，不断提升教学质量，优化育人模式，推动了学校特色发展。

学校多次举办"中外中学校长论坛""'一带一路'青少年教育发展联盟年会"等高规格交流活动，来自英、美、加、澳等主流英语国家的中学校长就"学生多元发展背景下的教育策略""基础教育国际化""学生国际理解力""学生科技素养的培养"等共同感兴趣的话题展开讨论，来自不同文化背景下的教育专家在学校的国际化平台上交流了教育思想。学校也从中了解了世界各国中学的办学理念和教育教学实践，借鉴了办学的智慧，促进了学校高质量发展。

（四）国际化教育扩大了中国教育在世界的影响力

国际教育交流是双向的，既包括吸收国外先进经验为我所用，也包括将我国优秀成果向世界推广，从而实现国际间优质教育资源的和谐流动，动态互补。在学校一系列的国际交流活动中，许多"一带一路"沿线国家的中学代表对学校数千名学生的日常管理模式很感兴趣，对学校的数学、物理等学科的教学理念多有称赞。

学校的国际化发展也促成了与一些外国学校的课程合作，从而扩大了中国教育在其他国家的影响力。我校参与了斯洛伐克米库拉什·科瓦奇双语中学的学科汉语课程，由我校教师为该校学生提供线上学科汉语直播课程，受到了对方学校师生的一致好评。通过课程国际输出，实实在在地提升了中国教育的世界影响力，讲述了精彩的中国教育故事。

四、结语

十一年间，河北正定中学的国际教育交流事业从无到有，从小到大，校园国际化氛围日益浓厚，学生也在对中华民族主体文化认同的基础上，更好地理解了世界的多元性，增强了全球意识，提高了跨文化沟通能力，培养了关心人类共同发展的情操，为担负起"世界公民"的责任和义务，形成正确的世界观、价值观和科学的思维方法，奠定了坚实的基础。"河则御汤汤之趋，北则向斗辰之煜，正则秉天地之义，定则盈浩然之气，中则居彝伦之宜，学则恒日新之惕。"历经百年历史沧桑的河北正定中学，将以勤劳严谨、无私奉献的作风，以拼搏奋进、坚韧不拔的精神，以百年名校的厚重和大气，再续新华章。

参考文献

[1] 叶莎莎. 2014. 基础教育如何走出"国际范儿"[J]. 云南教育（视界综合版），（12）：12-15.

[2] 赵宣，张佩萍. 2011. 基础教育国际化：合理性探寻与研究评述 [J]. 教学与管理，（7）：3-5.

[3] 中共中央、国务院. 2010. 国家中长期教育改革和发展规划纲要（2010—2020 年）[EB/OL].（2010-07-29）[2022-05-30]. http://www.moe.gov.cn/srcsite/A01/s7048/201007/t20100729_171904.html.

[4] 中华人民共和国教育部. 2020. 教育部等八部门印发意见加快和扩大新时代教育对外开放 [EB/OL].（2020-06-23）[2022-05-30]. http://www.moe.gov.cn/jyb_xwfb/s5147/202006/ t20200623_467784.html.

作者简介

周　庆：　河北正定中学党委书记，中国教育学会国际教育分会常务理事，中国地理学会理事，全国优秀（中学）地理教育工作者，河北省第十一届政协委员，河北省政协教科文卫体委员会委员，河北省骨干校长。

高志英：　河北正定中学副校长，分管对外交流工作。

杨院生：　河北正中实验中学国际教育交流办公室主任，河北正定中学国际教育交流工作负责人，硕士研究生。研究方向为国际理解教育、跨文化交流。

外语特色课程助力学生核心素养发展的案例研究

顾　彦　沈一芬　刘　杨　苏州湾外国语学校

【摘要】本文以《义务教育英语课程标准（2022年版）》为指导，结合外语学科核心素养的发展与要求，提出外语特色课程对学生素养发展的激励作用和对教师成长的促进作用。本文试通过一贯制学校外语特色课程对学生语言素养的提升情况进行跟踪和案例研究，同时对一贯制学校的外语教师发展体系提出"双腿走路"的构想，在区域教育局公办体系的基础上加入校内职称评定体系，双管齐下，促进新时代教师的成长和学生核心素养的全面提升。

【关键词】外语特色课程；核心素养；链式化课程；教师发展

一、学校概况

苏州市吴江区苏州湾外国语学校（Suzhou International Academy，SIA）坐落在美丽的太湖苏州湾，作为一所高端精致的国际化学校，苏州湾外国语学校秉持"来这里，走更远（Come Here, Go Further）"的办学理念，在高水平实施国家课程的基础上，引入国际标准的英语课程和学科课程，融合中西方教育的优势，以大学视角和国际视野，培养身心健康、学业优秀、气质高雅并具备民族根基、世界眼光的精英人才，打造中国的国际人、国际的中国人。

苏州湾外国语学校以科学丰富的课程，追求素质教育与优秀升学率的统一，并已初显成效。从听力启蒙、自然拼读到引入国际标准的课程体系和引入国际标准的阅读体系，助推学生小学毕业词汇量达国内高中毕业生水平，初中毕业达到欧标（即欧洲共同语言参考标准）B2以上语言水平，实现听、说、读、写全面超越同龄段学生。以学制衔接为起点，从幼儿园、小学、初中到高中，为学生打造链式化课程（见图1）。学生至少能娴熟掌握一项体育技能及一项艺术技能；除英语外，开设第二外语，使学生掌握"走更远"的本领。学校与美国、英国、德国、西班牙、法国、澳大利亚、日本等十多个国家的学校缔结友好合作关系，举办赴国外修学项目、短期交换留学生等国际交流活动，并邀请国外知名大学教授、招生官等到校进行交流，邀请国外优秀学生来校体验中国文化，开展多国文化节等。让学生在对外交流中，加深对中外文化的理解和认同，提高跨文化的意识和能力，增强文化自信。学校在"德善书院"开设浸润式绅士淑女课程，使学生具有谦逊的品格、优雅的举止。学校还开设棒球、击剑、皮划艇等课程，使学生具有勇敢的精神，追求荣誉的观念。

学部	学段课程	特色链式课程	培养目标	
幼儿园	美国高瞻课程 校本综合课程	幼儿双语课程	阳光	
小学	国家标准课程 绅士淑女课程 社会实践课程 社团活动课程	MSE英语课程 电影课程 演讲课程 国学课程 体育特长课程 艺术修养课程 科学素养课程	活泼开朗 习惯良好 全面发展	身心健康 学业优秀 气质高雅 民族根基 世界眼光
初中	国家标准课程 绅士淑女课程 社团活动课程 户外课程		言行文雅 学业优秀 特长明显	
国内高中				
国际高中	纯正国际课程 传统文化课程 领袖课程 户外课程		独立 责任 荣誉	

图1　各学段课程体系

学校现有教职工421人，专任教师280人。幼儿园、小学、初中、国内高中教师面向全国招聘，以骨干教师为主，其中有一大批特级教师、学科带头人、省市级优质课一等奖获得者；国际高中和剑桥通用英语五级考试（MSE）英语课程的中外教师面向全球严格选拔，均持有专业教师资格证并享有良好声誉；应届毕业生以海归和国内重点大学优秀毕业生为主。目前学校有特级教师 3 人，大市学科带头人以上 25 人，博士 4 人，硕士 115 人，外籍教师 30 人。一大批教师毕业于北大、清华、复旦、交大、同济、中科大、南大、浙大、武大、北师大、南师大、华师大等国内重点高校和海外著名大学。其中，外教来自 9 个不同国家，三分之二来自英美等国家。所有外教均为本科以上学历，一半拥有硕士或博士学位，平均教龄 7.5 年，其中不乏具有 20 年以上教学经验的资深教师。学校有全国拳击冠军、武术冠军、啦啦操冠军、中国女排国手，有多名中国国家队、国青队和著名俱乐部退役队员以及茶艺、陶艺、棋艺、刺绣、书画、纸雕、吴门扇艺、古筝、扬琴、小提琴、大提琴、网球、棒球、游泳等特色课程专职教师。

二、特色课程助力学生素养发展

（一）MSE 链式课程引领学生接轨国际

　　学校在开设国家课程标准要求的英语课程的同时，还引入国际标准课程体系以及国际标准阅读体系（见图 2）。在各年级每周开设两课时外教英语课，由专职外教授课，隔周进行分级阅读教学和主题式沙龙英语教学，用国际标准定义孩子的英语成长。除此之外，在低年级融入每周两课时自然拼读课和一课时英语绘本课，高年级则加入英语沙龙主题课程，并在各年级均设置了丰富多样的英语选修课程，如演讲与口才、英文歌曲、英文戏剧等，让孩子的英语学习不仅是语言的学习，更是文化的学习与能力的提升，从而使英语学科的核心素养突出"国际交流能力"，突出"国际视野"和"跨文化"，突出中西不同思维方式碰撞和比较中的"思维品质"的提升（束定芳，2017）。

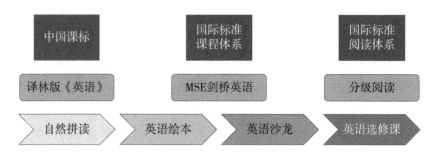

图 2　学校英语课程体系

　　在 MSE 课程体系下，学生会在不同年级参加相对应的欧标测评（见图 3）。学生在一至三年级使用《剑桥国际少儿英语》教程（*Kid's Box*，以下简称 KB），在二年级上学期完成 1—2 级学习，参加剑桥少儿英语一级考试（YLE Starters）；三年级下学期完成 3—4 级学习，参加剑桥少儿英语二级考试（YLE Movers）；四至五年级使用《剑桥新思维英语青少版》教程（*English in Mind, 2nd ed.*，以下简称 EiM），五年级下学期完成 EiM 入门级和 1 级的教学，参加剑桥 KET 考试，对应欧标 A2 的水平，学生词汇量能达到 1,500 个，同时达到国内课程标准初中毕业水平；在六年级学习 EiM 2 级，并在初一下学期学完 EiM 3 级，参加剑桥 PET 考试，学生词汇量能达到 3,500 个，同时达到国内课程标准高中毕业水平。初二学习 EiM 4 级，初三国际课程方向学生学完 EiM 5 级，并在初三下学期参加剑桥 FCE 或雅思考试，对应欧标 B2 水平。采用国际认可的欧标等级，这也便于与大家所熟知的雅思、托福等国际语言考试挂钩。

年级	教程	欧标等级
一年级至二年级上	KB 1+KB 2	YLE Starters/欧标 Pre A1
二年级下至三年级下	KB 3+KB 4	YLE Movers/欧标A1
四至五年级	EiM 0+EiM 1	KET/欧标A2/1,500词汇
六年级至初一	EiM 2+EiM 3	PET/欧标B1/3,500词汇
初二至初三	EiM 4+EiM 5	FCE/欧标B2/6,500词汇

图 3　各年级欧标对标情况

（二）课内外拓展阅读指导学生提升英语综合能力

众所周知，任何语言的学习都离不开阅读，而英语阅读能力也是英语学习者其他语言能力发展的基础。大量的英文绘本和经典英文读物的阅读不仅能培养学生英语语感，还能促进词汇积累，提高写作水平，对培养学生的英语综合能力大有裨益，是学好英语的主要手段和有效途径。基于此，学校高度重视学生的英文阅读，扎实推进指导各项课内外英语阅读工作的开展，营造浓厚的英文大阅读氛围，使学生形成爱读书、多读书、读整本书的好习惯。

1. 全年级外教分级阅读课程

学校在各年级开设分级阅读（Leveled Readers）课程，选用《霍顿米夫林英语分级阅读》读本，由外教执教，在分级读物授课过程中，不仅仅关注文本的讲解和各类学科知识的拓展，更是在中高年级不断渗透阅读策略，教会孩子学会自主阅读。

2. 低年级自然拼读英文绘本课程

小学一二年级是小学生英文启蒙的最佳时期。学校在一二年级通过每周两课时的外教自然拼读课，让孩子系统地学习了解自然拼读发音规律，并且同时开设每周一课时的英文绘本课程，选用《丽声拼读故事会》第2—5级绘本，通过听、读奇思妙想的韵律故事，使孩子循序渐进地感受和体验英语字母和字母组合在单词中的发音，逐步做到见词能拼、听音能写，进而终形成自主阅读英语的能力（外语教学与研究出版社，2011）。

3. 链式化必读、拓展阅读书目推荐及指导

学校英语教师仔细研读各类英文绘本读物，挑选适合学生阅读水平的必读及拓展阅读书目，为学生提供链式化英语阅读书单。对于必读书目，由中教进行指导阅读和阅读打卡记录，在早读课和课前五分钟进行形式多样的阅读分享。此外，还将必读书目加入到期末考评，确保每一位学生都能真正阅读，引领学生逐步掌握阅读的基本要领和基本方法。

对于拓展阅读书目（见表1），采用阅读打卡、"慧读慧记"（见图4）等方式，记录学生的阅读轨迹，激发学生自主阅读的动力。

表 1　拓展阅读书目

欧标级别	年级	学期	书目
Pre A1	一	1	《丽声北极星分级绘本》第一、二级
		2	《丽声北极星分级绘本》第三级 《多维阅读》分级读物第五级
A1	二	1	《多维阅读》分级读物第六、七级
		2	《多维阅读》分级读物第八、九级
A2	三	1	《多维阅读》分级读物第十、十一级
		2	《多维阅读》分级读物第十二、十三级
	四	1	《多维阅读》分级读物第十四、十五级
		2	《多维阅读》分级读物第十六级 / 《书虫·牛津英汉双语读物》一级　上
B1	五	1	《多维阅读》分级读物第十六级 / 《书虫·牛津英汉双语读物》一级　中
		2	《书虫·牛津英汉双语读物》一级　下
	六	1	《书虫·牛津英汉双语读物》二级　上
		2	《书虫·牛津英汉双语读物》二级　中
B2	七	1	Tuesdays with Morrie《相约星期二》
		2	Charlotte's Web《夏洛的网》
B2	八	1	Surely You're Joking Mr Feynman《别闹了，费曼先生》
		2	Steve Jobs: The Exclusive Biography《乔布斯传》
B2/C1	九	中考班 1	Lord of the Flies《蝇王》
		中考班 2	The Call of the Wild《野性的呼唤》
		融合班 1	Lord of the Flies《蝇王》
			The Call of the Wild《野性的呼唤》
			The Fault in Our Stars《无比美妙的痛苦》
		融合班 2	Thinking Fast and Slow《思考，快与慢》
			《江城》三部曲
			His Dark Materials Trilogy《黑暗物质》三部曲

图 4　"慧读慧记"阅读活动记录表

4．创意活动助推英文自主阅读

为了激发学生课外阅读兴趣及自主阅读动力，学校开展了形式多样的系列化英语阅读活动，并通过学校公众号平台对优秀作品进行展出，助力学生英语综合能力的提高。书画类，如：英文绘本设计大赛、绘本海报推荐大赛、英文绘本改编创作大赛（部分作品见图 5）；视听类，如：英文之声——朗读者、好书推荐频道、表演大师系列等（部分作品见图 6）。

图 5　书画类英语阅读活动

图 6　视听类英语阅读活动

（三）特色活动助推学生英语核心素养

1. 年级特色英语活动

为了激发学生学习英语的积极性，学校以系列化年级特色英语活动为载体，为学生营造浓厚的英语学习氛围，从而提高学生英语综合能力及英语学习兴趣。年级特色活动贯穿整个学年，一月一表彰，将优秀学生作品通过外墙环创展示、校园展演、公众号宣传等形式展出，并在英语嘉年华活动中进行现场竞赛及展演。

活动安排如下表（以小学为例）：

表 2　小学各年级特色英语活动

年级	活动名称	获奖称号	活动细节
一至二	Dubbing Show "声"临其境配音秀	Dubbing Talent	1. 建立素材库，每学期精选 5 个优秀素材：配音片段、经典故事视频、名人或优秀演讲视频。
三至四	Story Circle 缤纷故事汇	Story Master	2. 外教教师分配负责学生，利用课前 5 分钟，确保每学期负责学生进行 1—2 次展示。
五至六	Speech Challenge 演讲挑战营	Speech Expert	3. 每个月集中对某一主题素材进行集体观看，教师指导学习，提前安排展示顺序，并在学生班级展示前对学生的展示进行指导。 4. 鼓励差异化创作展示，并对较弱的学生提供可行的展示方式，激发学生信心。

2. 项目式主题实践活动

实践型活动是课堂教学的延伸，指向语言的应用实践层次，能让学生有意识地运用课堂所学语言描述、分析及运用新旧知识，达到在贴近生活的真实情境中熟练运用目标语言的目的。

例如在学习译林版《英语》三年级上册"Would you like a pie?"这一单元时，我们设计了美食制作活动，并让学生用英语来讲解视频，引导学生将在课内学到的知识延伸到实际生活中，并以自己喜爱的形式表达和运用（见图 7）。

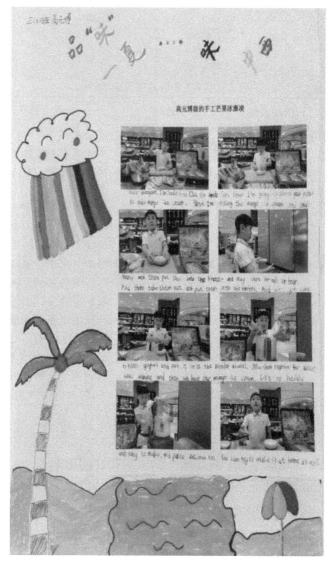

图 7　"Would you like a pie？"学生成果展示

在学习《剑桥新思维英语青少版》1级时，我们结合书本话题给学生提供四类项目式主题实践活动："A presentation about a well-known sports person""A class survey""A poster about the future""A talk on an event that happened this year"。学生们通过小组合作的形式，对自主选择的主题进行

信息搜索调查和分析整理，并在班级分享成果（见图 8）。将优秀学生作品通过外墙环创展示、校园展演、公众号宣传等形式展出，这样做既训练孩子们的英语表达能力，又增加了学习的趣味性。

图 8　小组合作成果展

3. 主题表演社团活动

通过对话、故事、歌曲、歌谣的表演（见图 9），让学生在动口、动手、动脑的过程中，活用所学知识于现实情境中，复习内化所学知识，变机械学习为有意义的学习。在培养学生良好语音语调的同时，切实提高学生的综合语言运用能力。

图 9　英文歌曲演唱

通过选取经典故事，指导孩子们进行剧本创作、角色竞演等形式，激发学生的学习热情，搭建展现才艺的平台。

4. 外语节系列活动

为强化我校鲜明的外语特色，培养学生的创新精神、实践能力和外语综合素养，丰富校园文化，建校七年多来，学校共举办五届嘉年华外语节活动（见图10）。外语节是苏州湾外国语学校嘉年华系列活动之一，也是学校的传统活动，以一个主题多种类型活动为执行方针，以人人参与为原则，鼓励学生真正参与到嘉年华活动中。同时，引导学生在学习和运用外语的过程中，了解国家的风土人情、文化历史，以及科技、艺术等方面的优秀成果，进行中外文化比较分析，拓宽国际视野，加深中华文化理解，增强中华文化认同感，逐步树立正确的世界观、人生观和价值观（中华人民共和国教育部，2022）。

图 10　SIA 嘉年华外语节活动海报

外语节根据不同年龄阶段学生的特点和语言水平，分年级、分模块设计了各式各样的活动，大大提升了学生的外语能力，真正把外语融入生活，增强学生的外语学习兴趣，展现学生的外语水平，为孩子打开了语言世界的大门，打造"长三角"的外语特色标杆。

（四）二外课程打开亚欧交流窗口

为推动中学外语教育教学水平的提升，教育部于 2014 年 6 月启动编写德语、法语和西班牙语中学课程标准，2018 年 1 月印发普通高中课程方案和课程标准，并于 2020 年作修订（王文新，2019）。2020 年两会期间，针对小语种翻译人才无法满足市场需求这一现象，全国政协委员、《今日中国》杂志社副总编辑王茂虎提出了《关于建立健全我国小语种翻译人才管理体系的提案》。随着经济全球化进程的不断推进，我国与世界各国的交流日益密切，构建人类命运共同体的美好愿景日益迫切，社会对于多语种人才的需求日益扩大，因此对于多语种人才的培养也愈发受到社会各界的关注。在国际化的大背景下，学校于 2016 年 9 月起，开设德语、法语、西班牙语和日语四门第二外语。

1. 课程设计

二外课程设计以学校外语教学现状为基础，以国际语言标准及教育部课程标准为尺度，以链式化课程作方法，旨在将学生外语核心素养的提升与学校的国际化发展有机统一。

小学阶段尤其是低年级学生，年龄偏小，拼音、英语基础尚未夯实，过早开始学习第二外语容易造成相近学科的负迁移影响。因此，学校从四年级起开设二外兴趣课程，学生和家长根据孩子的兴趣爱好、语言水平及今后的发展规划，自主选择相应课程，每周两课时。考虑到学生的年龄特点及学习习惯，教师在进行课堂设计时主要从实用性和趣味性的角度出发，选取适合学生的专题，通过游戏化的过程进行教学，着重锻炼学生的听说能力，并辅以必要的文化知识拓展。

学生进入初中阶段，第一外语英语基础已逐步稳固，有能力学习第二门外语。学校在初中阶段将二外纳入必修课程，每周三课时。针对部分学有余力且有浓厚外语学习热忱的学生，初中部还开设了每周两课时的兴趣选修课。考虑到学生的语言基础及学习能力差异，初中部各年级的二外课程均采用分层走班制上课。在日常教学过程中，教师们以教育部中学课程标准为指导，协同参照欧洲共同语言参考标准，科学制订教学目标。在课堂设计过程中，教师们以国内优秀出版社出版的教材为蓝本，并补充具有中国特色和时效性的语料，扩充课堂容量。在教学评估过程中，教师们以语言等级考试为抓手，综合开展形式多样的语言文化活动，以求更全面、更充分地对学生的学习成果进行评价。以德语为例，初中部已有多名学生通过三年的学习达到欧标 B1 水平。

针对国际高中部的学生，学校开设了每周两课时的课外辅助课程（Co-Curricular Activities，简称 CCA）。该学段学生的外语素养及综合能力普遍较高，在常规的语言教学之外，教师更会加强对其跨文化交际能力及团队协作能力的培养，定期开展文化对比探究任务，为其下一阶段出国深造打好基础。高中部学生在选择二外课程时除了考虑自身兴趣，也会与未来的升学计划和职业规划相挂钩。例如 10 年级的郑同学，对电影和哲学有着浓厚的兴趣，准备出国深造学习电影专业，于是自初中起便选修法语二外课程，目前正在筹备 B1 等级语言测试。

2. 活动拓展

在语言课程之外，学校还通过形式多样的校园文化活动来提升学生学习兴趣，锻炼语言运用能力，如二外语音语调大赛、国情知识竞赛、创意视频拍摄大赛、外语歌曲大赛、游园会等。学校师生还积极参与外国驻华使领馆组织的各类语言文化比赛，并取得了不俗的成绩：初一学生在法国驻上海领事馆组织的法语单词插画大赛中荣获一等奖，初二学生在北京德国文化中心·歌德学院（中国）主办的"创意+"青少年艺术大赛中荣获全国优胜奖。通过丰富多彩的语言文化类活动，全方位多途径拓宽学生的国际视野，促进学生对世界多元文化的深度理解，进一步加快学校的国际化发展进程。

3. 对外交流

语言的学习不仅仅是词汇和语法的积累，更重要的是了解其背后的文化。学校不仅为给学生搭建国际化学习平台，提供更广阔的学习空间，还积极开展各类对外交流活动。每年寒暑假，都会与姊妹学校、国外大学等其他合作单位联合开展微留学活动。学生到对象国开展为期两周的访问交流，融入当地生活，与来自世界各地的青少年互相学习，浸润式提升语言能力，体验国际间团队合作和跨文化交流。学校每年都有学生荣获全额奖学金参加北京德国文化中心·歌德学院（中国）组织的"学校：塑造未来的伙伴"（PASCH）青少年德语夏令营。近两年，受疫情影响，学生们没有机会走出国门，于是学校积极探索线上交流途径。2021年10月，在苏州市外办的牵线下，学校与法国格勒诺布尔市阿古斯中学通过云端签约，建立友好合作关系，双方师生利用网络设备，定期展开文化交流与学术探讨，为对外交流带来了新思路。

二外课程是学校国际化发展进程中的重要组成部分，学校根据学段、学生特点设计不同的语言课程，并将掌握三门语言列入学生的培养目标。通过第二外语的学习，学生在未来升学过程中可以有更多的选择，并能以更全面的视角分析看待问题，更好地适应世界多元化发展。

（五）链式化教师培训体系

学校现有外语教师81名，其中英语教师（含外教）73名，二外教师8名，占全校教职工总人数的五分之一，是一支高效率的精英团队。学校以地区教育局教师发展路径为基础，北外国际"拼图计划"教师培训为特色，强化外语教师团队的专业发展，为外语教师提供"两条腿走路"的多种自我提升可能。学校外语教师的队伍相对年轻，他们既需要地区的本土化培养，也需要国际先进理论引领。学校除教育局职称发展体系外，还为英语教师提供了国际专业测评机构的体系化培训，如剑桥TKT、CELTS、CELTP、PDQ等，现已有剑桥课程培训师3名，剑桥系列考试考官13名，剑桥CELTS、CELTP认证教师16名，在读PDQ培训教师6名。所有二外教师均具有海外工作或学习经历，87.5%的教师有硕士学历，50%的教师为相应语种的语言等级考试考官。他们扎扎实实进行教研活动，勤勤恳恳落实教学计划，积极落实小课题，由初始的兴趣班创设渐渐摸索发展出自己的教学模式，并坚持不断创新与完善。在日常教学活动中坚持集体备课，以思维的碰撞为课堂注入源源不断的活力。

作为全国基础外语教育研究培训中心多语种教育发展分中心会员单位，学校安排教师定期参加中心组织的各类培训活动，以提升教师的教学能力。

同时，教师们还参与了北外国际多语种教师暑期发展型培训，与国内多语种领域的一众"大咖"及兄弟院校的教师们同学共研，打磨课堂。此外，歌德学院、法国驻华使领馆等机构也会组织相关教学教研活动，为教师提供交流的平台与成长的空间。比如，在北京德国文化中心·歌德学院（中国）组织的"德国师范专业大学生实习项目"（SCHULWÄRTS）资助下，几乎每年都会有德国实习教师来进行学习交流和实习任教。同时，学校还专设校内职称发展体系，保障教师队伍的稳定，为学校"青蓝工程"建设提供了坚实的基础，也为集团化办学提供了较多的师资储备。

三、学校国际化发展的思考

苏州湾外国语学校立足附校，放眼全国，依托大学的前瞻课程架构和师资培训优势，在外语特色教育规律、模式和教师培训体系等领域展开积极探索实践。学校重视学生外语类竞赛、活动及能力提升，成立由校内外外语教学专家参加的外语特色建设中心，致力于把学校打造成国内知名的外语特色中心、具有扎实外语基础的高素质创新人才的摇篮。外语特色鲜明，教育质量优异，在苏州市能发挥示范、辐射作用，在全省拥有一定声誉，是人民群众信得过的优质学校。开发以多元文化教育为特色的校本课程系列，培养一支具有跨文化教育能力的教师队伍。校本课程以德育、外语特色教育、双语教学课程和外国文化教育、艺术、体育教育为主，通过系列校本课程达到多元文化教育的目的，使学生既具有国际视野又有爱国情操，能适应未来国际竞争需要，培养"中国的国际人，国际的中国人"。

参考文献

[1] 束定芳. 2017. 关于英语学科核心素养的几点思考[J]. 山东外语教学，38（2）：41.

[2] 外语教学与研究出版社. 2011. 外研社丽声拼读故事会内容简介[EB/OL]. [2022-10-09]. https://www.viaton.com.cn/book/show-176-1.html.

[3] 王文新. 2019. 普通高中法语课程标准（2017版）解读[M]. 北京：高等教育出版社.

[4] 中华人民共和国教育部. 2022. 义务教育英语课程标准（2022 年版）[S]. 北京：北京师范大学出版社.

作者简介

顾　彦：　苏州湾外国语学校，外语特色建设中心主任，中国致公党党员，苏州市青年联合会委员，苏州市侨界青年联合会委员。长期致力于 K-12 学校外语特色链式化课程建设、链式化教师培训体系建设。

沈一芬：　苏州湾外国语学校小学部剑桥英语教研组长。曾获吴江区教师基本功大赛一等奖。

刘　杨：　苏州湾外国语学校法语教师，二外组教研组长，法国国际教育研究中心DELF 法语考试认证考官。研究方向：中学法语教学，整体外语教学。曾参与编写粤教社新课标版《中学法语》。

福田区教育国际化实施路径探究：以小学英语跨学科课程为例

孙　艳　深圳市福田区教育科学研究院

【摘要】教育国际化是当今世界教育改革和发展的重要趋势。福田区作为深圳的国际化、现代化的中心城区，站在教育改革的潮头，将"教育国际化"作为福田教育改革研究的重要任务。2012 年深圳市福田区经教育部基础教育课程教材发展中心批准成为全国第三个教育国际化实验区，跨学科课程的构建和实践成为区域教育国际化实施的重要抓手。本文以 CLIL（Content and Language Integrated Learning，内容与语言整合式学习）为教学理念构建的深圳市福田区小学英语与科学整合的跨学科课程，解决了现阶段小学英语教学中学用分离的难点问题和深圳市福田区区域教育国际化进程对特色英语课程需求的现实问题，提升了教师的跨学科和整合教学的意识，关注了学生核心素养的发展，真正做到了"用中学"和"做中学"，丰富了区域学科课程板块内容，给学生的英语学习提供了更多的选择，为学校英语特色发展搭建了平台。

【关键词】CLIL；英语科学跨学科课程构建；课程实践；课程评价

一、小学跨学科课程构建与实施

（一）课程性质

本课程认真贯彻落实教育部《基础教育课程改革纲要（试行）》的基本精神和具体规定，以《义务教育英语课程标准（2011 年版）》为依据，从学生的已有知识和日常生活经验出发（中华人民共和国教育部，2012），以加速学生的认知发展为核心，以培养学生的科学素养和综合语言运用能力为宗旨，以建构主义学习理论为指导，以探究式学习为主要的学习方式，积极借鉴国内外开展内容与语言整合式学习的先进经验，充分吸收编写人员在科学教育、语言教育和 CLIL 领域大量的理论研究成果和丰富的实践经验，力求成为理念先进、特色鲜明、体系新颖、服务优质、既具有国际视野又符合我国教育现状、突出思维能力、创新精神和实践能力培养的科学内容和英语语言学习整合的课程。

（二）课程目标

本课程是一门以学生认知能力的发展为核心，将英语学习和科学学习有机整合的小学英语科学跨学科整合课程，可以作为现有小学英语课程的有力补充、拓展和提升。课程的总目标是加速学生的认知发展，以科学学科学习为载体，提升学生的英语学科核心素养，为他们未来能够成为具有国际视野、掌握通用语言和核心知识、能与世界沟通、参与知识创新和科技创新的高素质国际公民奠定基础。

本课程主要有三个关注点：学科内容（content）、交流（communication）和学习技能（learning skills），核心特征表现为具有多重目标，为学生创建安全、丰富的学习环境，提供真实性学习任务，倡导主动学习，为学生提供学习支架，鼓励合作等。在课程开发时，我们基于 CLIL 的先进理念，将 3C 模式融入课程目标设定中，将培养学生的科学素养、发展学生的跨文化交流能力和加速学生的认知发展有机融合起来（见图 1）。

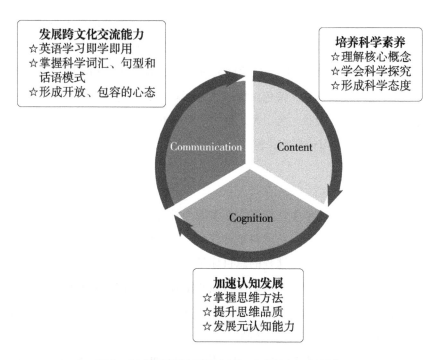

图 1　3C 模式课程目标（Adey & Kibble，2017）

（三）课程内容

1. 认知是核心

认知是英语科学跨学科课程设计的起点，即课程设计要从学生当前的认知水平出发；认知更是课程设计的终极目标，无论是学习学科内容还是学习语言，最终目的都是为了发展学生的认知水平（思维水平），为学生的终身发展做准备。在培养认知能力时，学科·英语整合课程（Light Up Science，简称 LUS 课程）既重视思维方法（包括低阶思维和高阶思维）的培养，又关注思维品质的发展；既引导学生学会思考，又引导学生对学习策略、学习风格、思维方法和过程等进行反思，发展元认知能力，从而加速认知能力的发展。

2. 学科内容是基础

在设计科学内容时，小学英语科学跨学科课程强调联系现实生活，凸显核心概念，重视探究过程，培养科学素养，并根据以下原则选取学生的学习内容（单元结构简表见表1）：

- 围绕科学的核心概念和科学技能从三大领域（生命科学、物质科学、地球与空间科学）选取最核心的内容；
- 内容生动有趣，能够激发学生的学习兴趣以及联系学生的生活实际；
- 注重内容的连贯性和衔接性，围绕核心概念展开一系列由简单到复杂、相互关联的概念序列，帮助学生完成学习的进阶（learning progressions）。

3. 语言是交流的媒介和工具，以支持学科内容的学习为目的

基于CLIL理念，语言学习不再是传统意义上的语言学习，学习不以获得系统的语言知识（如语音、语法）为首要目的。学生不是为了单纯的语言学习而学习语言，而是为了学习学科内容而学习必需的语言（learn to use language），并将所学的语言运用到具体的学科内容学习情境中（use language to learn），因此采取的是内容和兴趣驱动的（content and interest driven）现学现用（just-in-time）的语言学习理念（Coyle et al., 2010）。为了实现这一理念，小学英语科学跨学科课程在设计时，充分考虑了我国小学生的英语水平和语言学习特点，通过合作学习（同伴、小组乃至全班）、问题解决等策略以及视觉化、听觉化、动觉化等方式给学生提供了丰富的机会进行语言输入（input）、语言吸收（intake）和语言输出（output），最大限度满足不同学习风格学生的需求。在科学话题的语境下，采用简单明了、原汁原味的英语，为学生完成内容学习和表达交流提供必需的词汇、词组与短语、功能句型，以及话语模式。基于认知加速（Cognitive Acceleration，简称CA）理论的五个教学步骤，在跨学科教材的编写中注重挑战学生当前的认知水平，倡导社会建构的学习方式，注重发展学生的元认知能力，加速学生的认知发展。

CA的五个环节与英语科学跨学科课程教材资源的开发关系图见图2。

表 1 单元结构简表

Level	Life science			Earth science		Physical science		Design and technology
1	**Our senses** I can see I can hear and feel I can smell and taste	**Animals** Kinds of animals Goldfish Cats and humans	**Plants** Kinds of plants Roots, stems and leaves Flowers, fruit and seeds Plants and us	**Night and day** Day and night sky Moon and stars Night, day and animal	**Sound** Kinds of sounds Making sounds Noise	**Water and air** Water Air Water, air and us	**Floating/sinking** What floats? What sinks? Boats Bubbles and balloons	**Making a boat**
2	**Life cycles** How do you grow? Life cycles of animals Life cycles of plants	**Healthy life** Food Clean and dirty Exercise	**What animals do** How do animals move? What do animal eat? Who eats who?	**Weather and seasons** Weather Weather report Seasons	**Light and shadows** Light Shadows (1) Shadows (2)	**Objects and materials** Objects Materials Paper Shower cap	**Movement** Moving Pushing and pulling Blowing	**Make a propelled boat**

（续表）

Level	Life science			Earth science	Physical science			Design and technology
3	**Ourselves** Similarities and differences Measurement and growth Looking at eyes	**Habitats** Wildlife areas Hibernation Meeting needs	**Minibeasts** Small creatures Special study—webs Special study—ponds	**Rocks and soils** Sorting through soils Looking at rocks Ice and mountains	**Starting electricity** Simple circuit Conductors and insulators Making a switch	**The magic of magnets** Attraction / repulsion Force without touching How strong can it be?	**Measuring materials** Changing shape Shape and volume Weight and water	**Make a compass** Which way is north? Make a compass Use your compass
4	**Inside our body** Location of main organs Skeleton Teeth	**Reproduction of plants** Flowers and structure Plants and more plants Pollination	**Digestion** Where does food go? Nutrition needs What is inside food?	**Water on our planet** Looking at clouds Rivers and landscape The water cycle	**Light and mirrors** Looking through things Using mirrors What do you see?	**Keeping warm** Measuring temperature Insulation Save some energy	**Solid, liquid and gas** Freezing and melting Boiling water Evaporation	**Make a shelter** Wind and rain Keeping warm Testing your shelter

（续表）

Level	Life science			Earth science	Physical science			Design and technology
5	**Grow better plants** Conditions for growth Soil types/acidity Grow the best plant	**Microorganisms** Yeast alive Making bread Bacteria	**Varieties of life** Classification Characteristics Biodiversity	**Earth, sun and moon** Day, month and year Phases and eclipses Rockets and exploring	**Different sounds** Vibrations, pitch and music Where can sound travel? Protect your ears	**Energetic toys** Push, go, stop Battery power High jumpers	**Forces and friction** Pulling and sliding Rolling and stopping Slippery slopes	**Recycling** Using things again Sorting and grouping Make it yourself
6	**Animals and offspring** Eggs and fertilisation Mammals Inheritance	**Survival** Habitats and survival Interdependence and survival Variation and survival	**People and animals** Pets and responsibility Zoos and conservation Diet and choices	**Measuring our environment** Instruments and forecasts Noise and pollution Is it bright enough?	**Using electricity** Add more lights Burglar alarm Make an electromagnet	**Energy transfer** Fuels and energy Clean energy Global warming	**Kitchen chemistry** Dissolving Separating substances Chemical reactions	**A home for a small friend** Animal habits and habitats Designing a home habitat Make an animal house

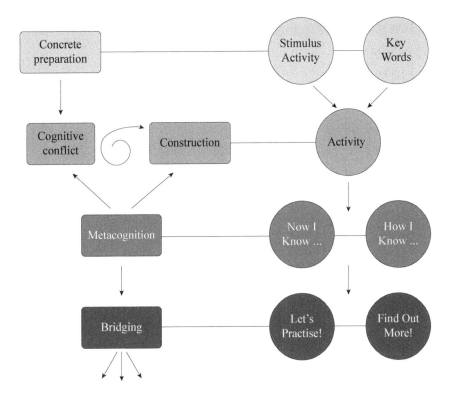

图 2　CA 的五个环节与英语科学跨学科课程教材资源的开发关系图
（Adey & Kibble，2017）

（四）课程实施

1. 课程设置

小学英语科学跨学科课程实施主要分外挂式和内融型两种，不同学校根据自己学校的英语教学特色定位来实施课程，区教科院给予指导意见。有条件的学校可以采用外挂式，每周固定 1—2 节课作为校本课程，纳入学校的英语学科课程体系中，也可作为社团活动课，按每周一课时的选修课模式进行。有的学校则采用内融型，将英语科学跨学科课程内容与现有英语教材内容进行主题式融合，作为英语教学的拓展和补充。灵活性的课程设置给学校的参与提供了良好的空间和实践机会，学校可以结合办学理念和教育目标，将小学英语科学跨学科课程板块内容与学校的课程体系相融合，从而形成课程合力，促进学生核心素养的形成。

2．师资队伍

师资队伍建设一直是跨学科课程研究的难点问题，我们基于福田区的师资现状成立了跨学科课程团队，由英语中教、外教（每校1人）和英语素养好的科学老师组成。由于福田区教育国际化项目的推进，区政府给每个小学配备了1—2名外教，外教逐渐成为本课程实施的中坚力量，这一方面可以发挥外教的语言优势，另一方面也解决了外教教学内容的问题。跨学科团队教研形成了三股合力，英语老师拓展了科学素养，提高了英语水平；外教通过跨学科教研更了解中国英语课堂教学的情境，能很快进入角色，提高课堂教学效率；科学老师在跨学科教研过程中英语水平得到很快提升，拓宽了专业化发展的道路。

3．课堂教学范式

在英语科学跨学科课程的课堂教学实践中，根据CLIL教学理念，我区总结出"导、做、思、拓"四步跨学科教学范式。

导：从生活引入，激活学生的已有的知识与经验，激发学生的学习兴趣。英语核心词可以在这个环节所创设的情境中集中突破。

做：老师提出活动任务，学生自主进行合作的实验探究或讨论活动。在这个环节，教师布置任务，将大任务分为小任务组成任务串，化繁为简，明确目标。教师搭建学生在完成任务过程中所需要的语言支架。

思：学生积极思考活动结果，小组集体或推荐代表向全班汇报探究或讨论的结果并对知识进行结构化处理，教师提供思维工具和语言支架帮助学生进行思维品质的提升。

拓：引导归纳，在教师引导下归纳出科学原理，形成科学认识或方法。在归纳出的原理、方法指导下，做深入探究或在生活中运用。在联系学生生活实际时，要引导学生发现主题探究的意义，在比较、反思等高阶思维活动中，提升语言能力和科学素养。

4．培训方法

课程实施是培训先行，借助出版社培训的资源优势，每年有国外专家培训，也有跨区交流、区域研讨、校本研修等。基于LUS课程特点，没有固定的培训模式可以借鉴，所以培训、研究和教学是互相促进的，教学实施过程中的问题通过教学研究解决，通过培训进行普及和理念更新。

（五）课程评价

1. 形成性评价和终结性评价相结合

在教学过程中，要将形成性评价和终结性评价结合起来。本课程教材中独特的环节设计给教师提供了丰富的机会去聆听学生的对话、抛出问题，以及通过学生的所写所画对他们的表现进行评价。通过每课最后的"我们练习吧！"环节，每单元的单元复习，以及一些其他过程性评价方法，教师将充分了解到学生的学习情况，从而对自己的教学作出相应的调整，提高教学质量。

2. 项目式评价

小学英语教学和科学教学的共同点都强调"做中学"，因此本课程建议采用项目式评价来弥补纸笔测验的不足，即学生在学期末将以小组形式完成一个特定的项目。教师将通过学生完成项目的过程、表现、成果及最终成果展示和报告对学生进行综合评定。

教师可根据学生的学习程度要求学生完成项目所运用的语言，如低年级学生可以通过中文来做报告及展示。随着他们对英语的掌握逐渐加深，教师可适当要求学生在完成项目时所进行的组内交流、问题解决、成果展示及分析报告等活动均用英语完成，让学生在任务驱动的过程中，以英语表达自己对项目完成过程及结果的思考，在推动语言能力发展的同时，促进思维能力的提升。

二、教研成果的亮点与反思

英语科学跨学科课程理论基础深厚，理论联系实际，既开发了课程资源，构建了教学范式，也创新了教研模式。本研究建立在行动研究的基础上，实践性和操作性强，成果有如下亮点：

1. 课程开发注重横向联合，优势互补

本课程资源的开发既基于区域实际，又联合了国内第一大外语类出版巨头，充分利用了国内外相关领域的专家和出版资源，既保证了区域课程开发的科学性、系统性和严谨性，又解决了跨学科课程落地小学英语课堂的实际问题，为跨学科课程开发模式提供了福田样板。

2. 提出"导、做、思、拓"四步跨学科课程教学范式

跨学科课程的难点是如何将语言学习和科目学习同步，实现语言目标和内容目标的"双聚焦"。"导、做、思、拓"将语言学科教学方法和科学学科教学方法进行了融合，通过语言支架搭建、思维工具的使用、多模态资源支持的方式解决跨学科课程的难点。

3. 教师的收获和学生的兴趣

在访谈中，老师们说："这种用英语来思考的习惯，体现了小学英语科学跨学科课程和语言课最大的区别。"还有科学老师这么说，Life Cycles 单元虽与三年级科学课内容重复，但其设计角度与国内科学教材的视角完全不同，LUS 课程教材更注重对学生思维整体性的提升。在科学思维训练中，对儿童科学思维的形成更具积极意义。在学校听课的过程中，学生经常会告诉我们，在所有科目中按喜欢程度排序的话，跨学科课程能排第二，排第一的是体育课。学生的作品也经常能给我们带来惊喜，真正体现了英语学习的"学用结合"。

小学英语跨学科教学 20 多年来经历了一个从高峰到低谷再慢慢回升的发展历程，其中政策问题、教材问题、师资问题、教法问题以及评价问题都是曾经困扰中国小学英语跨学科教学发展的关键问题。福田区小学英语科学跨学科课程的构建与实施，在小学英语跨学科教学中的教材问题、师资问题和教法问题上都有突破性的进展。随着教育部《义务教育英语课程标准（2022 年版）》的颁布，加强学科间相互关联，设立跨学科主题学习活动，带动课程的综合化实施，强化课程的实践化要求是英语课程实施的趋势，福田区英语科学跨学科课程将关注英语与多学科的融合，希望以研促教、以评促学，推动跨学科课程向纵深发展。

参考文献

[1] 中华人民共和国教育部. 2001. 教育部关于印发《基础教育课程改革纲要（试行）》的通知 [EB/OL]. (2001-06-08) [2022-04-10]. http://www.moe.gov.cn/srcsite/A26/jcj_kcjcgh/200106/t20010608_167343.html.

[2] 中华人民共和国教育部. 2012. 义务教育英语课程标准（2011 年版）[S]. 北京：北京师范大学出版社.

[3] 中华人民共和国教育部. 2022. 义务教育英语课程标准（2022 年版）[S]. 北京：北京师范大学出版社.

[4] Adey, P. & B. Kibble. 2017. 科学 1A 教师用书 [M]. 北京：外语教学与研究出版社，5, 15.

[5] Coyle, D., Hood, P., & D. Marsh. 2010. *CLIL: content and language integrated learning* [M]. Cambridge: Cambridge University Press.

作者简介

孙　艳：　深圳市福田区教育科学研究院英语教研员，广东外语外贸大学英语教育兼职硕士生导师，广东省小学英语学科教学指导专家，"国培计划"外聘专家。主要研究领域为小学英语课程建设、跨学科教学。

让工薪子弟登上国际舞台：北二外成都附中国际化办学之路

何光友　北京第二外国语学院成都附属中学

【摘要】北京第二外国语学院成都附属中学由周恩来总理关心创办的被誉为"外交家摇篮"的北京第二外国语学院与成都市武侯区人民政府合作创建。根据北京第二外国语学院的办学特色，结合周总理精神和"一带一路"倡议，学校确立了"为中华之崛起而读书，为世界的繁荣而奋斗"的教育理想和培养"眼里有光，脸上有笑，心中有人"的具有民族自信心和全球胜任力的国际化人才的育人目标。学校坚持依法治校，围绕目标办学，形成了一套完备的课程体系和评价体系，致力于"让工薪子弟登上国际舞台"，努力让学校成为老百姓身边的好学校。

【关键词】"一带一路"；国际化办学；工薪子弟

一、结合国家战略，校地共建新校

2013 年，习近平总书记在出访中亚和东南亚国家期间，先后提出共建"丝绸之路经济带"和"21 世纪海上丝绸之路"（简称"一带一路"）的重大倡议，受到国内外政府和人民的高度关注。"一带一路"涉及境外沿线 65 个主权性国家，出于主权保护的需要，对于投资的范围和行业，都是有一些限制的；而且由于各国语言、法律、宗教、文化等方面的差异，企业初涉陌生国家投资，往往存在着经营、税收、用工等多重风险。"一带一路"综合性人才培养问题显得尤为重要（中国日报网，2018）。国策的推动需要多语种复语、跨专业复合、懂语言、通文化、会交流的复合型人才。2016

年 7 月，教育部发布《推进共建"一带一路"教育行动》，明确提出提供人才支撑，培养大批共建"一带一路"急需人才，支持沿线各国实现政策互通、设施联通、贸易畅通、资金融通。随着全球化步伐的加速迈进，近年来四川省越来越多的中学根据自身特色办学的需要，积极响应教育部号召，以不同形式和力度推广小语种教育，使小语种教育发展具备了一定的社会基础（谢宇、董洪丹，2022）。

2016 年 9 月，北京第二外国语学院和武侯区人民政府签订战略框架协议，协议的签署标志着校区多领域、全方位、深层次合作新模式的正式开启。成都市武侯区人民政府依托北京第二外国语学院的优质教育资源和品牌辐射力，创建北京第二外国语学院成都附中（以下简称"北二外成都附中"）这所重理工科的高品质公办外国语学校。北二外被誉为外交家的摇篮，以培养"多语种复语、跨专业复合"的人才为己任。学校确立了培养"眼里有光，脸上有笑，心中有人"的具有民族自信心和全球胜任力的国际化人才的育人目标。

北二外成都附中作为一所公办高品质理工外国语学校，拥有免费学习多门外语的天然优势，给予成绩优秀的工薪家庭孩子零负担就读高品质外国语学校的机会。学校目前已开设八门小语种课程，同时，学校专门成立了海外升学中心，通过多语种课程的建设，帮助孩子们铺设世界名校升学之路，让工薪阶层家庭的学生有能力考取国内名校的同时还有能力申请到国外名校，登上国际舞台，实现"为中华之崛起而读书，为世界的繁荣而奋斗"。

办学至今，北二外成都附中已逐渐从一所成都市的"网红学校"成长为四川省的公办外国语高品质学校，成为了一所老百姓家门口的好学校。

在管理改革上，发挥"两自一包"改革的优势，实现了人人参与、共同治理的管理方式的突破。一是将行政干部的数量大幅度缩减为 8 位，为其他学校的 20%；二是人人参与管理，各年级部门根据需要总共设立 188 个管理项目组，老师们根据兴趣申请参加相应的项目组，平均每位教师参与管理 1.13 项。人人参与的共同治理模式既促进了学校的高效发展，又增进了教师对学校的归属感和认同感。

在课程创新上，研究新高考，实现"特长发展"的育人模式的突破。学校形成了四大特长育人体系，即培养"理工科竞赛特长生""双外语特长生""小语种特长生""雅思特长生"，每周为特长生增加4—6节课，从而突破为了提高中、高考总分，许多学生只能补短的做法。坚持"五育并举"，鼓励特长发展，与未来新高考做到无缝对接。

在升学研究上，探索"小初高贯通"的拔尖人才培养模式，实现公办外国语学校让工薪子弟登上国际舞台的突破。学校缩减行政干部的同时，将英语教师数量增至其他学校的200%，将每个行政班都分成两个英语小班，从初一到高三常态开设雅思课程，在经费包干的前提下，极大地提升了外国语学校的办学质量。学校开设德、法、俄、日、西、阿、泰、希8门小语种，建设20人的全职小语种教师队伍。作为一所公办中学，实现了班班英语小班教学，人人能学小语种。学校还成立了海外升学中心，将"9853计划"（一本率98%，"双一流"率50%，国外名校升学率30%）列为全校教学目标。

二、特长助力升学，交流拓展视野

学校确定了创省特色高中和义务教育示范校的目标，致力于"让工薪子弟登上国际舞台"，把孩子的人生理想、家长的家庭梦想与国家"一带一路"倡议有机结合，让学校真正成为老百姓身边的好学校，还确立了"9853"的升学目标。

学校根据育人目标，搭建了小语种课程框架，形成了小语种的小、初、高以及高中到大学的贯通培养体系，形成了"以人为本、立足学生终身发展"的北二外成都附中"特色＋特长"育人模式。五大特色为：多语种特色、英语特色、外交特色、数学特色和艺术特色；四大特长为：理工科拔尖、双外语特长、小语种特长和英语特长。其中，双外语特长针对具有较强语言天赋的学生，在每周英语课时不减少的情况下，学习精品第二外语，在高中毕业之前，拥有比较优秀的两门外语的能力，以英语参加国内高考，亦可凭借第二外语申请世界名校。小语种特长针对英语成绩一般，但二外成绩尤其显著的学生，英语时间减少，把时间用在更加擅长的第二外语（可以参加高考的语种）上，凭借第二外语参加国内高考，并在中学阶段通过相应语言的等级考试。

（一）特色课程引领特长育人

单纯的英语人才很难满足当今经济全球化和国家对外发展的需求，采用"英语＋非英语"的模式，让外语学习者在掌握英语的前提下再精修一门非英语语种，可在与非英语国家交流时用两种语言进行互补，会获得更好的效果（陈美华、陈祥雨，2018）。学校目前已开设了德语、法语、俄语、日语、西班牙语、阿拉伯语、泰语、希伯来语 8 门小语种课程，每个学生可以根据自身情况，选修每周 6—10 节的精品小语种课，也可以选择每周 1 节的小语种文化课程。系统的小语种特色教育，完全顺应了当代世界多极化、扁平化、包容化、和平化、共生化的发展趋势，是国家"一带一路"倡议与和平发展在我校落地生根的结果。多语种教师团队均毕业于国内外名牌大学。

在课程目标方面，针对每个语种都为学生制定了初中零起点和高中零起点的培养路径，既包括学生各阶段的考级目标，也包括各语种学生的生涯规划及未来前景等。

在课程评价方面，不根据一次笔试的成绩评价学生，而是通过学生各个阶段的成长与记录进行总体评价；注重小语种课程作为语言学科的实践能力培养；增加听力理解和口语表达考核；除了传统的纸质闭卷考试外，还加入了信息化的手段（包括微信、晓黑板等），对学生的学习进行多方面的过程性评价。

（二）文化交流拓展国际视野

2019 年 6 月，来自俄罗斯的四川大学教授进校园与学生们互动，活泼有趣的课堂活动和词汇的运用拓宽了学生的思维。活动过程中，学生不仅能够轻松地完成外教设置的活动，还为外教展示了自己精心准备的俄语节目。

2018 年 8 月 22 日和 2019 年 12 月 5 日，由北京第二外国语学院和成都市武侯区政府联合举办的第一届和第二届"非通用语早期人才培养学术研讨会"在我校成功召开，两次会议都为学校带来了大量的对外交流资源。2020年11月13~14日第三届"'一带一路'小语种早期创新人才培养学术研讨会"在我校隆重举行，此次研讨会邀请到了外交部前大使刁鸣生先生为学生们分享亲历的外交故事，展现了中国外交官对国家的赤胆忠心和卓越的全球胜任力。他真诚地希望未来在北二外成都附中这所特色学校也能够走出大量中国外交官。

2020年9月7日首届希伯来语开班仪式上，潘立文总领事在现场动情地对学生说道："我现在是以色列外交官，你们将来会是中国外交官！"

2020年10月14日，教育部中外人文交流中心副主任杨晓春一行莅临我校指导工作，赞扬了我们以人为本和面向世界的发展理念。

2021年3月31日，西班牙驻华使馆教育处参赞吉塞拉·康德·莫兰西娅女士莅临我校交流，表示愿意与我校促成教育项目的落地，在学生学习、教师交流及各类文化活动中加强交流合作。吉塞拉教育参赞还亲自进课堂给学生授课。

2020年9月16日，俄中友好协会文化教育科技发展基金会秘书长崔凡一行访问我校，探讨第四届"全国中学生俄语大赛"及"俄语考级中心"相关事宜。

2020年10月，"GOODTALK（地球村）国际青少年双语演讲大赛"四川省项目交流座谈会在我校举行；2021年1月，地球村国际青少年双语演讲大赛颁奖典礼在我校举行。这个项目与学校培养自信、阳光、善表达的国际化人才办学理念息息相通。

我校师生于2019年暑假到白俄罗斯、澳大利亚和日本进行游学活动。由于疫情原因，目前的交流活动以线上的为主，如线上俄语文化课、线上德语交流活动、模联社成员与加拿大多个高中的线上辩论比赛、美国初高中"主题学科"等。

2019年12月，我校师生与白俄罗斯友好学校开展青少年书画交流作品展；2020年、2021年，我校与国际友好学校举办了第二届和第三届"一带一路"青少年书画交流作品展活动。

2020年四川省泰国研究中心领导莅临我校，我校访问四川省泰国研究中心；2019年我校派员赴北京第二外国语学院学习；2021年北京外国语大学阿拉伯语学院院长一行莅临我校指导。

学校师生积极参加各类大型中外人文交流活动，音乐老师带领合唱团参加教育部"中外人文交流小使者"合唱展示活动，何光友校长及希伯来语学生丁心怡出席以色列驻成都总领事馆的"世界梦想卷轴"剪彩仪式。

（三）学术研究指导学科发展

加强理论学习和科学研究。2018年3月学校筹备组成立，同年4月就在中国教育协会成功立项课题"非通用语小初高贯通课程实践研究"。我校的各学科老师积极参加各项课题，在研究课题的过程中，也不断探索人才培养路径并解决出现的问题。何光友校长、毕英等人主研市级课题"基于多语种学生培养的研学旅行课程建设与实践研究"，冯廷波、朱雯钰等人主研区级课题"培养初中生国际视野的实践研究"。

（四）场景建设优化人文环境

学校围绕"一带一路"倡议和学校的办学理念，先后建成了小语种专用教室和语言角、"'一带一路'在成都"校园微博物馆、外交广场、守正书屋等小语种学习特色校园文化设施。目前这些场景不仅承担了学校的小语种课程教学，还承担了武侯区的校园一卡通行项目，全区已有346人次的学生参加了由我校承办的小语种学习体验课程，将学校的资源辐射到了整个区域。

三、整合教育资源，实现贯通培养

有调查结果显示，中学生对自己将要从事的职业、工作内容以及职业目标比较明确，然而对大学的专业设置情况以及大学专业与未来就业的关系比较缺乏了解，他们很希望学校开展生涯规划教育（郭莲花，2014）。针对这类现象，我校针对每个语种都为学生制定了初中零起点和高中零起点的培养路径，既包括学生各阶段的考级目标，也包括各语种学生的生涯规划及未来前景等。

实现了公办学校对高品质外国语学校的突破。科学规划、深度挖潜、合理设置，做好做实了小语种的全新课程设计。小语种虽然是学生的第二外语，但学生优秀的听、说、读、写能力依然令人惊喜，2021 年至 2022 年共有 103 位学生通过所学二外的等级考试。

实现了特长育人模式对中高考的突破。打破了高考"指挥棒"下教育的"补短"困局，不补短而扬长，为孩子创造和发现更多的升学渠道，为未来的职业选择打下坚实基础。我校胡琳雪与黄伟伦同学分别于 2021 年和 2022 年作为四川省唯一录取的学生获得日本留学项目全额奖学金。

2022 年，有四位学生通过雅思英语和阿拉伯语的学习获得英国伯明翰大学迪拜校区的录取通知书，一位学生获得英国谢菲尔德大学的录取通知书。

学校已经与德国、白俄罗斯、法国、泰国等国家的中学成为友好合作院校。2022 年在黄强省长的见证下与俄罗斯喀山联邦大学等签署相关合作协议。

学校和外语目的国的学校或教育机构签订了教育协议、成为友好合作院校，为学生参与国际交流活动搭建平台。例如，与德国 F+U 萨克森公益教育集团、德国瓦尔登堡欧洲高级文理中学、白俄罗斯中学、法国巴黎安东尼笛卡尔中学等签订友好学校协议。

未来，学校将通过几方面的举措，实现更高质量发展：一是努力建设国内外友好中小学；二是与外语目的语国家建立至少两所友好大学，开拓留学通道；三是利用北二外实习基地、成都各大学资源引进外教，做实、做足校内外语氛围；四是创建语种联盟；五是主持课题研究；六是深化项目推动。学校将全方位提升教师的专业水平，通过多语种课程的建设，将每一位学子培养成"眼里有光，脸上有笑，心中有人"的具有民族自信心和全球胜任力的登上国际舞台的优秀人才。

参考文献

[1] 陈美华，陈祥雨. 2018. "一带一路"背景下英语与非英语语种教育问题探讨 [J]. 外语教学与研究（外国语文双月刊），50（5）：729.

[2] 郭莲花. 2014. 中学生生涯规划教育现状调查 [J]. 中国教育学刊，（12）：93–94.

[3] 谢宇，董洪丹. 2022. 中学小语种课程开设的现状、问题及建议——基于四川省中学日语和西班牙语课程开设情况的调查分析 [J]. 西南大学学报（社会科学版），48（2）：179.

[4] 中国日报网. 2018. 全国政协委员吴志明：应建议设立"一带一路大学（学院）" [EB/OL].（2018-03-15）[2022-08-03]. https://fj.chinadaily.com.cn/2018-03/15/content_35853770.htm.

[5] 中华人民共和国教育部. 2016. 教育部关于印发《推进共建"一带一路"教育行动》的通知 [EB/OL].（2016-07-15）[2022-08-03]. http://www.moe.gov.cn/srcsite/A20/s7068/201608/t20160811_274679.html.

作者简介

何光友： 北京第二外国语学院成都附属中学校长书记，北京第二外国语学院成都附属小学校长书记，曾兼任武侯区教育局中学教育科负责人。主要研究方向为中小学办学及管理。

"一带一路"背景下国际理解教育的课程设计：北京东城区"以古通今"案例分析

李　莎　刘　娜　北京市东城区教育科学研究院
郭楚鑫　杨　航　王雪婷　苗宇晨　外语教学与研究出版社

【摘要】"一带一路"倡议的提出为国际理解教育的普及提供了良好契机。我国的国际理解教育理论研究已历经多年发展，但仍然缺乏在基础教育阶段的落地实践。因此，探究如何有效地面向青少年学生开展国际理解教育课程具有重大实践意义。本文将以北京市东城区"以古通今：'一带一路'上的中国故事"课程为例，通过梳理学情目标、明晰内容设计、突出亮点特色、分析教学效果、探讨教学启示等，探索"一带一路"倡议提出背景下，如何开设特色国际理解教育课程，使学生逐步增进对本民族文化的认同及对"一带一路"沿线国家文化的理解，提升人类命运共同体意识，从而达成国际理解的教育目标。

【关键词】一带一路；国际理解教育；基础教育；英语教育

一、课程开发与实施背景

（一）国际理解教育的意义

随着经济与社会的飞速发展，我国日益走近世界舞台的中央。2013 年，习近平总书记提出了"一带一路"倡议，旨在通过积极发展与沿线国家的经济合作伙伴关系，共同打造政治互信、经济融合、文化包容的利益共同体、命运共同体和责任共同体，促进各国之间的合作与发展。2015 年 9 月，习近平总书记在联合国成立 70 周年系列峰会上指出"我们要继承和弘扬联合国宪章的宗旨和原则，构建以合作共赢为核心的新型国际关系，打造人类命运共同体"。无论是"一带一路"倡议的实施，还是人类命运共同体的构建，都需要高水平的国际化人才。这些人才不仅需要具备政治、经济、文化、科技等领域的专业素养，还需要具备国际理解力、全球胜任力等软实力，这样才能契合"一带一路"倡议的发展要求，才能在世界舞台上讲好中国故事，做好文化沟通的使者。

国际化人才的培养，离不开国际理解教育的发展。国际理解的目的是促进合作与和平，原则是促进不同国家和人民之间的相互了解和尊重。国际理解教育是指基于上述目的与原则的终身教育，包括学校教育和成人教育等（UNESCO，1974）。国际理解教育的实施是中国现代化发展的必然要求。

（二）国际理解教育课程开展现状及问题

我国国际理解教育的理论探索始于20世纪90年代。在发展初期，我国国际理解教育受联合国教科文组织影响较深，强调世界各国、各地区人民之间的理解与合作，致力于解决人类面临的共同问题，以达到世界和平的终极目的（翁文艳，2004）。北京、上海、深圳、浙江等地率先开始宣传国际理解教育理念，使之成为备受关注的教育热点。2010年，中共中央、国务院印发《国家中长期教育改革和发展纲要（2010—2020年）》（以下简称《纲要》），正式提出国际理解教育，明确国际理解教育的目标为"培养大批具有国际视野、通晓国际规则、能够参与国际事务与国际竞争的国际化人才"，在《纲要》的指导下，各地教育行政部门开始大力推广国际理解教育。2016年，《中国学生发展核心素养》对国际理解素养再度进行阐释，将人类命运共同体意识和全球责任意识作为中国学生国际理解教育的最终培养目标（核心素养研究课题组），为相关课程实践指明了方向。此后，各地学校在中央和地方政策指引下，开始了多样化的国际理解课程本土化探索。

在"一带一路"倡议和"人类命运共同体"概念提出的大背景下，有些地区和学校选择针对"一带一路"沿线国家开展国际理解教育，引导学生探讨"一带一路"沿线国家共同议题，以及如何为"一带一路"沿线国家的发展贡献中国智慧和中国方案。但研究表明，"一带一路"相关的国际理解课程建设多集中在高等教育和职业教育领域，基础教育领域相关探索较少，尚未形成课程体系（王朋，2021）。因此，在基础教育领域以"一带一路"为背景的国际理解课程研究颇具开创意义，能够满足基础教育领域发展学生核心素养的实际需求，对引导学生从小认识国家战略方针、开阔国际视野具有重要意义。

除此之外，虽然国际理解教育理论研究在我国已历经多年，但是针对课程实践的研究尚处于初步探索阶段。许多课程并未真正达成国际理解教育的培养目标，即培养学生成为尊重多元文化、有志于解决全球议题的国际公民（姜英敏，2017）。具体表现如下：

首先，多数学校的国际理解课程中，外国文化涉猎广泛，但本民族文化缺失（滕珺等，2019）。随着中国综合国力不断增强，国际地位不断提升，国际理解教育不应仅仅关注外国文化，也要关注中国文化，讲好中国故事，传递中国声音。因此，国际理解课程应当增加中国故事和中国文化的比重，深入挖掘中国文化内涵，从而培养学生的中国情怀，增强学生的民族自信心与自豪感。

其次，不少国际理解课程始终停留在"了解"阶段，只是让学生简单了解外国文化、国际规则，并未强调文化包容与相互尊重的重要性。部分课程对外国文化的解读失之偏颇，学生易形成对外国文化的刻板印象，造成国际误解（姜英敏，2017）。为避免陷入"浅识"和"误解"的陷阱，国际理解课程建设者应当明确国际理解教育的实质和实施途径，即呈现客观真实的多元文化，并以正确方式引导学生理解尊重多元文化。此外，还应当明确国际理解课程的内容范围，加入国际议题的探讨，帮助学生树立全球公民意识，增强人类命运共同体意识。

最后，不少学校通过设立外语强化课程来强化语言学习，传授语言知识，但是学习语言知识并不等同于掌握沟通交流技能（滕珺，2016）。国际理解教育的出发点是培养学生应用国际通用语言沟通交流国际议题，解决全球面临的重大问题，促进世界和平与发展。由此可见，运用语言进行表达和沟通是学生成为"世界公民"的一项基本素质。有效的国际理解教育课程应当把语言技能提升的重心放在沟通与表达技能上，帮助学生掌握沟通技能，提升交流能力。

二、课程需求调研与规划

"以古通今：'一带一路'上的中国故事"课程是 2021 年 6 月由北京市东城区教育科学院学生发展中心国际教育部（以下简称"东城区教科院"）发起，由外语教学与研究出版社（以下简称"外研社"）深度参与课程研发和具体实施的青少年国际理解教育课程项目。

在课程设计初期，经外研社教研团队与东城区教科院沟通，确认课程需求如下：

第一，加强学生对民族和国家的认同。东城区已连续多年举办中小学生"用英语讲中国故事"的特色活动，并正在策划"一带一路"的教育专题活动。如何带动更多学生参与"用英语讲好中国故事"的活动，增强民族自信与文化自信，是本课程关注的重点之一。

第二，正确引导学生理解并尊重多元文化，培养学生的国际意识。据调研，东城区学生普遍具有较强的问题解决能力及较强的全球意识，对多元文化的学习兴趣浓厚，这为本课程的开展提供了良好基础，但学生对待多元文化的态度尚需引导。因此，教师在教学过程中应如何引入外国文化，并引导学生正确地看待外国文化，是本课程要解决的另一个关键问题。

第三，掌握沟通技能，提升交流能力。在传统的英语学科及语文学科教学中，国家课程、地方课程和校本课程均不同程度涉及中国传统故事，但在有限的课时内无法更大程度地进行表达训练。为解决此问题，课堂需要设计活动主导的教学模式，以启发式、探究式、讨论式的教学活动，充分锻炼学生的沟通能力和表达能力，为培养学生国际理解力打下坚实基础。

为进一步了解学生需求，东城区教科院向拟开课的 4 所中学发放了课程前期调查问卷。在收回的 84 份问卷中，我们发现 93% 的学生期待通过课程能够了解具有代表性的中国故事及其中蕴含的中国智慧与中国精神；93% 的学生期待认识到传统的中国智慧和中国精神在当今时代的传承、发展与升华；95% 的学生期待更加自信地用英语讲述中国故事，未来将中国智慧与中国精神传播给世界上更多的人，让世界更全面地了解中国；94% 的学生期待了解"一带一路"沿线国家的人文知识；95%的学生期待能够提高自己针对问题进行思辨表达的方法与技巧；94%的学生期待更好地用英文进行富有逻辑性、感染力的公众演说。

　　基于以上调研与分析，外研社团队制定了融合中国故事、"一带一路"故事以及英语演讲为一体的国际理解教育课程，教学规划如下表：

表1　2021—2022学年第一学期东城区"以古通今：
'一带一路'上的中国故事"课程教学规划

序号	模块	课程主题	课程内容
1	导入模块	导入课	介绍课程主题与"一带一路"背景知识
2	故事模块一	中国故事	《愚公移山》
3		"一带一路"故事	中巴公路的修建
4	故事模块二	中国故事	《年的故事》
5		"一带一路"故事	波斯年的习俗
6	演讲模块	演讲课	演讲的意义与作用
7		演讲课	演讲的大纲与框架
8	期中展示	活动体验课	教师示范，学生进行期中展示，初步体验演讲
9	故事模块三	中国故事	《花木兰》
10		"一带一路"故事	蒙内铁路上的女性工作者
11	故事模块四	中国故事	《神农尝百草》
12		"一带一路"故事	中国援助"一带一路"国家抗击疫情
13	演讲模块	演讲课	演讲如何开头及如何充实演讲内容
14		演讲课	演讲时的身体语言、感情、重音等
15	期末展示	操练课	学生实践与期末准备
16		展示课	学生期末展示

如上表所示，本课程共 16 课时，由导入模块、故事模块、演讲模块和展示模块四部分构成，模块内部紧密衔接，模块之间逐层进阶。导入模块激发学生学习兴趣；故事模块由两部分组成，"中国故事"带领学生深入理解中国精神，"'一带一路'故事"关注中国精神在"一带一路"国家和项目中的体现；"演讲模块"则以故事模块为素材，循序渐进地教授学生演讲技巧；最后，"期中、期末展示"则是让学生结合所学，完成"用英语讲中国故事"的演讲任务。

整体而言，本课程以"一带一路"倡议为背景，以中国故事和"一带一路"沿线国家故事为载体，以语言沟通技能为桥梁，引导学生深化对中华民族传统文化的理解，树立文化自信，同时理解"一带一路"倡议的重大意义，培养人类命运共同体意识，为学生最终成长为具有中国情怀、国际视野和跨文化沟通能力的社会主义建设者和接班人做好准备。

为保证课程质量，外研社培训师团队借助多方力量，组织开展了多种形式的教研，如"一带一路"专家现场指导、东城区教科院专家听评课、内部小组研讨、同课异构、课后教学反思分享等（见图 1）。团队对课程不断进行打磨，并根据每周上课情况进行实时调整，确保课程充分符合学情需要。

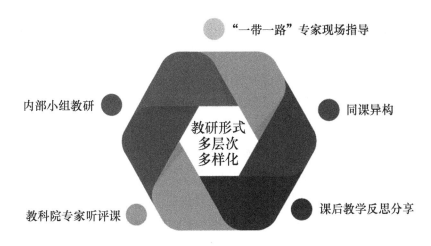

图 1　多种形式的教研体系

三、课程特色与亮点

（一）聚焦中国故事，增强文化认同

1. 深入挖掘传统文化内涵

在当前复杂多变的全球局势下，教育者应当坚定文化选择和正确价值判断，引导学生在纷杂的信息中坚守中华文化立场，坚定文化自信，传承文化基因。

本课程精心选取具有代表性的中国故事，并且以英文的形式呈现，这些故事既能传承中华文化基因，弘扬中国精神，助力学生用英文讲好中国故事，又能够呼应人类文明的普遍关切，体现人类文明的核心价值，从而突破不同文化语境和圈层的限制，产生情感共鸣和心灵共振。例如，在故事模块一《愚公移山》中，学生学习了坚持不懈、子孙相继的愚公精神；在故事模块二《年的故事》中，学生理解了辞旧迎新和家庭团圆的意义；在故事模块三《花木兰》中，学生了解到木兰的忠孝节义，也看到了女性力量的强大；在故事模块四《神农尝百草》中，学生们了解了神农勇于尝试，不惜以身试药的精神……这些故事传递着深邃的文化内涵，彰显了流传千古的中国精神，传递着健康向上的正能量。

同时，本课程引导学生辩证性地看待中国传统故事，在培养学生批判性思维的同时，深度挖掘中国传统文化精神内核，增强学生的文化认同感和民族自信心。例如，在《愚公移山》一课中，教师鼓励学生深入思考愚公移山这一行为，讨论他是否有更优的解决方案（见图 2）。学生积极表达自身观点，并利用说服性论证尝试说服他人，提出了很多颇具创意的方案。学生在讨论的过程中发现，尽管解决问题的方法有很多，但是愚公坚持不懈的精神是永恒不变的，不论选择了哪种方案，行动者都需要坚持不懈、持之以恒，才能实现目标。这样的讨论给予学生开放性思考的空间，也让学生真正体验到中国故事中所蕴含的情感价值，深度思考故事背后的精神内核，产生情感共鸣，增强对中华优秀传统文化的认同感。

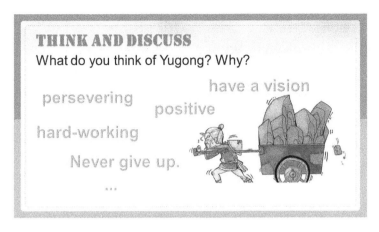

图 2　故事模块一《愚公移山》中，
引导学生就"What do you think of Yugong？"展开讨论

2．深入讨论中国精神的当代意义

在课堂中，我们不仅要引导学生关注传统故事中的中国精神，更应让学生体会古老的中国精神在当代如何焕发生机。比如，在学习完中国传统故事《愚公移山》后，教师为学生介绍了"当代愚公"黄大发的故事，学生深受感动，并在教师的引导下，想到了更多具备"坚持不懈"精神的当代人物，如张桂梅、张定宇等。同时，教师还引导学生联系自身生活开展讨论，请学生分享自己生活中有哪些"坚持不懈"的例子。有学生分享了自己在学习中遇到困难努力克服的故事，也有学生分享了自己在长跑比赛中，坚持训练、战胜自我的故事。在对当代故事的讨论中，学生对于传统的中国精神有了更深刻的认识，也体会到中国精神代代传承的伟大意义。

（二）尊重多元文化，树立人类命运共同体意识

"构建人类命运共同体，建设持久和平、普遍安全、共同繁荣、开放包容、清洁美丽的世界。"习近平总书记在十九大报告中的这句话，道出了构建人类命运共同体思想内涵的核心。在"一带一路"倡议和"人类命运共同体"概念提出的大背景下，本课程着力引导学生了解和尊重"一带一路"沿线国家的文化，用开放包容的心态辩证地看待文化差异，以客观理性的视角探讨国际共同议题，逐步形成和谐共生的"人类命运共同体"意识，进一步增强国际理解素养。

例如，故事模块二的教学目标是使学生了解中国新年和波斯新年的相关习俗，探讨各民族新年习俗背后的深层含义，从而增强对本民族文化的认同和对其他民族文化的尊重和理解，最终通过对两国共同议题的探讨，形成全球共生的态度和意识。在确立了教学目标之后，如何帮助学生建立从"新年习俗"到"国际理解"再到"全球共生"的思维关联，是课程设计者需要重点考虑的问题。授课团队从以下三点逐步推进课程实施：

1. 从"习俗博览"到"文化理解"

这部分的教学重点是帮助学生了解中国新年和波斯新年的习俗，理解探究习俗现象背后的深层含义，从而达到文化理解的目的。因此，学生不仅要了解中国传统新年习俗（如放鞭炮、点爆竹、贴窗花等）以及波斯新年习俗（如摆放"七鲜桌"、打扫房屋、跳火盆等），还要深入探究习俗背后的意义。比如中国新年中放鞭炮这一习俗，来源于赶走年兽、驱逐噩运这一传统；在波斯新年中，"七鲜桌"每样物品也有其特殊含义，比如沙枣代表爱情，苹果代表健康和美丽，布丁代表美满生活等（见图3）。只有学生了解了习俗背后的深层意义，才能真正理解文化异同的形成原因。

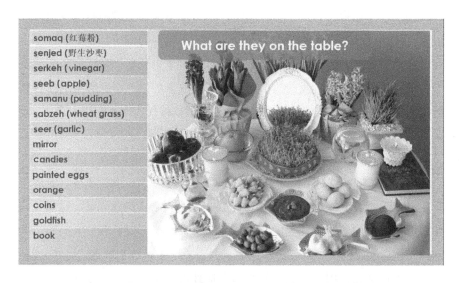

图3 故事模块二《波斯年的习俗》中，学生进行配对活动

2．从"文化理解"到"国际理解"

这一部分的教学重点在于超越文化理解，梳理整合不同国家间文化异同，上升至国际共性理解，激发学生的共情与反思，强化学生对本民族文化的认同和对其他国家文化的尊重。当学生探究完两国新年习俗及背后深层含义之后，教师采用问题引导的形式，鼓励学生反思这些习俗虽然表征不同，但是承载的都是人民对美好生活的向往，以及对自身、社会、国家甚至宇宙的思考与探索。学生通过共性含义的探究，进一步增强国际理解意识。

3．从"国际理解"到"全球共生"

这部分的教学重点在于引导学生探索如何与他国文化沟通、合作、共生。教师可以尝试通过解决本国文化和他国文化面临的共同问题，强化学生对和谐共生的理解与思考。例如，教师给学生展示中国新年和波斯新年都被联合国教科文组织列为世界非物质文化遗产这一议题，然后就如何保护世界非物质文化遗产这一共同议题引导学生进行探讨，从而在全球议题讨论的实践中，鼓励学生探索与他国文化合作共生的态度和价值观，提升学生"人类命运共同体"的意识。

（三）讲好中国故事，提升沟通交际能力

习近平总书记在十九大报告中强调"讲好中国故事，展现真实、立体、全面的中国，提高国家文化软实力"，为帮助学生从学好中国故事，到讲好中国故事，需要教师开展有针对性的指导和训练，逐渐帮助学生掌握表达方法，提升表达自信。

本课程主要聚焦公众演讲这一表达形式，设置了前后衔接、层层深入的学习内容，不断为学生搭建脚手架，帮助学生提升。教师首先从公众演讲的意义和作用切入，让学生体会到提升演讲能力的重要性和必要性。接着为学生布置了期末演讲的题目："以古通今：我眼中的中国精神"，并通过演讲大纲的撰写、演讲如何巧妙开头、演讲如何前后衔接等几个课时的学习，帮助学生不断提高思维逻辑性和缜密性，逐渐完善自己的演讲内容（见图4）。学生以"故事模块"中学习的中国故事和中国精神为演讲素材，

结合“演讲模块”中学习的技巧和方法，最终形成了自己的演讲内容。在此基础上，教师进一步引导学生关注演讲的表达形式，通过手势、肢体动作、语音语调等技巧操练，帮助学生成为自信的表达者。

演讲内容的掌握，不仅需要教师讲授，更需要学生不断进行实践和操练。在演讲模块，教师设置了大量同伴练习、小组练习、同伴互评等环节，帮助学生操练演讲技巧，建立自信心，为期末展示做好准备。

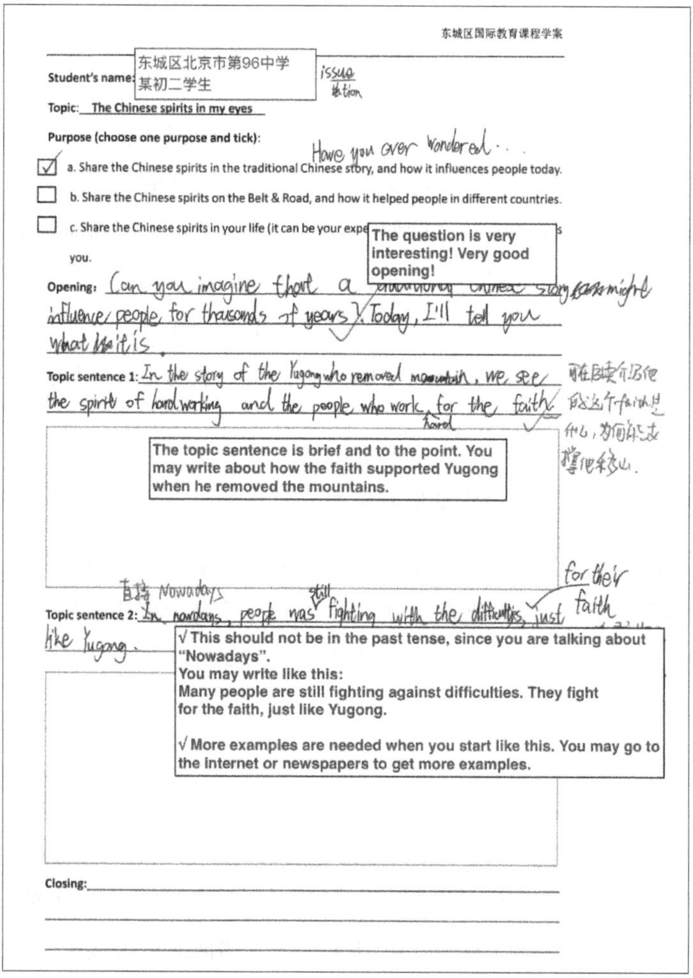

东城区国际教育课程学案

Student's name: 东城区北京市第96中学 某初二学生

Topic: The Chinese spirits in my eyes

Purpose (choose one purpose and tick):

☑ a. Share the Chinese spirits in the traditional Chinese story, and how it influences people today.

☐ b. Share the Chinese spirits on the Belt & Road, and how it helped people in different countries.

☐ c. Share the Chinese spirits in your life (it can be your expe… you.

Opening: Can you imagine that a … Chinese story might influence people for thousands of years? Today, I'll tell you what it is.

The question is very interesting! Very good opening!

Topic sentence 1: In the story of the Yugong who removed mountain, we see the spirit of hardworking and the people who work hard for the faith.

The topic sentence is brief and to the point. You may write about how the faith supported Yugong when he removed the mountains.

Topic sentence 2: In nowadays, people was still fighting with the difficulties, just like Yugong.

√ This should not be in the past tense, since you are talking about "Nowadays".
You may write like this:
Many people are still fighting against difficulties. They fight for the faith, just like Yugong.

√ More examples are needed when you start like this. You may go to the internet or newspapers to get more examples.

Closing:

图 4 学生完成的演讲稿草稿及教师批注

除公众演讲外，沟通交流能力的提升，也是国际理解力课程的目标之一。本课程设置了多种形式的小组活动与开放性问题，引导学生有逻辑、有条理地表达自我观点，同时通过讨论、协商，与他人达成一致意见，共同解决问题。

四、课程效果分析

（一）学生对课程的评价

学生期末调查问卷数据结果显示，约94%的学生对课程的总体评价为满意或非常满意，课程整体满意度较高。就课程内容而言，90%的学生认为课程内容能够激发他们的学习兴趣；88%的学生认为课程补充了学校必修课程之外的知识；93%的学生认为课程主题明确，思路清晰有条理；91%的学生觉得通过该课程学习可以掌握新技能。就课程资源而言，约97%的学生认为该课程提供了丰富的学习资源，使课堂内容丰富多元。在课程活动的参与方面，92%的学生认为该课程可以让他们体验到多种多样的学习方式和学习活动，94%的学生认为自己得到了公平的机会参与多种课堂活动。

在期末访谈中，学生也提到该课程内容有趣且充实，在繁重的学业负担之余，让他们可以轻松地学习课外知识，开拓视野；同时也让他们在充分的沟通和交流中收获友谊，找到志同道合的伙伴。

（二）课程对学生发展的影响

期末调查问卷结果显示，94%的学生高度同意"通过课程学习了解具有代表性的中国故事及其中蕴含的中国智慧和中国精神。"同时也有学生在采访中表示，通过学习本民族文化，他们更有信心能够站在国际舞台上讲述中国故事，传递中国声音，以开放包容的态度与其他文化相互交流。此外，94%的学生认为这门课程能够帮助他们了解"一带一路"沿线国家的人文知识，87%的学生赞同该课程能够帮助学生利用英语进行富有感染力的演说，能够更加自信地用英语讲述中国故事和"一带一路"故事。

除此之外，在学生访谈中，多位学生提到该课程有助于他们自信心的提升。在日常教学活动中，教师通过小组合作、搭建脚手架、设置分层活动等多种方式帮助学生完成课堂任务，让学生充分体会到成就感。比如，有学生提到"我对于自己的英语表达一直不是很自信，但老师会叫我起来回答问题并且给予帮助"。在期末展示中，教师通过设置小组练习、学生互评等方式，为学生独立完成演讲做好充分准备。有学生提到"我完成了自己的英语演讲，而且获得了同学们的认可"，"在演讲中增强了自信心和表达能力"。

另外，学生也提到与同伴相互学习的重要性。比如某中学的学生 A 和学生 B，在课程进行的过程中多次开展同伴合作，在期末访谈中，学生 A 提到学生 B"笔记做得好，英文词汇知道得多"，对她帮助很大；学生 B 则提到学生 A"懂得更多，对学习内容的理解更到位"。两人相互学习，均有很大收获。访谈中还有学生提及他们的英语听说能力、写作能力等得到加强，信息的收集和整理能力得到提升，同时积累了历史、地理等跨学科知识等。

五、国际理解教育课程启示

基于"以古通今：'一带一路'上的中国故事"课程开展经验，并结合当前国内国际理解教育开展情况，笔者认为，未来国际理解教育课程可从以下方面进行改进：

第一，课程大纲设计。中小学开展国际理解教育，需综合考虑以下维度：一是深入挖掘民族文化，弘扬民族精神；二是培养全球化的胸怀和视野，树立人类命运共同体意识，关注重大国际问题；三是培养跨文化沟通与交际能力。在国际理解课程设计中，需将以上维度进行有机整合，设计综合的课程大纲，以传承中国精神、培养国际视野为主线，围绕国际重大议题开展讨论，给予学生跨文化沟通与交际能力方面的训练，最终提升学生国际理解力。

第二，课程内容设计。根据课堂教学和学生访谈情况，我们发现学生对于未知领域及时政性更强的话题兴趣较浓。例如，学生对于《波斯年的习俗》的学习兴趣和学习热情要明显高于《年的故事》；教师将学习内容与新冠疫情建立联系时，学生也更容易有共鸣。因此，对中国故事的讲授，除包含传统中国故事外，也应进一步关注以古通今的"今"，结合时政新闻与"一带一路"倡议，讲更多当代中国人或"一带一路"沿线国家的故事，更突出中国精神的当代传承。

第三，课程定位。国际理解力课程应区别于传统的学科课程，从内容上避免停留于学科知识或语言知识层面的学习。其目标应更侧重学生文化自信、跨文化意识、跨文化沟通能力、思辨能力等综合素养的提升。从教育活动实施上来说，课堂活动设计要更立体，形式更丰富，在学生合作、师生互动的过程中，激发学生探索世界的兴趣，为学生成长为国际化人才奠定基础。

第四，课程组织形式。本课程以公众演讲作为学生学习成果汇报的形式，给予学生在班级内展示自我的机会。为进一步提升课程形式的多样性，还可通过举办文化周、知识竞赛、演讲比赛及专题讲座等活动，将学生的课内活动拓展到课外，鼓励学生对所学知识进行应用和迁移，扩大课程影响力，让更多学生受到启发，参与到讲好中国故事、提升跨文化交际能力的活动中。同时，国际理解课程还可通过网络教学为学生提供中外学生互动的机会，组建师生跨国合作小组等，给予学生真正开展跨文化沟通的实践机会。

第五，课程研发。国际理解教育课程开展是否顺利，一个很重要的因素在于是否有一支专业素质达标的师资队伍。教师的专业水平和国际素养在很大程度上影响着学生的学习效果。本项目在实施过程中，围绕国际理解课程构建了多方专家资源汇聚的教研共同体，通过专家指导、专家听评课、集体教研、同课异构等方式提升教师背景知识与教学水平，效果十分显著。未来国际理解教育也应将师资力量建设作为课程质量提升的关键，培养一批真正具有跨文化知识与跨文化交际能力的英语教育工作者，这样才能真正把握国际理解教育的精髓，推动国际理解教育课程不断向前发展。

参考文献

[1] 核心素养研究课题组．2016．中国学生发展核心素养 [J]．中国教育学刊．282 (10): 1-3．

[2] 姜英敏．2017．全球化时代我国国际理解教育的理论体系建构 [J]．清华大学教育研究，38（1）：87-93．

[3] 滕珺．2016．21 世纪核心素养：国际认知及本土反思 [J]．教师教育学报，3（2）：103-110．

[4] 滕珺，马健生，石佩，等．2019．全球视野下中国"国际教育"现代性本质及其实现 [J]．比较教育研究，41（12）：36-41，50．

[5] 王朋．2021．"一带一路"文科综合课程实践探索——以北京市东城区为例 [J]．中国教育学刊，（1）：151．

[6] 翁文艳．2004．国际理解教育课程的构建 [J]．课程·教材·教法，（11）：5．

[7] 习近平．2015．携手构建合作共赢新伙伴，同心打造人类命运共同体 [N]．人民日报，2015-9-29（1）．

[8] 中共中央、国务院．2010．国家中长期教育改革和发展规划纲要（2010—2020 年）[EB/OL]．(2010-07-29) [2022-04-18]．http://www.moe.gov.cn/srcsite/A01/s7048/201007/t20100729_171904.html．

[9] UNESCO. 1974. Recommendation concerning education for international understanding, cooperation and peace and education relating to human rights and fundamental freedoms [R]．[S.I.]: The General Conference of UNESCO.

作者简介

李　莎：现担任北京市东城区教育科学研究院国际教育部主任，兼职中国教育学会国际教育分会理事。一直致力于研究开发国际理解教育课程，探索国际教育与基础教育有效融合的途径和方式，促进区域国际教育发展。

刘　娜：东城区教育科学研究院国际教育部教师，中国教育学会国际教育分会会员。主要研究方向为国际理解教育课程与教学，曾参与多项有关国际教育的课题研究，并发表相关领域论文数篇。

郭楚鑫：外语教学与研究出版社培训经理，剑桥大学官方认证 CELT-P/CELT-S 培训师，剑桥通用英语五级考试口语考官。主要研究方向包括：阅读教学，教师专业能力提升培训等。

杨　航：外语教学与研究出版社培训师，英国诺丁汉大学中英文翻译与口译专业硕士，剑桥通用英语五级 KET、PET 口语考官，朗思国际 ESOL 考试口语考官。现主要从事剑桥体系教程、新概念系列教程的教研和师训工作。

王雪婷：外语教学与研究出版社培训师，从事英语教学与研究工作。主要研究方向：教材与教学方法、剑桥体系英语教学与课程开发。

苗宇晨：外语教学与研究出版社培训师，伦敦大学学院语言学硕士，剑桥考试口语考官，曾任哈佛大学亚洲与国际关系年会中国代表。研究方向为二语习得。

第三部分

国际教育专业发展——国际
化学校中课程、教师与评估

国际课程本土化的特征与经验：以北京四所民办国际高中为例

徐　墨　北京外国语大学国际教育学院

【摘要】随着教育国际化的不断发展，课程的国际化与本土化之间存在张力，如何处理两者关系的问题得到学界关注。本研究以北京中加学校、北京耀华国际教育学校、北京市朝阳区凯文学校和北京德闳学校这四所具有一定代表性的北京民办国际高中作为研究对象，基于"课程三维度理论框架"进行案例分析，提炼案例学校在国际课程本土化实践中的相同点和不同点，总结其国际课程本土化的模式和经验。研究发现，四所案例学校从学术课程、非正式课程和隐性课程三个维度出发，实现课程国际化与本土化之间的有机融合。

【关键词】国际课程；国际化；本土化；国际学校

　　随着中国教育质量的不断提升和新时期教育对外开放的不断深入，全盘照搬西方课程越来越无法适应当下的教育需求，在地国际化成为我国学校教育发展的新趋势。2016 年中共中央、国务院办公厅印发《关于做好新时期教育对外开放工作的若干意见》，提出以"围绕中心、服务大局，以我为主、兼容并蓄，提升水平、内涵发展，平等合作、保障安全"的原则开展工作。2021 年国务院发布《中华人民共和国民办教育促进法实施条例》，倡导民办学校基于国家课程标准自主开设特色课程，不断规范对民办学校课程与教材的管理。在这一背景之下，扎根中国本土、融通中外的教育日益成为我国国际学校的办学理念和教育追求，如何实现国际课程和本土课程的优势互补、推进国际课程本土化发展的问题日益受到人们的关注（徐墨、高雅茹，2021）。

一、研究背景

（一）概念界定

当前学界并未对国际学校的概念形成统一、确切的定义。徐辉（2001）认为"国际学校是一种主要存在于中等教育阶段内，以国际理解和思考问题的全球视角为价值取向，以多元化的课程为特色，以双语或多语教学为途径，以世界范围内的流动人员为主要服务对象，以培养学生在全球化进程中所必须掌握的语言、知识、能力和态度的学校"。中国与全球化智库在《中国国际学校报告蓝皮书（2016）》中对国际学校的教学语言、课程、培养目标等作出界定，提出国际学校是"以双语或多语教学为主，采用国际课程体系，培养学生国际化的语言能力、沟通能力、思维方式和国际视野等，为处于中等教育阶段的学生出国留学做初期准备"的学校。国外学者对国际学校不同方面的特征加以描述。例如，Edna Murph（1991）认为国际学校的服务对象集中于国际组织、跨国公司、外交使团的职工子女，或者想要接受英语或国际教育的本地儿童。Mary Hayden 和 Jeff Thompson（2008）从课程体系、学生构成、教职工背景、管理方式等方面对国际学校进行描述和界定。Hugh Lauder（2015）将服务对象、课程设置、资格认证作为分辨国际学校的三大要素。本研究采用徐辉对国际学校的定义，这一定义是我国学者首次对国际学校作出具体明确的概念界定，具有较强的权威性和全面性。

（二）研究现状

国内学者对我国国际教育本土化的内涵进行深入分析。例如，张绍军和张传燧（2014）认为国际视域下的基础教育课程改革本土化是我国课程改革的未来趋势，应通过"为我所用"而非"削足适履"的方式实现课程的本土化创新。蔡克勇（2002）提出教育的国际化和本土化互为表里、对立统一，国际化以本土化为基础，本土化则是国际化的内在要求和最终目的。王建军（2015）从教育对象、教育内容、教育资源和教学人员这四个方面探讨国际教育的本土化问题，强调关注学生在认知、情感等方面的地域文化背景差异，选取贴近真实生活环境、反映学生真实情感的教育内容，扎根本土的人文和教育传统，充分利用本国教学资源，聘任熟悉本土、具有国际背景的优秀教师，不断深化课程本土化改革的进程。

在我国国际课程本土化的相关研究之中，学者主要针对引入国际课程带来的困难和挑战作出探讨。例如，杨明全（2018）分析了有关国际课程的三个认知误区，即国际课程就是某一类课程、是为留学做准备的课程、是为了体现国际化而开设的课程，并在此基础上提出需要重构国际课程的教育内涵，在国际课程中融入和体现"中国元素"；唐盛昌（2010）认为国际课程是来自国外的、得到采用并受到广泛认可的、具有一定国际影响力的课程，在高中阶段引入国际课程需要重点关注其目的、体系、法理、准备与实施这五大问题；刘世清等（2014）指出普通高中国际课程在发展定位、政策监管、与本土课程关系、学生未来出路等方面存在困境，在国际与本土课程的关系方面建议推进由"夹生"向"整合"转型。

二、研究设计

（一）研究问题

我国国际学校主要可以分为面向外籍人员子女和港澳台同胞的国际学校、公立学校的国际部、民办国际学校三大类别。自20世纪70年代创办第一批外籍人员子女学校至今，我国国际学校的数量激增。根据《中国国际学校报告蓝皮书（2016）》中的统计数据，截至2016年我国（不含港澳台地区）共开设661所国际学校，包括122所面向外籍人员子女和港澳台同胞的国际学校，约占国际学校总数的18.5%；218所公立学校的国际部，约占国际学校总数的33%；以及321所民办国际学校，约占国际学校总数的48.6%（中国与全球化智库，2016）。其中，民办国际学校的数量占比最多、规模增长最快，值得予以特别关注和重点研究。但是，当前面向民办国际学校本土化课程的相关内容还有待充实和探讨。基于此，本研究选取四所北京地区民办国际高中作为研究对象，梳理其国际课程的本土化实践，提炼其国际课程本土化特征，尝试回答"我国民办国际学校在课程教学中如何体现国际化和本土化特色？"这一研究问题，以期为其他国际学校提供国际课程本土化的经验参考。

（二）理论框架

广义的"课程"不仅包含教师在学术课程中向学生传授的学科知识，还包括学生在兴趣课程和校园生活中获得的多元知识、学习经验和各项能力。因此，本研究基于 Mary Hayden（2006）在其专著《国际教育导论：国际学校及其社群》（*Introduction to International Education: International Schools and Their Communities*）中引用的框架，即 Bulman 和 Jenkins 提出的"课程三维度理论框架"，分析国际学校的国际课程本土化实践，即从学术课程、非正式课程和隐性课程三个维度（见图 1）探讨案例学校融合国际和本土课程的方式方法。

第一，学术课程，即教师在课堂中讲授的学科知识。在这一维度，学校通过选择本土或国外的不同课程体系、聘请本土或海外国籍的教师、采用创新的教学方式等实现其国际课程的本土化。

第二，非正式课程，即教师在课堂中讲授的学科知识以外的内容，例如学习方法、心理辅导、升学咨询等方面的知识和技能。在这一维度，学校通过开设多元丰富的校本课程、提供个性化的咨询和指导等方式拓宽学生的国际视野，在引入全球教育资源的同时，关注学生个体学习需求。

第三，隐性课程，即正式课堂之外的体验性收获，例如校园生活、管理制度、语言习惯等。在这一维度，学校通过营造校园学习氛围、塑造语言环境、制定管理规则等方式，为学生提供价值引领，提升其对中国和世界文化的理解力。

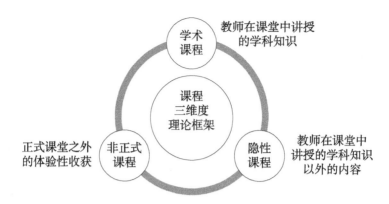

图 1　课程三维度理论框架
（资料来源：作者根据文献内容自行绘制。）

（三）研究方法

在数据收集方面，本研究主要采用文献分析法。一方面，收集和整理有关国际学校、国际课程的相关法律法规、政策文件、行业研究报告、公开发表的论文和专著等文献，了解北京地区国际学校的办学数据和发展前沿，掌握国际课程体系的类型和特色。另一方面，国际学校在其官方发布的信息中对课程设置、教学方式和校园文化建设等方面作出较为全面的介绍和描述，这些信息为本研究提供了较为扎实的基础。基于此，本研究以国际学校的官网、公众号、学校领导公开演讲[1]中的一手资料作为信息来源，提炼其中有关国际课程本土化方面的关键词，并从学术课程、非正式课程和隐性课程三个方面对国际学校国际课程的本土化实践进行分析。

在数据分析方面，本研究主要采用案例法，以北京中加学校、北京耀华国际教育学校、北京市朝阳区凯文学校和北京德闳学校作为研究对象，对高中阶段的课程进行调研分析。样本选取上，上述四所国际学校具有一定的代表性。其一，创办时间分布多样。案例学校中既包括北京中加学校等办学历史较为悠久的老牌学校，也包括北京市朝阳区凯文学校等近年来

---

1. 资料来源为"2020 国际学校'线上嘉年华'"中各个国际学校领导的公开演讲内容。笔者将演讲内容进行录音备份、对演示文稿下载留存，并在演讲结束后使用"讯飞听见"和 NVivo 软件对演讲内容进行文本转换和编码。

新建的国际学校品牌。其二，办学背景较为多元。案例学校中既涉及由中方和外方机构合作办学的学校（如北京中加学校）、依托海外国际教育品牌创办的学校（如北京德闳学校），也涉及由中国本土机构创办的国际教育品牌（如北京市朝阳区凯文学校）。其三，课程设置较为全面、各有侧重。案例学校开设的学术课程涵盖中国国家课程、剑桥国际高中课程、A-level课程[1]、IB课程[2]、AP课程[3]等，非正式课程和隐性课程差异明显、体现出不同学校的办学特色。选取上述四所案例学校，能够在一定程度上反映北京地区国际学校的国际课程特点，总结其国际课程本土化的实践经验具有一定的借鉴和参考价值。案例分析上，本研究分别介绍上述四所国际学校的基本信息和课程情况，并基于一手资料横向对比其国际课程和本土课程的融合方式，从而提炼国际课程本土化实践的特征和经验。

三、研究结果

（一）案例分析

1. 北京中加学校

北京中加学校（下文简称"中加"）创办于1997年，是北京市第一所实施中外合作普通高中教育的新型学校，由北京师范大学实验附属中学、加拿大新不伦瑞克省教育部和加拿大加皇教育集团合作开办，以"以人为本、中外融合；尊重差异、因材施教；全面发展、知行合一"为教育理念，旨在培养学生的民主意识、国际视野、冒险精神、环境意识、服务意识和领导才能。2015年，中加成为中国第一所圆方（Round Square）[4]全球成员学校。

在学术课程维度，中加构建起以中国国家课程为主、融入加拿大课程

---

1. A-level课程，即英国普通中等教育证书考试高级水平课程。
2. IB课程，即国际文凭组织为全区学生开设的从幼儿园到大学预科阶段的课程。其中，国际文凭大学预科课程即IBDP课程（International Baccalaureate Diploma Programme），为16至19岁的学生提供两年制的学习内容。
3. AP课程（Advanced Placement）是由美国大学理事会提供的美国大学预科课程，供高中生选修并获取大学学分。
4. 指圆方学校联盟，一个国际性学校联盟或协会，成立于1966年，倡导"做中学"的教育理念，关注学生的学业成就、个体发展和责任培养，成员学校为来自亚洲、欧洲、非洲、美洲和澳大利亚的著名中小学。

内容的课程体系。中加开设中国国家课程、AP课程、IB课程、加拿大课程、国际语言测试课程、双语理科课程、综合实践活动课程等，其中国际课程由来自加拿大、美国、英国、澳大利亚等国家具有专业认证资质的教师全英文授课，满足不同学生的学习和升学需要。在保证学生修满中国国家课程规定的必修课和选修课的基础之上，中加在物理、化学、生物等理科科目进行双语教学，重视培养学生的专业英语能力。

在非正式课程维度，中加为学生提供丰富的选修课和拓展类课程。前者主要包括学业规划、学科实践、传统文化、社会生活、兴趣爱好、身心健康等校本课程，后者主要包括学术英语课程、国际竞赛课程、研学旅行课程、国际交流课程等。依托圆方学校联盟的教育资源，中加的学生能够到世界范围内的所有圆方成员学校学习，实现校际学分、成绩互认，这将极大推动学生国际理解能力和跨文化适应能力的提升。

在隐性课程维度，中加除了为学生营造双语学习和生活的环境之外，还通过实施以促进学生主动学习为目的的"五制"（即学部制、学分制、走班选课制、导师制和项目制）学校治理机制，潜移默化地发展学生的核心素养。中加在沿用具有中国特色的行政班和教学班的同时，借鉴西方教育理念，以选课走班为中心实行分层教学，采用"五制"的教育教学管理方式，为学生提供个性化的、具有弹性和活力的学习环境。

2. 北京耀华国际教育学校

北京耀华国际教育学校（下文简称"耀华"）背靠1932年在香港地区成立的耀中国际学校，于2014年正式落地北京，肩负"光耀中华，建设人类命运共同体"的办学使命，提倡全人教育、中西融合的理念，重视培养学生品格、双语能力和终身学习的习惯。

在学术课程维度，耀华提供由剑桥大学国际考评部认证的留学预科课程，其中包括国际普通中等教育证书（IGCSE）课程和在国际上备受认可的A-level课程，为学生在毕业后进入海外知名大学学习并成长为优秀的世界公民打好知识和技能基础。耀华的学术课程引进外籍教师和国际教材，采取中外籍教师合作教学的模式，以英语为主要教学语言进行学科知识的讲授，全面培养学生的各项技能，发展学生的跨文化理解力和双语交流习惯。

在非正式课程维度，耀华聘请师资大力落实品格教育和国际研学，并为学生提供专业的升学辅导。其一，耀华将品格教育融入课程，每年定期组织学生参与诸如探访敬老院、孤儿院等社会服务和公益慈善活动，将"希望的种子"根植于学生的内心，促进学生了解、融入以及贡献社会。其二，英国萨默塞特耀华教室是耀华每年定期举办的特色课程之一，10年级的学生必须参加这一活动，前往萨默塞特英语学习中心的校舍，沉浸于纯英语的学习和生活环境，在提升英语水平的同时增进国际文化交流、团队协作和独立生活的能力。同时，耀华积极组织世界教室课程和研学旅行，为学生提供跨文化的游学经历，培养跨文化知识及技能，塑造国际思维和态度，引导学生成长为对家庭和社会有担当的世界公民。其三，耀华与世界知名大学保持紧密联系，特别与英国巴斯大学和美国伊利诺伊大学香槟分校构建全球伙伴关系，校内开设专门的大学升学辅导办公室，协助学生发挥所长、作出最适合自己的升学选择。

在隐性课程维度，耀华强调"寓学习于生活"，致力于打造自然纯正的英语环境和国际氛围。除了学术课程之外，校园比赛、艺术表演、文化节等各类活动均由中籍和外籍教师共同参与，为学生提供全方位的辅导和支持。与此同时，耀华采取独特的中外籍双校长管理模式，中外籍双校长享有同等的权利和责任，双方共同合作、建立和谐的学习共同体。这一做法在制度层面保障了跨文化、沉浸式英语环境的持续落实，并为学生树立了平等互助、跨文化合作的榜样。

3. 北京市朝阳区凯文学校

北京市朝阳区凯文学校（下文简称"朝阳凯文"）创办于2017年，是一所实力雄厚的IB授权学校[1]，秉承"根深路远，做充满中国自信的国际教育"的办学理念，重视对学生人文素养和道德品格的培养。

在学术课程维度，朝阳凯文以IB理念指导学生进行课程学习，相应的学科教学遵循中国国家课程标准、剑桥国际课程标准，并融合国际普通中等教育证书课程、国际文凭课程、大学预备考试的内容和元素。学生可以从学术方向和艺术方向中选择自己的发展路径，其中，选择学术方向的学

---

1. IB授权学校指获得国际文凭组织授权开设IB课程的学校。

生必修英语、语文、数学和体育课程，并从科学、人文和艺术科目中选修课程获取学分；选择艺术方向的学生需在 10 年级结束时参加国际普通中等教育证书课程，参加特定的学科考试，并接受特长集训项目，为今后的艺术发展做好充分准备。

在非正式课程维度，朝阳凯文为学生开设培养领导力、创造力和幸福力的校本课程。其一，通过设置运动课程、学生会/俱乐部、舞台表演、奖学金项目和社区服务等活动和项目，为学生提供团队合作的机会，养成竞争精神和规则意识，塑造学生的领导力。其二，通过组织乐器、舞蹈、戏剧、视觉艺术等一系列艺术课程、活动和竞赛，引入全球优质艺术教育资源，提升学生的审美能力、表达能力和自信心，综合培养学生的创造力。其三，在中国德育课程的基础之上结合 IB 课程的学习方法（ATLs），创新性地融入健康教育、情感教育和安全教育的内容，强调对学生品格的培养，着重提升解决冲突的能力、社交能力，引领学生拥有健康幸福的生活方式。

在隐性课程维度，朝阳凯文以寄宿学院为特色，将英式学校寄宿理念和中国传统班主任模式相结合，打造贯穿课堂内外的、全方位的教育生活，培养自律性，激发学习内驱力。在晚间增益课程（17：00—19：00）中，学生会在住宿班主任的带领下参与游泳、篮球、音乐、艺术、游戏等丰富的校园活动；在晚自习课程（19：00—21：00）中，住宿学生会在中英双语全科老师的监督指导下完成自习或个性化辅导，巩固当日所学的学科知识和技能；在周末或假期中，学校会组织寄宿学生参观博物馆，聆听音乐会或参与其他校园活动。此外，住宿学院还为学生设置寄宿班长、奖励委员、活动委员、晚间学术助教等职位，学生将在真实场景中组织活动，执行任务，不断锤炼自身的领导力和执行力。

4. 北京德闳学校

北京德闳学校（下文简称"德闳"）是德闳国际教育集团于 2019 年开设的国际学校，与德威国际教育集团旗下的学校缔结姊妹校关系，秉承"学生为先"的原则践行全人教育理念，旨在培养既深谙中华文化传统美德、又拥有包容开放的世界情怀的未来公民。

在学术课程维度，德闳将中国国家课程融入 IB 课程体系之中，培养具备"德威核""中国心"的国际公民。通过内容与语言整合式学习（Content and Language Integrated Learning）的教学方式，中外教师合作备课，开展教学工作，主要由中国教师进行知识的传授讲解，外国教师带领学生开展探究式的活动，充分发挥中外教学方法的优势。通过这种授课方式，学生首先通过"教师教、学生学"的方式完成知识点的记忆和理解，打牢学科基础，再通过探究式项目完成对知识点的整合与应用，实现能力提升。

在非正式课程维度，德闳研发并设置了丰富的校本课程，包括艺体和科创课程、可持续发展课程、心理健康辅导课程和升学指导规划课程，为学生全方位地提供优质的国际学习资源。其中，艺体和科创课程涵盖艺术表演、科技创新、体育等27种课程，采用双语教学的模式为学生提供国际化的学习体验；可持续发展课程通过引导学生参与垃圾分类、水源检测等户外实践活动，培育学生的社会责任感，将可持续发展理念融入日常学习生活；心理健康辅导课程为学生定期提供心理辅导和咨询服务，帮助学生疏解青春期的心理压力；针对学生海外留学的现实需要，学校通过升学指导规划课程提供实用的留学建议和海外生活指导。

在隐性课程维度，德闳以"双语、双文、双文化"作为发展愿景，以身心健康、世界公民、终身学习、可持续发展、文化传承、创造力、自我认知、审辩性思维、享受学习作为办学的关键词，打造融通中外的校园文化。学校强调培养学生的双语习惯和双语思维，以实现在听、说、读、写各个方面都能流利使用中英双语进行交流为目标，提升学生的跨文化理解力和人文素养，利用丰富的教育资源帮助学生打开国际视野。这一校园环境为学生创造了连接本土与世界的沃土，为实现国际课程的本土化提供了文化基础。

（二）研究结论

1. 案例学校的国际课程本土化特征

基于对北京中加学校、北京耀华国际教育学校、北京市朝阳区凯文学校和北京德闳学校的案例梳理、研究发现，上述四所学校在国际课程本土化实践中具有一些相同点和不同点。

　　四所案例学校在国际课程本土化实践中的共同特征主要在于以下三个方面（见表1）。第一，在办学理念上，四所案例学校均十分重视对学生的全面培养，致力于开展扎根中国、融通中外的国际教育，为国际课程的本土化实践起到引领作用。第二，在非正式课程中，四所案例学校均注重对校本课程的建设，特别是在艺术、体育和科创课程方面投入大量教育资源；与此同时，鼓励本校学生积极参与学生社团和海外研学，并为学生提供专业的心理辅导和升学规划咨询。第三，在隐性课程中，四所案例学校均提出要为学生营造良好的双语环境，以语言为切入点，帮助学生更好地适应跨文化的学习和生活。

表1　四所案例学校国际课程本土化实践的共同特征

内容	共同点
办学理念	重视对学生的全面培养 扎根中国、中外融合
非正式课程	注重艺术、体育、科创等领域的校本课程建设 提供学生社团、海外研学、心理辅导、升学规划咨询
隐性课程	双语教学和校园环境 跨文化能力

（资料来源：作者根据文献资料自行整理。）

　　四所案例学校在国际课程本土化实践中的不同特征主要在于以下三个方面（见表2）。第一，在学术课程中，四所案例学校选取的课程体系略有不同，各有侧重。北京中加学校以中国国家课程为主，提供加拿大、IB、AP等丰富多元的国际课程供学生选择；北京耀华国际教育学校主要依据A-level课程体系的内容对学生进行学术知识和技能的培养；北京市朝阳区凯文学校以IB理念为指引，将中国国家课程内容融入IB课程的教学之中；北京德闳学校与北京市朝阳区凯文学校相似，将中国国家课程融入IB课程体系开展日常的教学工作。第二，在非正式课程中，四所案例学校体现出各自校本课程的特色之处。北京中加学校凭借圆方学校联盟的成员校资源，为学生带来赴亚洲、欧洲、非洲、美洲、澳大利亚上百所知名中小学的跨文化学习交流机会；北京耀华国际教育学校通过鼓励学生在品格教育项目中参与社会服务和公益慈善活动，培育学生的道德修养；北京市朝阳区凯文学校设置一整套体系完备的校本课程，从领导力、创造力和幸福力三个维度实现对学生个体的全人教育；北京德闳学校紧扣可持续发展这一国际热点和前沿，开设可持续发展课程实现中国与国际教育理念的接轨，提升学生的人文素养和国际视野。第三，在隐性课程中，四所案例学校通过创新教学管理模式和营造校园生活环境两条路径，实现对学生的隐性教育。北京中加学校结合中西方教学管理模式的各自优势，在保留行政班和教学班的同时，采用具有西方特色的学部制、学分制、走班选课制、导师制和项目制管理，满足不同学生的个性化学习需求；北京耀华国际教育学校设置中外籍双校长，二者享有同等的权利和责任，学校的各类事项由双方共同决策，在管理制度层面体现出中外平等、中西融合的特点；北京市朝阳区凯文学校结合具有中国特色的班主任模式和英式寄宿理念，打造全方位、渗透式的寄宿学院生活，学生可以通过承担寄宿学院的职务、参与寄宿学院的活动等方式，提升自身的各项软技能；北京德闳学校将"双语、双文、双文化"的办学愿景贯穿于学生校园生活和学习的方方面面，在校园这一场域中创设使用中文和英文进行交流的各类场景，着力于打通两种文化之间的隔阂，增进跨文化理解。

表2　四所案例学校国际课程本土化实践的不同特征

内容	北京中加学校	北京耀华国际教育学校	北京市朝阳区凯文学校	北京德闳学校
学术课程	中国国家课程为主多元国际课程体系	A-level 课程体系	IB 课程体系中国国家课程	IB 课程体系中国国家课程
非正式课程	圆方学校联盟资源	品格教育项目	领导力、创造力、幸福力课程	可持续发展课程
隐性课程	中英双语环境中外教学管理模式相结合	沉浸式英语环境中外籍双校长模式	中英双语环境寄宿学院生活	双语、双文、双文化

（资料来源：作者根据文献资料自行整理。）

2. 案例学校的国际课程本土化经验

扎根中国、中西融合是中国国际学校的共同诉求与发展目标。在国际课程本土化的实践中，国际化是手段，本土化是目的，二者相互融合，共同渗透进校园的学习和生活场景之中。基于前文对四所案例学校的国际课程本土化实践特征的比较分析，本研究尝试沿袭 Bulman 和 Jenkins 提出的"课程三维度理论框架"，从学术课程、非正式课程和隐性课程提炼案例学校国际课程本土化的实践经验。

具体而言，北京中加学校的学术课程以中国国家课程为主、多元国际课程为辅，非正式课程引进国际资源，通过着力构建双语环境、采用中西结合的管理模式实现对学生的隐性教育。北京耀华国际教育学校的学术课程采用国际课程体系，非正式课程扎根中华传统美德开展品格教育，通过构建沉浸式英语环境、采用中外籍双校长管理模式对学生产生隐形的教育影响。北京市朝阳区凯文学校在学术课程中将中国国家课程的内容融入国际课程，非正式课程开展中西融通的创新德育，通过构建双语环境、开展寄宿学院生活营造教育氛围。北京德阔学校在学术课程中将中国国家课程融入国际课程，结合中西方先进教育理念开设非正式课程，通过打造"双语、双文、双文化"的校园文化对学生展开隐性教育。

通过案例分析可以得出，课程不是单一的、割裂的，它不仅包含学术课程，也包括非正式课程和隐性课程。课程的内涵也十分丰富，各类课程之间相互联系、相互影响，共同塑造着学生校园学习和生活的各处细节。国际课程本土化不是仅仅停留在教育理念和办学愿景的口号，更不是简单粗暴地对中外课程教材或内容的拼凑，而是落在实处的、涉及每个教学场景和教学环节的有机融合。参考上述四所国际学校的相关做法，可以选取学术课程、非正式课程和隐性课程这三者之中的一个或若干维度，探索国际课程本土化的创新方案。

参考文献

[1] 蔡克勇．2022．教育国际化、本土化与学校个性化 [J]．湖南师范大学教育科学学报，1（3）：7．

[2] 国务院. 2021. 中华人民共和国民办教育促进法实施条例 [EB/OL].（2021-05-14）[2022-07-20]. http://www.gov.cn/zhengce/content/2021-05/14/content_5606463.htm.

[3] 刘世清，陶媛，周恋琦. 2014. 普通高中国际课程的发展困境与政策取向 [J]. 教育发展研究，33（6）：30-34.

[4] 唐盛昌. 2010. 我国高中引入国际课程应关注的几个问题 [J]. 教育发展研究，30（22）：12-19.

[5] 王建军. 2015. 汉语国际教育师资本土化的基本内涵、培养模式与未来走向 [J]. 云南师范大学学报（对外汉语教学与研究版），13（3）：10.

[6] 徐辉. 2001. 国际学校和国际学校课程评述 [J]. 教育理论与实践，（6）：41-44.

[7] 徐墨，高雅茹. 2021. 中西融合的国际学校：国际课程的本土化研究——以北京三所民办国际高中为例 [J]. 北外教育评论，（第二辑）：169-186.

[8] 杨明全. 2018. 基础教育国际课程的认识误区与本土化抉择 [J]. 中国教育学刊，0（1）：67-71.

[9] 张绍军，张传燧. 2014. 基础教育课程改革的国际化与本土化 [J]. 教育科学研究，（3）：17-23.

[10] 中共中央办公厅，国务院. 2016. 中共中央办公厅、国务院印发《关于做好新时期教育对外开放工作的若干意见》开创更有质量更高水平的教育对外开放新局面 [EB/OL].（2016-04-29）[2020-07-20]. http://www.gov.cn/xinwen/2016-04/29/content_5069311.htm.

[11] 中国与全球化智库. 2016. 中国国际学校报告蓝皮书（2016）[R/OL].（2016-11-26）[2022-07-20]. http://www.ccg.org.cn/archives/58937.

[12] Hayden, M. 2006. *Introduction to international education: international schools and their communities* [M]. London: Sage Publications, 132-137.

[13] Hayden, M. & J. Thompson. 2008. International school: growth and influence [R]. Paris: UNESCO International Institute for Education Planning, 27.

[14] Lauder, H. 2015. International schools, education and globalization: towards a research agenda [A]. In M. Hayden, J. Levy, & J. Thompson (Eds.). *Handbook of research in international education* [C]. London: Sage Publications, 172.

[15] Murph, E. 1991. *A handbook for teachers and administrators in international schools* [M]. Clevedon: Multilingual Matters, 1.

作者简介

徐　墨： 教育学博士，北京外国语大学国际教育学院讲师，师从王定华教授。研究方向为比较教育，关注跨境办学、全球教育治理、"一带一路"国别与区域教育研究、民办国际化学校等议题。曾参与全国教育科学"十三五"规划2020年度国家重大课题"新时代提升中国参与全球教育治理的能力及策略研究"等，主持"一带一路"文化教育大系·巴基斯坦分册的撰写工作，在《中国人民大学教育学刊》《世界教育信息》等期刊发表论文若干篇。

万事俱备东风来：中国本土教师入职国际化学校动因研究

Adam Poole［英］ 北京外国语大学国际教育学院

【摘要】国际教育领域相关文献有不少关于在中国国际（化）学校任教的外籍教师及其教学经验的研究，但对在校任职的中国本土教师的研究仍然不足。本文聚焦三所中国国际化学校中的 15 名中国籍教师，探索其教学生活经验，以填补该领域的文献空白。具体来说，本文探讨了这些教师开始在国际化教育中任职的动机，包括教师的家乡情结，规避语言培训类学校工作带来的不稳定性，海归教师重新融入本土社会的切入口，以及将国际学校工作视为一种社会流动工具。本研究结果表明，本土教师来源多元化，许多教师是从其他教育领域工作（如语言培训）或非教育领域（如信息技术领域）进入国际化学校教学的。研究结果对中国国际学校中有关本土教师的教育政策制定、教师的招聘和存留，以及学校领导层面提供支持等方面具有启示意义。

【关键词】中国教师；国际学校；中国国际化学校；人口逆迁移

一、引言

在过去的 20 年里，国际学校的格局发生了显著的变化。虽然传统意义上国际学校是为全球流动的外籍精英准备的，但在中国等发展中国家，随着有抱负的中产阶层的崛起，一种新型的国际学校出现了（Hayden, 2011）。这类学校不遵循传统的国际学校分类（Wu & Koh, 2021），因此被称为"国际化"学校，它主要为学校所在当地的学生提供某种形式的国际课程（Hayden & Thompson, 2013）。这些学校被中产阶层家长认为是他们的孩子可以通往海外大学的"护照"（Hayden & Thompson, 2013）。

过去，国际学校曾经集中在欧洲和美国，而现在，"全球南部"已经成为这类学校的主要舞台（Gaskell, 2019）。这在中国尤为显著，自2012年以来，中国国际化学校继续以每年14%的速度增长（Poole & Bunnell, 2021）。ISC（国际学校咨询公司）2019—2020年的数据显示，中国的国际学校市场大幅增长，原因是中国家长对国际双语教育的需求日益增长。时至今日，在中国有857所国际学校，其中563所是中资的私立学校（Gaskell, 2019），或者用我们上文中提到的概念"中国国际化学校"。另一个变化显著的是进入国际教育领域的教师数量。ISC估计，全球有56.6万名教育工作者，在11,627所学校向598万名学生提供教学（Poole & Bunnell, 2021）。值得注意的是，这些教师中的许多人正在就业前景更为乐观的中国寻找工作机会（Machin, 2017）。

有关国际学校教育的文献对在校任职教师有一定的探索。研究的话题包括教师对较高的学生流失率所造成的影响的感知（Hachohen, 2012）、国际教育工作中面临的危机感与不稳定性（Bunnell, 2016; Poole, 2019）、不公平解雇（Blyth, 2017）、微观政治（Caffyn, 2018）和跨文化适应（Savva, 2017）等。研究人员还对国际学校教师进行了进一步的分类（Bailey & Cooker, 2019; Cambridge, 2002; Rey et al., 2020）。该分类不仅区分出不同类型的国际教育工作者，在某些情况下也阐明了教师选择在国际学校工作的动机（如Bailey & Cooker, 2019）。这些动机包括想要看看世界，想要让世界变得更美好，对一些教师来说，可能是出于婚姻或工作的考虑而与某些地点产生关联。

由于之前对教育工作者经验探究的不足，这类研究教师的文献很受欢迎。几年前，Bailey（2015）提到国际学校教育的文献"忽视"了国际学校教师的生活；在近几年里，国际学校中的外籍教师开始被关注，但国际学校中的中国教师声音仍未被关注到。这种空白可能会让读者感到惊讶，人们以为学术研究会对超过七成的在国际化学校任教的本土教师更感兴趣（Gaskell, 2019）。但迄今为止，除了一些论文（如Bailey, 2015; Poole & Bunnell, 2021; Lai et al., 2016），国际化学校中的中国教师一直被视为同质化的"本地人"（Rey et al., 2020）或没有个体属性的"群体"（Cambridge,

2002）。尽管有关中国国际化学校和家长愿望的文献越来越多（例如，Wright et al.，2021），但这些文献仍然聚焦于英美教师。

例如，Lai 等人（2016）重点研究了中国香港一所国际学校的 14 名汉语教师的身份认同。研究发现，中国教师对西方同事的影响有限。相反，中国籍教师表示从西方同事那里学习到教学方法、与学生的关系和互动方法，以及与同事的关系和互动。Lai 的研究结果揭示了国际学校以西方为中心的本质，以及建立合适的学校结构的必要性，研究最终希望达到尊重和重视中国教师专业贡献的目的。与此同时，Poole（2019）的论文关注了一位在国际学校工作的中国教师的身份认同构建。研究发现，这名教师的身份认同空间有限，介于"本地"和"国际"教师之间。尽管 Bailey（2015）的研究考察了马来西亚本土学生（而不是本土教师）对国际学校教育的重视程度，标志着研究方向朝着正确方向迈出的一步，从传统研究中常关注的教师海外经历转向他们的本土经历。虽然这些研究作出了宝贵的贡献，但并没有阐明为什么这些本土教师选择进入国际化学校领域。这种现象，在近期中国政府宣布了对包括国际化学校在内的民办教育行业进一步监管的计划这一大背景下（Reuters，2021），显得尤为有进一步研究的必要。本研究结果将对中国国际化学校的教育政策制定、教师的招聘和存留，以及学校管理层如何更好地支持国际学校中的本土教师具有启示意义。

相关文献中对本土教师研究的缺失，有可能是国际化学校产业处于起步阶段的结果。一些评论人士用"悄悄地"来描述中国国际化学校的出现（Kim & Mobrand, 2019）。一夜之间崛起的中国国际化学校让学术研究领域还没有足够的时间作出反应，因此在科研方面有一定的滞后。本文访谈了来自三所中国国际化学校的 15 名本土教师，弥补了对中国教师研究的不足，并更丰富、更细致地呈现中国教师的经历。具体而言，本文旨在回答以下研究问题：为什么中国本土教师进入国际化学校领域？提这个问题的目的是为了确定中国教师的工作动机和背景，这方面的研究和理论尚不充分。相比之下，外籍教师选择在国际或国际化学校工作的动机和原因已经得到了研究人员足够的关注（如 Bailey & Cooker, 2019; Bunnell, 2016; Savva, 2015）。本文引领同类研究的新起点，因此范围仅限于理解为什么本土教师进入国际化教育领域，后期的研究将会深入探讨教师经历的其他维度，如教师在国际化学校的经历，以及本土与外籍教师的经历对比。

二、研究方法

本研究选择定性研究方法，旨在解读教师进入中国国际化教育领域的原因。定性研究可以帮助研究者理解个体所经历的现象以及他们赋予其经验的意义（Cohen et al., 2018）。本文作为中国本土教师专业发展需求调查的一个子项目，收集了来自三所中国国际化学校的 15 名本土教师的访谈数据，大多数受访教师任教于 SCIS 学校。此外，我们还选择了两位来自其他学校的教师进行访谈，他们都没有教师资格证，因此提供了明显不同于其他教师的见解。表 1 提供了受访教师的身份背景和信息[1]。

表 1　参与者的背景信息

参与者的名字	性别	职务	学校
Ai Guo	男	中文老师	SCIS
An Na	女	物理老师	SCIS
An Ni	女	数学老师	SCIS
Fen Fang	女	物理老师	SCIS
Jing	女	英语老师 / 雅思老师	SCIS
Lian	女	经济学老师	SCIS
Li Juan	女	顾问 / 班主任	SCIS
Lu Wen	女	顾问 / 班主任	SCIS
Meng	男	学术主任	SCIS
Pei Zhi	女	化学老师	SCIS
Rong	女	英语老师	SCIS

---

1. 表 1 中所有参与者的姓名以及学校名称均为化名。

（续表）

参与者的名字	性别	职务	学校
Shuang	女	英语老师	SCIS
Ting Zhe	男	经济学老师	SCIS
Ru	男	计算机科学	NCIS
Shu	女	语言支持	CCIS

选择参与本课题教师有两个标准。第一，受访者必须是中国公民，持有中国国籍。第二个标准是，受访者必须在中国的国际学校（即中国国际学校）工作。例如，提供课标课程与国际课程相融合的私立 K-12 学校。由于本文的重点是这些本土教师为什么选择进入国际化学校，因此没有规定受访者的任教时长，只要在接受访谈时他们仍受聘于一所中国国际化学校即可。这三所参与研究的学校都隶属于本文笔者供职的教育集团，该教育集团为学校教师提供专业发展和研究支持。

受访教师任教的三所国际学校提供例如国际普通中等教育证书和国际学士学位文凭课程的国际课程。这三所学校面向中国本土招生，它们分别是：SCIS（华南国际学校），NCIS（华北国际学校），CCIS（都市国际学校）。NCIS 是一所位于中国北方大城市的小型高中，它没有属于自己的校园，而是在它所附属的大学租用了一层楼作为教室。因为该校受剑桥考试中心认可，所以称它为"剑桥中心"更为准确。SCIS 是一所新开设的学校（2018年成立），距离上海约三小时车程，地理位置非常偏远，这使得招聘外籍教师变得非常困难，在校任职的大多数教师都是中国人。最后，CCIS 是一所非营利性的寄宿制国际化学校。总的来说，这三所学校代表了中国各地国际化学校的多样性（关于在中国可以招收中国本地学生的不同类型学校的更多信息，请参阅 Wu & Koh, 2021）。

本研究获得科研伦理许可，得到了受访教师所在学校的批准，受访者均签署了知情同意书。访谈实施时间为 2020 年至 2021 年，重点是获得"翔实数据"（Geertz, 1973）。受访教师被问到他们进入国际学校的原因，他们在当前学校的经历，以及他们的职业发展经历。每位访谈参与者都接受了一次采访，时间为 40 至 50 分钟。受访教师被鼓励在访谈中使用英语，但如果他们愿意，也有可以使用中文。除了两个案例外，所有的访谈都是用英语进行的。在开始数据分析之前，两个中文访谈记录都被翻译成英文。访谈的转录文件均发送给访谈参与者进行核对。核对过程不仅加强文本转录的准确性，而且受访者对研究过程承担部分所有权，亦可增强研究的伦理规范。

数据分析采用三步主题分析法（Braun & Clarke, 2006）。首先，以两个访谈为例，对转写文本稍加分析和编码，得出一系列新主题。这些新主题被编码并添加到一个"有机代码册"（organic code book）中。之后，随着数据分析的进行，不断更新该代码册以融入新的主题。在这个最初的归纳阶段之后，重新审查访谈转写文本以寻找初次遗漏的主题并进行编码。然后，通过合并相似或重复的代码，精简代码标签。作者还对新的和意想不到的主题保持开放的态度。为了确保研究结果的可信度，研究人员还与受访教师分享访谈分析编码记录，并鼓励他们修改自己所说的话，增加或删除他们不同意的内容。其目的不是构建一些"客观"的事实，而是确保受访教师认可访谈内容能够真实反映他们的教学生活。这一过程不仅增强了有效性，还通过提高透明度和参与者的参与度，加强了科研伦理关系。

三、研究发现

本文下面总结了中国本土教师进入国际化教育领域动机的几个层面，主要涉及四个主题：地位和利益，学校的位置，海归教师（重新）融入本土社会的切入点，以及对私人教培行业的反思。本节还探讨了数据归纳分析中出现的问题和矛盾，相应的教师访谈记录会被用来阐明和佐证该研究成果与其他文献的关联。

（一）地位和利益

受访教师给出的他们之所以选择在国际化学校工作的最重要的原因与地位和经济利益有关。部分受访教师尚未获得中国教师资格认证，在国际化学校工作可以为他们提供在公立学校工作的教师都不可企及的利益和地位，而在中国的公立学校工作则必须持有教师资格认证。

以 An Ni 为例，她不确定毕业后想做什么，但发现自己被教书这一职业所吸引，因为她认为教师这一职业很有地位：

> 我对我的未来感到很困惑，所以我选择了成为一名教师，两年之后我发现当一名教师是挺好的，因为我们有假期。在我们国家，当一名老师是很有地位的，所以我决定当一名老师。我发现教学生很有趣。

值得注意的是，An Ni 一开始并没有计划成为一名教师，而是为了应对大学毕业后的不确定性才"选择"教书。"选择"这个词暗示着一定程度的能动性，而"发现"这个动词则暗示着 An Ni 已经开始欣赏教师的好处（比如地位）。在一些国家，如英国或美国，教学往往被认为是一项费力不讨好的任务，而在其他国家，如中国，教学被赋予更高的地位（Tan，2015）。

一些教师还认为，在国际化学校工作的好处优于在大学或者私立的校外培训学校工作：

> 老实说，我们的工资高一些。刚开始在大学教书的时候，我很年轻，大概 28 岁。在那所大学当讲师很无聊。整个工作就是为了了解大学生。那是一所职业学校，所以英语不是主要课程，我教的都是些基本的东西。我认为这限制了我的职业发展能力。我想如果你有专长的话，也许你会有机会达到更高水平，所以我来到了 SCIS。（Ting Zhe）

Ting Zhe 认为，薪水是他选择国际化教育的最重要原因，同时他也认为这样做对自己的职业生涯有好处。他曾在一所大专担任讲师，作为一名经济学教师，他具有一定的专业领域知识。但在那里任教限制了他的职业发展机会。该访谈数据表明，国际化学校对于未获得中国中小学教师资格证的教师来说也是一个有吸引力的选择，它提供了充足的专业发展机会，即晋升和增加职业流动性的机会（"有机会达到更高水平"）。

一些受访教师还说，他们之所以有动力加入 SCIS 还因为它在业内的声誉和地位：

> 我毕业于北京大学。本科毕业后，我成为了家乡一所技校的老师。我收到了许多不同学校的工作录取通知，也参加了他们的面试。我认为 SCIS 可以提供一个更好的平台，因为它隶属于 NIRU，而且工资也不错。我猜宁波的工资也差不多，但是 SCIS 离我的家乡（南宁）更近一些。（An Na）

> 我认为 NIRU 在外语学习领域具有权威地位。我也很荣幸能与这里优秀的教师成为同事。（Fen Fang）

北方国际研究大学（North International Research University, NIRU）是北京一所研究型大学的化名。NIRU 为 SCIS 的师生招聘及教师专业发展提供支持。An Na 用"平台"一词表明，附属于 NIRU 这个属性将 SCIS 与其他国际化学校区分开来，SCIS 与 NIRU 的联系使得该国际学校听上去更正统，也更吸引那些担心纯私立学校地位的教师前来应聘。

然而，一些受访教师也指出，私立学校（国际化学校是其中的一部分）比公立更不稳定。例如，Jing 观察到"在中国，私立学校不像公立学校那样稳定"。同样地，Shu 也说："教师可以在那里（私立国际化学校）工作，工资更高，社会福利也一样，但你没有这种长期的稳定性"。

Meng 老师强调了政策的变化迫使他换了工作：

> 我去年来到这里，是因为北京市政府要求所有公立学校停办国际部，并要求他们转到私立国际学校中去，所以国际部的老师们都不得不进入私立学校。

尽管存在不确定性，但受访教师表示，国际化学校所提供的地位和好处值得让他们去冒这个风险。这些老师大多都是 20 多到 30 多岁的人，这也就能解释为什么他们愿意承担风险。

（二）学校的位置

受访教师表示，学校的位置离家近也是他们想在国际化学校工作的重要因素之一：

> 学校的工作和我以前的工作类似，而且 SCIS 离我在 X 镇的家很近，我也想回到离家人近的地方来工作。我以前在一家咨询公司工作，没在学校工作过，所以我想试一试。（Lu Wen）

对于 Lu Wen 来说，在国际化的学校工作能让她离家人更近，同时也能在新的环境中继续自己的教育咨询类工作（她之前曾在一所大学工作）。对于像 Meng 和 Rong 老师来说，家庭因素是他们在 SCIS 工作的决定性因素：

> 我不想离开家乡太远，所以 SCIS 是一个合适的工作地点。这是我们家庭的决定。（Meng）

> 我家在 X 镇，距离 SCIS 很近，我可以开车回家，所以我选择了 SCIS。（Rong）

也有一些教师从很远的地方来到该校工作，比如 Ai Guo 老师：

> 我来自中国北方，那里的天气、环境等都和这里很不同，我想在南方工作。当我来到 SCIS 的时候，我发现这个地方非常安静和美丽，所以我认为这是一个很好的生活和工作的地方。

虽然与数据分析中出现的其他动机相比，学校地点似乎不是最重要的择业原因，但仍有教师认为，在他们选择工作时，学校地点虽不是唯一，但也是重要的因素之一。我们需要从文化的角度来理解教师对于离家近的需要。计划生育政策的影响导致了"独生子女"家庭的形成（Xu & Xia, 2014）。特别是在城市地区，由父亲、母亲和独生子女组成的三人家庭已经成为主要的中国家庭形态（Sheng, 2005）。尽管独生子女政策发生了变化（现在鼓励一个家庭最多生三个孩子），但中国大多数处于工作年龄的人都来自独生子女家庭。由于实际生活需求和养老问题，居住在城市的父母发现他们在退休后仍然要依靠他们的孩子（Xu & Xia, 2014）。与此同时，双职工的孩子们往往要依靠职工父母来照顾，因为他们要么太忙了，无法自己照顾孩子，要么负担不起保姆的费用。

所有这些因素都导致许多参与本研究的教师选择在父母身边生活和工作。从访谈中我们发现教师选择来国际化学校工作不是因为国际教育本身具有的内在吸引力，而是学校满足了他们养育孩子和照顾家庭的实际需要。

（三）海归教师（重新）融入本土社会的切入点

访谈数据显示，国际化学校为一些在海外学习或工作的人提供了（重新）进入中国就业市场的切入点（Ting Zhe, Ai Guo, Rong, Ru）：

> 我本科的专业是工商管理，硕士专业是旅游与酒店管理。我在 2010 年回到中国，我的第一份工作是在一家投资公司，但之后去了家乡的一所大学教英语。我在美国教过三年英语。（Ting zhe）

> 事实上，我上大学时并没有学习教育学。但毕业后，我在缅甸的一家孔子学院做了三年的汉语教师。在那段时间里，我发现我对教中文真的很感兴趣，所以我去了中国香港，拿到了中文硕士学位，之后我选择了在中国内地教中文。我和在这里工作的一个人聊过以后就决定来这所学校当中文老师了。（Ai Guo）

我的专业是英语，一开始是在杭州的一家机构兼职教雅思，和学生们有了一些接触。这就是我从事教学的原因。然后我去伦敦大学学院攻读英语教学硕士学位，现在回来继续教书。我刚刚在新东方完成了三年的教学工作。（Rong）

Ru 对海归经历的描述最为生动。他在美国创办了一家信息技术公司后，曾希望能定居下来，但在公司倒闭后，他被迫回到了中国。下文对 Ru 的叙述进行了大段的引用，目的是为了完整记录他的经历：

我和我的两个中国同学开了一家公司。我很专注地做事业。但一年后，市场发生了变化。我们没有负责销售的专业人员，所以我们不知道市场趋势是什么样的。我没有拿到投资，没有机会留在美国。然后我发现我可以在上海做生意，但我也不知道为什么，我找不到一个好搭档。在上海，我一个人都不认识，就逐渐失去了自信。后来我回到北京，因为我是北京人，我上学的时候就是在一所国际学校。在北京我找到一个薪水很高、很好的、在华为的工作机会，给我的职位也非常高。去年，也就是 2019 年，疫情开始的时候我还在华为工作，来自美国的竞争加剧，这一切都让我开始思考："我的目标是什么？我的梦想是什么？"后来，我选择进入教育行业。我先去了新东方，但我不觉得我是一个真正的老师，在那里我每周只工作两个小时。然后我开始找一所真正的学校。我投了不少简历，但是 NCIS 是唯一一所给我面试机会的学校，之后的一切都很顺利。我真的很喜欢这所学校。它离我家很近，我发现这里的学生也很好，一切都很好，一切都解决了。

和那些在国内有很强关系网的同事相比，Ru 这样的海归并没有如此优势，因此很难进入一个新的行业圈子（Hao et al., 2017; Singh, 2020）。进入一个新的行业不仅仅靠一个人的知识储备（例如，海归的"国际资本"，即在海外留学学到什么），更重要的是，他们认识谁（即他们的社会资本或关系）。因此，海归可能发现自己处于不稳定的状况，这种不稳定因疫情的全球流行而加剧。Ru 认为他在华为看似安全的职位都是暂时的，因为疫情和来自美国的竞争随时都可能威胁他的职业生涯。

但是对于像 Ru 这样虽然没有中国教师资格认证，但有跨文化经历、语言资本和国际资历的人反而更容易进入国际教育领域，受到国际化学校领导者的高度重视和追捧。考虑到国际化学校招聘的大多数教师是中国人（Gaskell, 2019），在他们中间雇用更有"国际"资本的中国教师可以赋予学校更多的谈资（Bunnell et al., 2016）。

（四）对私人教培行业的反思

一些受访教师（Rong, Ru, Shu, Fen Fang）说他们选择在一所国际化的学校工作，是为了"逃离"教培行业。根据 Gupta（2021: 3）的研究，"私人教培"主要是模仿正规教育系统，可以通过三个参数来判定私教的"影子"性质：补充性质（作为学校课程的补充）、私人性质（有偿辅导）、学科性质（辅导的科目为正规教育系统中需要考核的科目）。

这四名教师都认为教培行业是他们去往更好的职业选择的敲门砖，但他们在校外语言培训学校的经历和感受各不相同，对 Rong 来说，在语言培训学校工作既乏味又吃力：

> 我们总是教同一门课，但是要同时教很多学生。我通常教雅思写作和阅读，这意味着我在这三年里教了超过 4,000 个小时的同一门课程。夏天和冬天都很累，所以我想是时候离开那个地方，重新开始了。

对 Rong 来说，在一所语言学校教书没有任何发展空间，因为她必须一遍又一遍地教授同样的内容。此外，由于大多数语言培训类学校的教学活动都是在学生不用去学校上课的假期期间进行的，所以 Rong 无法享受到在国际化学校可以享受到的长假。

与过度劳累的 Rong 相比，Ru 发现自己的工作量严重不足：

我一开始是在一家留学语言培训机构，但当时因为疫情，没有很多学生准备去美国，所以我没有很多学生。我每周只有两个课时，所以我不觉得自己是个老师。后来我开始找一所真正的学校去工作。

Ru 没有什么实际的教学工作要做，因为他的职位是为打算出国的留学生提供专门服务的。但由于疫情的影响，很多学生决定不出国留学了。缺乏教学实践机会影响了 Ru 的教师身份认同。作为回应，他需要选择一所"真正的"学校。他之前曾在信息技术领域工作，几乎没有正式的教学经验，在培训学校的经历至少让他能跨进教育行业的大门，让他可以把教学经验和海外学习经历相结合，从而帮助他进入国际化学校的行业圈子。

Shu 还发现自己陷入了过度工作的文化中，她用"多劳多得"来形容这种文化——"工作越多，挣得越多"：

我在一些儿童培训中心工作过，市场都很好。成年人教育的风险比较大，成功与否取决于投资在生意上的钱。但对于儿童市场和青少年市场，即使你不投很多钱，仍然可以得到不错的效益，它主要靠学校的名声。我们的工作量很大，但通过这个工作我赚了一些钱，因为每个月的薪水足够养活我，我还能有一点积蓄。这就是培训学校吸引人的原因之一。

虽然 Shu 一直想在"国际学校"工作，但她缺乏教学经验和相关国际教育文凭或资质（她的家庭没有办法送她出国深造），这意味着私立语言培训学校是她进入教育领域唯一的选择。公立学校更不可能给像 Shu 这样的非本地人进入的机会。她来自武汉，在上海算是一名"外地"教师，因此无法轻易在上海的公立学校找到工作：

这是差别对待，但也可以理解。如果我在武汉当老师，我也会更相信我的同乡，他们可能更容易沟通，因为我们对教育有着相同的信念。

因此，她一直在语言培训类学校工作，直到后来她得到一个在国际化学校担任英语助教的机会，成为 CCIS 的英语课助教。虽然她更希望成为一名正式的英语课教师，但由于学生家长偏爱母语为英语的人执教，她的愿望一时无法实现：

> 当我签署第一份助教合同时，人力资源部门告诉我，"你可能不会成为一名英语教师，因为你是中国人"。大多数英语教师的教学职位都是为外籍人士提供的。

值得注意的是，本研究关注的在 SCIS 工作的中国英语教师（Jing, Rong, Shuang）并没有经历这种差别对待，这说明学校的地理位置和类型可能会影响国际化学校的办学定位。例如，CCIS 位于上海，可以说是一所"优质"的中国国际化学校。对于像 Shu 这样的老师来说，虽然进入一所优质的国际化学校或许已经是在社会阶层上迈出了一步，但她必须面临依然充斥着不确定性和歧视的现实。然而，我们的访谈数据再次阐明，在国际化学校工作的教师们认为，整体而言，他们面临的利大于弊。

四、讨论和结论

本文通过访谈来自国内三所学校的 15 名教师，弥补了国际化教育对中国本土教师研究的不足。具体来说，本文深入探讨了教师进入国际化学校的动机。访谈数据表明，地理位置（离家乡和家人近）、教师地位（在中国当教师比在其他国家享有更高的声望）和教育行业福利（假期和薪水）是大多数教师入职国际化学校的重要因素。

本文的一些发现（如 Ru 的经历）与移民研究领域的一些研究不谋而合。例如，Hao 等人（2017）和 Singh（2020）说，中国海归回国后没有必要的关系网来帮助他们跨入职场大门。Ru 想在上海创业的经历印证了这一论点。他因为没有合适的人脉关系，创业计划最终以失败告终。国际化学校反而为海归教师提供了一个（重新）进入中国就业的切入点。Ru 的叙述让我们更深入地了解了为什么中国海归会选择进入国际化教育的舞台。中国国际化学校并没有像当地的公立学校那样要求教师必须持有教师资格证书，他们更重视教师的"国际"资历和经验，而不是他们的教学资质。国际化学校教师还通过我们的访谈强调了语言培训类学校工作经历的"跳板性"作用，帮助那些没有教师资格证（但学历水平高）的教师进入国际化的学校舞台，从而实现一种社会的流动。对于 Shu 的访谈分析也可以对有关在中国任教的语言类教师研究作出一些补充（Leonard, 2019; Stanley, 2013）。总体来讲，国际化学校的教师具备了多元化的教育和工作背景，可谓"万事俱备"，而教师的工作机会正成为他们回国的"东风"。

　　本研究还有一些意想不到的发现。令人惊讶的是，教师们并没有像预期的那样被国际学校所谓的"国际"标签所吸引，他们抱有一种更务实的态度来理解和认知中国的国际化学校。此外，与在国际学校任职的外籍教师不同（例如，Bailey & Cooker, 2019; Rey et al., 2020），本土教师并不想把"国际学校教师"作为他们教师身份认同的核心标签。这些本土教师倾向于将他们的学校定义为"私立学校"，而不是国际（化）学校。造成这一认知差异的原因可能是我们在前文中讨论过的：本土教师有他们自己的职业优先级排序，他们更关心的是职业带来的实用性的好处（例如校址地点、教师社会地位和职业稳定性），而不是一些理想追求（例如国际学校助推跨文化理解的进程）。

　　另一个让笔者没有预期到的发现是参与本研究的教师的经历十分多样化。这也说明，我们不能再用现有的例如"本土的"（Rey et al., 2020）这样单一的概念来涵盖中国教师的经验。从访谈数据中我们可以总结出至少三类国际化学校的本土教师。第一类是海归教师，指的是那些在国外学习或工作过的人，他们将国际化教育作为（再）进入中国就业的切入点。第二类教师展现出与学校所在地强烈的连接感，比如他们需要依赖原生家庭来育儿。最后一种类型的教师，以 Shu 为代表，利用国际化学校教学工作作为实现社会流动的途径。

本文研究结果对中国国际学校的教育政策制定、教师的招聘和存留，以及学校管理层如何更好地支持本土教师具有启示意义。在政策层面上，中国的国际化学校很大程度上被政府所忽视。作为私立教育的一部分，国际化的学校多处于不受监管的灰色地带。这些学校的出现是为了满足市场上富裕的中产阶层的需求。他们拥有丰厚的可支配收入，并且希望将钱投资到优于本地公立学校的教育机构去（Hayden, 2011）。这些学校也为学生们提供了另一种获得教育成功的途径，他们通常都会申请出国留学（Young, 2018）。

2021年，新版《民办教育促进法》出台，对中国的国际化学校产生影响。政策要求禁止国际学校在义务教育结束前，也就是九年级前教授国际课程（例如 IGCSE 课程）（Reuters, 2021）。政策还要求所有私立学校不得接受中国以外的投资（Reuters, 2021）。这项要求对于不少中国国际化学校都是一个挑战，因为大多数学校是和海外投资者合资办校（Wu & Koh, 2021）。此外，相关政策还规定国际学校应设立由基层党员代表和教职工代表组成的监督机构，监督机构的负责人应以无表决权成员的身份参与学校的决策制定（Koty, 2021）。

正是在这种政策监管变化的背景下，本研究需要进一步探讨研究结论的指导意义。在政策层面上，中国政府有必要确保进入国际化学校的教师（包括中国籍和外籍）持有必要的资质。我们的访谈数据表明，部分教师没有正式的教师资格证，他们是从商业管理、信息技术或教培行业转行过来的。对于那些持有教师资格证或有教学经验的教师来说，他们几乎没有在国际（化）教学环境中教学的经验。因此，国际化学校为海归教师提供了一个重新融入中国本土社会的渠道。它还成为教师们进入教育行业的"敲门砖"。然而，在现有的监管背景下，我们可以推测国际化学校的就业形式将变得越来越困难。

因此，有必要为那些没有教育教学背景或教师资格证的教师研发一种可以帮助他们在私立学校任教的资格认证体系。这种新型教师认证在政策层面上会是什么样子，我们还需拭目以待。白金汉国际教育学院（Buckingham International School of Education）推出的"PGCE-China"课程似乎是专门为更严格的监管规定而设立的，他们的课程可能会为我们提供一点提示。"PGCE-China"课程的目标是在中国执教的教师，他们需要完成高难度的英国教学类课程，以帮助他们胜任世界各地教学方法，并培养他们的教学能力（BIE, 2021）。

显而易见的，政府监管将会影响中国国际化学校的教师招聘和保留。没有教师资格认证的教师将不会那么容易地进入国际学校任教。因此有必要为想要进入中国国际化教育的本土教师提供某种形式的教师资格认证。这样的资格证书不仅是那些教师准入的门槛，更应该具有国际化视野。这是一项相当复杂的任务。尽管学术界常用的"国际"这一形容词界限并不清晰，但是人们对于什么才能被定义为"国际"学校有一定的共识，比如课程需要部分或者全部用英文讲授（Bunnell et al., 2017）。然而，我们现在使用的"国际化"一词更具争议，本文将不会对此展开讨论，但我们认为需要带着不断改革的视角来解释和理解"国际化"这个形容词。因此为私立学校教师提供的认证体系需要在本土和国际两个导向中找到平衡。

在学校范围内，学校领导层有必要在监管收紧的背景下寻求更好地支持本土教师的办法。我们的访谈分析表明，虽然一些中国本土教师对学科知识内容掌握很好，但他们可能没有明确的教与学的理论知识。国际学校对于教师是否持有教师资格证没有强制要求，首先可能是因为中产阶层消费者对国际化教育的需求曾经（也许现在仍然）超过了供应（Gaskell, 2019）。在政府对行业干预的情况下，这种需求可能会下降。但是在中国任教的大多数外籍教师仍然没有中国的教师资格证书（Huan, 2017）。本文也说到了，除了外籍教师以外，一些中国本土教师也没有相应的教师资格。对于像SCIS这样位于非城市核心区的国际学校来说，他们可能很难招到已经获得教师资格认证的合格老师，因为高水平、又有教师资格证的教师很可能会被吸引到上海和北京等工资更高的大城市。鉴于此，学校领导层对于本土教师最切实际的支持是为他们提供高质量、可持续的专业发展机会，帮助他们获得教师资格认定。获得教师资格证书可能是学校的一项长期战略，但从近期来看，为教师提供专业发展可能是另一种提高教师存留度的途径。

可持续的教师专业发展是国际化学校发展的关键。它不仅保障教师的教学质量，而且可以帮助学校留住教师，以保障学校的长期可持续发展。虽然学校的管理人员可以接触到很多不同类型的教师专业发展项目，但他们应该谨慎选择那些为教师提供持续的、可累积的项目。定制的教师专业发展课程通常可以帮助解决学校自己特有的问题。然而，"内部"定制的专业发展也可能是碎片化的、不连贯的或者只是起到装点门面的作用。对于有经验的教师和有正式教师资格认证的教师来说，这样的专业发展课程也许只是没有效果，但不会对他们的职业生涯造成什么严重的损害。然而，对于初级教师或没有正式教学资格的教师来说，零零散散的专业发展方式可能会影响他们在教育领域的发展。他们真正需要的是能够建立坚实的学科知识或教学基础的专业发展机会和支持。虽然本研究的参与教师都接受了剑桥大学提供的入门教学课程（包括学科内容和教学评估），但他们最大的需求是教学方法上的提升：

> 我想接受一些有关教学过程方面的培训。我不想再以老师为中心教授我的学生，我希望能学习到一些课堂活动的使用，帮助我把教学变得更有效。我也需要接受关于如何管理学生的培训。（Ting Zhe）

> 我已经来学校两个月了，但还没有接受过任何系统培训。（入职前）我没有接受过任何教学方面的培训，但我却接受了如何在这个学校当一名员工的培训。（Lian）

> 我是一名新教师，我想参加一些系统的培训课程。（Pei Zhi）

不管学校的具体安排如何，学校管理层对教师专业发展的投入是至关重要的。这也要求管理者将重点从教师招聘（学校生存）转移到教师存留（学校发展）上来，为学校建立一个以高质量教师专业发展为核心的发展框架，这将有助于培养并留住那些具备必要教学技能的和出色的教育者。

参考文献

[1] Bailey, L. 2015. Reskilled and "running ahead": teachers in an international school talk about their work [J]. *Journal of research in international education*, 14 (1): 3–15.

[2] Bailey, L. 2021. International school teachers: precarity during the COVID-19 pandemic. [J]. *Journal of global mobility: the home of expatriate management research*, 9 (1): 31–43.

[3] Bailey, L. & L. Cooker. 2019. Exploring teacher identity in international schools: key concepts for research [J]. *Journal of research in international education*, 18 (20): 125–141.

[4] BIE. 2021. PGCE-China. [Z/OL]. BISE. [2021–12–05]. https://www.bise.org/pgce-china.

[5] Blyth, C. 2017. *International schools, teaching and governance: an autoethnography of a teacher in conflict* [M]. New York: Palgrave Macmillan.

[6] Braun, V. & V. Clarke. 2006. Using thematic analysis in psychology [J]. *Qualitative research in psychology*, (3): 77–10.

[7] Bunnell, T. 2016. Teachers in international schools: a global educational "precariat"? [J]. *Globalisation, societies and education*, 14 (4): 543–559.

[8] Bunnell, T. & A. Poole. 2021. *Precarity and insecurity in international schooling: new realities and new visions* [M]. Bingley: Emerald.

[9] Bunnell, T., Fertig, M. & C. James. 2016. What is international about international schools? An institutional legitimacy perspective [J]. *Oxford review of education*, 42 (4): 408–423.

[10] Bunnell, T., Fertig, M. & C. James. 2017. Establishing the legitimacy of a school's claim to be "international": the provision of an international curriculum as the institutional primary task [J]. *Educational review*, 69 (3): 303–317.

[11] Caffyn, R. 2018. "The shadows are many…" Vampirism in "international school" leadership: problems and potential in cultural, political, and psycho-social borderlands [J]. *Peabody journal of education*, 93 (5): 500–517.

[12] Cambridge, J. 2002. Recruitment and deployment of staff: a dimension of international school organization [A]. In M. Hayden, J. Thompson & G. Walker (Eds.). *International education and practice: dimensions for national and international schools* [C]. London: Kogan Page, 158–169.

[13] Cohen, L., Manion, L. & M. Morrison. 2018. *Research methods in education* [M]. London: Routledge.

[14] Gaskell, R. 2019. The growing popularity of international K–12 schools in China [Z]. ICEF Monitor.

[15] Geertz, C. 1973. *The interpretation of cultures* [M]. New York: Basic Books.

[16] Gupta, A. 2021. Exposing the "shadow": an empirical scrutiny of the "shadowing process" of private tutoring in India [J]. *Educational review*, 1–17.

[17] Hacohen, C. 2012. "The norm is a flux of change": teachers' experiences in international schools [J]. *Educational psychology in practice*, 28 (2): 113–126.

[18] Hao, X., Yan, K., Guo, S. & M. Wang. 2017. Chinese returnees' motivation, post-return status and impact of return: a systematic review [J]. *Asian and Pacific migration journal*, 26 (1): 143–157.

[19] Hayden, M. 2011. Transnational spaces of education: the growth of the international school sector [J]. *Globalisation, societies and education*, 9 (2): 211–224.

[20] Hayden, M. & J. J. Thompson. 2013. International schools: antecedents, current issues and metaphors for the future [A]. In R. Pearce (Ed.). *International education and schools: moving beyond the first 40 years* [C]. London: Bloomsbury Publishing, 3–23.

[21] Huan, Z. 2017. Most foreign teachers in China are not qualified: survey [Z/OL]. *People's daily*. [2021–12–05]. http://en.people.cn/n3/2017/1123/c90000–9296324. html.

[22] Kim, H. & E. Mobrand. 2019. Stealth marketisation: how international school policy is quietly challenging education systems in Asia [J]. *Globalisation, societies and education*, 17 (3): 310–323.

[23] Koty, A. C. 2021. Private education industry in China: new investment opportunities and restrictions for foreign players [Z/OL]. *China briefing*. [2021–12–05]. https: // www.china–briefing.com/news/investing–in–chinas–private–education–industry–new–opportunities–restrictions–for–foreign–players/.

[24] Lai, C., Li, Z. & Y. Gong. 2016. Teacher agency and professional learning in cross-cultural teaching contexts: accounts of Chinese teachers from international schools in Hong Kong [J]. *Teaching and teacher education*, 54: 12–21.

[25] Leonard, P. 2019. "Devils" or "superstars" ? Making English language teachers in China [A]. In A. Lehman & P. Leonard (Eds.). *Destination China: immigration to China in the post–reform era* [C]. New York: Palgrave Macmillan, 147–172.

[26] Lincoln, Y. S., Lynham, S. A. & E. G. Guba. 2011. Paradigmatic controversies, contradictions, and emerging confluences, revisited [A]. In N. Denzin & Y. Lincoln (Eds.). *Handbook of qualitative research (4th ed.)* [C]. Thousand Oaks, CA: Sage Publications, 97–128.

[27] Machin, D. 2017. The great Asian international school gold rush: an economic analysis [J]. *Journal of research in international education*, 16 (2): 131–146.

[28] Poole, A. 2019. "I am an internationalising teacher" : a Chinese English teacher's experiences of becoming an international teacher [J]. *International journal of comparative education and development*, 21 (1): 31–45.

[29] Poole, A. & T. Bunnell. 2021. Developing the notion of teaching in "international schools" as precarious: towards a more nuanced approach based upon "transition capital" [J]. *Globalisation, societies and education*, 19 (3): 287–297.

[30] Reuters. 2021. China bars foreign curricula, ownership in some private schools [Z/OL]. Reuters. [2021–12–05]. https: //www.reuters.com/world/china/china–bars–foreign–curriculum–ownership–some–private–schools–2021–05–17/.

[31] Rey, J., Bolay, M. & Y. N. Gez. 2020. Precarious privilege: personal debt, lifestyle

aspirations and mobility among international school teachers [J]. *Globalisation, societies and education*, 18 (4): 361–373.

[32]　Savva, M. 2015. Characteristics of the international educator and the strategic role of critical incidents [J]. *Journal of research in international education*, 14 (1): 16–28.

[33]　Savva, M. 2017. The personal struggles of "national" educators working in "international" schools: an intercultural perspective [J]. *Globalisation, societies and education*, 15 (5): 576–589.

[34]　Sheng, X. 2005. Chinese families [A]. In B. N. Adams & J. Trost (Eds.). *Handbook of world families* [C]. London: Sage Publications, 99–128.

[35]　Singh, J. K. N. 2020. Challenges in obtaining employment in China: lived experiences of Australian Chinese graduates [J]. *Australian journal of career development*, 29 (3): 153–163.

[36]　Stanley, P. 2013. *A critical ethnography of "Westerners" teaching English in China: Shanghaied in Shanghai* [M]. London: Routledge.

[37]　Tan, C. 2015. Education policy borrowing and cultural scripts for teaching in China [J]. *Comparative education*, 51 (2): 196–211.

[38]　Wright, E., Ma, Y. & E. Auld. 2021. Experiments in being global: the cosmopolitan nationalism of international schooling in China [J]. *Globalisation, societies and education*, 20 (2): 236–249.

[39]　Wu, W. & A. Koh. 2021. Being "international" differently: a comparative study of transnational approaches to international schooling in China [J]. *Educational review*, 74 (1): 57–75.

[40]　Xu, A. & Y. Xia. 2014. The changes in Chinese mainland families during the social transition: a critical analysis [J]. *Journal of comparative family studies*, 45 (1): 31–53.

[41]　Young, N. A. 2018. Departing from the beaten path: international schools in China as a response to discrimination and academic failure in the Chinese educational system [J]. *Comparative education*, 54 (2): 159–180.

作者简介

Adam Poole［英］：北京外国语大学国际教育学院助理教授。研究方向涉及国际教育和英语教学专业发展。

中国国际化学校有效性探究：基于剑桥评估指标的认识与实践

李东玉　北京外国语大学国际教育学院

杨柳津垭　外语教学与研究出版社

【摘要】学界对有效学校（或高效能学校）（effective school）的界定并没有唯一的关键性指标，学校可以通过各种途径和行为提升学校效能，最大限度地提高每个孩子的成功机会，而这些行为源于有效学校的相关因素。本研究基于剑桥大学国际考评部的有效学校评估标准，通过收集来自不同利益攸关者群体对学校各项指标的自我评估数据，分析学校现状，探究学校的有效性。研究数据来自我国五所国际化学校，参研对象涵盖学校领导团队、教师、学生及家长群体，共计863人。研究发现参研学校整体评分较高，但存在一定的群体认知差异。研究进一步针对参研学校认知差异展开讨论，提供学校改进的有效策略，并就国际化评估指标的本土化实践与反思展开讨论。

【关键词】国际化学校；有效学校；自我评估；学校改进；本土化实践

一、引言

有效学校（或高效能学校）"能为拥有不同社会经济地位和家庭背景的所有学生提供获得优质教育和成功的机会"（Edmonds，1979）。现有研究表明，学校可以通过不同途径提高效率，并最大限度地提高每个孩子成功的概率。而要使学生学习获得进步，教育决策者需建设有效学校。具体来讲，学校需要通过促进管理，优化资源配置，提升教育教学，以及注重全体学生培养等途径实现学校的持续改进。在学校改进与学校效能的研究中，许多成功的学校或教育团体，将"循证实践"纳入并作为发展战略规划的重要参考标准。这也表明，能够真正实现学校改进的有效决策是基于实证研究数据产生的。

本研究旨在通过调查不同利益攸关者对于学校有效性各项指标的评估与重视程度，分析学校现状，探究学校有效性。同时，笔者及其所供职单位的研究团队结合剑桥大学国际考评部的原始报告，通过数据的二次整合及落地化分析，讨论了参研学校现阶段的自评成绩以及所面临的挑战，有针对性地为学校提供学校改进和可持续发展的相关建议。最后，研究通过对自评结果的讨论与反思，并对国际评估标准的本土化实践展开了延伸性探讨。

二、研究背景

（一）项目背景

教育国际化，特别是青少年阶段的教育国际化发展是我国深化教育改革的重要选择，是我国教育国际化整体战略的重要一环（杨明全，2019）。为了进一步加强对国际化学校的标准化建设，推动国际学校课程的精益发展，有效提升全体学生学习成就，北京外国语大学国际教育集团（北外国际）联合剑桥大学国际考评部面向五所国际化学校的国际课程中心展开了"剑桥国际学校自我评估"课题研究，旨在通过收集和分析参研学校在学校效能各方面表现的数据，帮助学校建立成效反思机制和学校改进策略。

（二）理论框架与数据收集

研究采用剑桥大学国际考评部的"学校评估标准"，通过问卷调查的形式，邀请学校领导团队、教师、学生及家长四个群体对学校的不同维度进行自我评估。根据剑桥大学国际考评部的评估标准，将学校效能分为学校愿景及教育理念、学校管理与领导力、教学质量、学习资源和社区参与五个不同维度，并包含具体评估指标。该评估工具旨在帮助学校收集和分析其在有效学校教育各个方面表现的数据，帮助学校建立反思机制，促进绩效优化，设计改进策略。学校改进的重点明确集中在学生的学习文化及影响这种文化的相关因素，例如学校管理、教师素质、资源配置以及家长的支持和参与（具体内容见表1）。

表1　学校效能维度与具体标准

维度	具体标准
评估维度1： 学校愿景与 教育理念	1. 学校基于其教育价值观，有明确的使命和愿景。 2. 学校的文化非常注重学生的成长和潜力的发展。 3. 学校领导和教师的行为与学校的价值观和理念相一致。 4. 学校促进跨文化理解，提倡多样性，并积极培养学生尊重并包容他人观点。
评估维度2： 学校管理与 领导力	1. 校长和领导团队具备适当的知识、技能和经验，能够有效地领导学校。 2. 学校领导团队为所有学生推广高质量的教育课程和活动，并跟踪个人成长。 3. 学校文化包容并支持所有师生的学习和发展。 4. 所有员工都通过注重持续改进的绩效和发展计划得到支持。 5. 领导团队有一个明确的程序来评估课程和制定全校改善策略。 6. 教师和员工都有明确的共同目标和使命。 7. 学生和教职员工感到被重视、被尊重以及被感知。
评估维度3： 教学质量	1. 学校的课程文件清晰明确，并向学校及社区公开。 2. 学校致力于对课程进行持续和严格的审查，以确保质量。 3. 学校保证优质的教师团队及教学质量，并为教师提供有系统的、高质量的专业发展机会。 4. 教学和学习计划有效满足学生个人需求。 5. 形成性评价（学习评价）融入整个学校的课堂教学实践。 6. 学校的学生积极参与学习，反思思考，并表现出对学习的热爱。 7. 学生表现出符合学校使命和价值观的行为和态度。 8. 学生成长体现出有效且顺畅的逐年过渡。

（续表）

维度	具体标准
评估维度 4： 学习资源	1. 学校是一个安全可靠的地方，学生可以在那里学习。 2. 学校的资源足够支持高质量的教学和学习计划。 3. 学校可持续地为学生提供学习资源，同时培养学生对社区及社会的责任感。
评估维度 5： 社区参与	1. 家长／照顾者积极参与学校生活，并有定期的机会贡献他们的知识和专长。 2. 家长／照顾者会定期收到子女在学业及其他发展领域的进展报告。 3. 父母／照顾者被视为孩子学习中的合作伙伴。 4. 学校鼓励社区内的相关个人和团体参与学校教学与生活，并共同为学生营造更好的校园生活环境。

（三）参研学校情况简介

项目共涉及五所隶属于北京外国语大学国际教育集团的国际化学校（以下均简称为学校），参加本课题研究的人员群体包括学校领导团队、教师、学生及家长，共计863人。其中，参研学生364人、家长385人、教师95人、学校领导团队19人。研究结合剑桥国际的初步问卷结果，进行进一步的数据整合与落地分析，为学校提供更深入的数据挖掘和有效讨论。

三、研究发现与讨论

（一）总体评估情况

总体来说，五所学校自我评估整体评分较高、表现出色。表2展示了各校在不同维度的评估均值、分数范围情况。具体来讲，五所参研学校总平均分4.79分，各维度平均得分均高于4.70分，整体表现优异（见表2）。对五个不同维度的测评中，教学质量（评估维度3）得分最高，其次为社区参与（评估维度5）。

表2　参研学校不同维度整体情况

	维度 1	维度 2	维度 3	维度 4	维度 5
均值	4.79	4.79	4.82	4.76	4.80
最高分	5.05	5.03	5.05	5.00	5.03
最低分	4.47	4.52	4.58	4.53	4.50

具体来看，五所学校在不同维度的整体评分表现略有差异，体现出不同模式（见图1）。首先，学校3在五个维度的评分均为参研学校中的最高分，且其得分在五个维度表现均衡。学校2及学校5在第二梯队，表现中等偏上，各维度得分相对均衡且集中，仅在个别维度出现偏高或偏低得分。学校1和学校4的得分在第三梯队，整体表现中等偏低，各维度得分分布有一定差异。

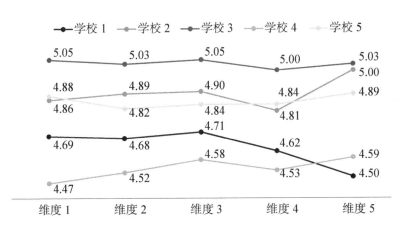

图1　不同学校各维度整体评估结果

（二）不同参研群体评分情况

以不同参研群体为单位的评估结果体现出学校相关群体与学生和家长群体之间的评分差异（见表3）。具体来说，领导团队对于学校情况的整体评估结果向好，教师次之，学生与家长的评估分数依次递减。

表 3 参研学校不同群体整体评分情况

	均值	学生	家长	教师	领导团队
均值	4.49	4.53	4.44	4.58	4.72
最高分	4.68	4.79	4.55	4.88	5.11
最低分	4.31	4.22	4.30	4.24	4.36

进一步地，参考五所学校整体分数及不同群体评分，得分最高的学校 3 在不同参研群体中的评分也均高于其他学校（见表 3 及图 2）。同时，学校 3 在各维度的评分亦高于其他学校，均为最高评分。其余四所学校评分在不同群体表现不同，其中学校 4 学生评分为最低，而学校 1 则在教师、领导团队及家长方面相对评分较低（最低）（见图 2）。

具体来看，学校 1 的自评结果中，学生群体评分最高，教师群体评分最低；学校 2 中领导团队自评分数最高，家长评分最低；学校 3 中领导团队评分最高，家长评分最低；学校 4 领导团队自评分数最高，学生群体评分最低；学校 5 教师群体评分数最高，家长群体评分最低（见图 2）。

这一部分结果表明，在学校效能的不同维度，不同群体之间存在认知上的差异。校方管理者群体的自评表现与学生和家长群体的评估表现差异化较为明显。

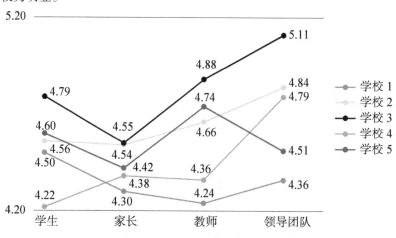

图 2 参研学校不同受试群体评估结果

（三）维度重要性评估情况

本研究对不同维度的重要性也同时进行了考察，邀请参研学校的校领导团队、教师及家长群体对不同维度的重要性进行排序并进行相关换算，建立重要性指数[1]（见表4）。结果显示，不同参研群体普遍认为教学质量（评估维度3）为学校发展最重要的维度，学习资源其次（评估维度4）。

进一步考察不同群体评分可知，不同参研群体对不同维度的重视程度也不尽相同。除教学质量（维度3）为公认的最重要维度之外，教师群体认为学校管理与领导力（维度2）为第二重要维度，而家长群体认为学习资源（维度4）仅次于教学质量，校领导团队则认为学校愿景与教育理念（维度1）为第二重要维度。

表4 不同维度重要性指数整体情况

	维度 1	维度 2	维度 3	维度 4	维度 5
均值	16.60	17.00	20.20	18.60	13.00
教师	15.30	18.50	20.10	17.00	11.00
家长	16.80	16.70	20.20	19.10	13.60
管理团队	17.20	16.90	20.80	15.90	9.40

这一结果体现出不同群体对于不同维度的重视程度有所不同。首先，教学质量（维度3）不管是在重要性排名或者自我评估分数上均表现一致，为最高分。这说明，在教学质量方面，校方与家长对其重视程度一致认同，且各群体对这一维度的学校表现评估也最好，此部分结果趋于一致。然而，重要性排名第二的学习资源（维度4），在自我评估分数上却得分最低。这一现象意味着，虽然学校与家长都认为学习资源是非常重要的学校效能因素，但在自我评估时，大家反馈的结果均不尽如人意。

此外，社区参与（维度5）在学校自我评估分数上排名第二，这表示所

---

1. 重要性指数是通过比较各维度的最高理论排名与其实际排名得出，指标数值代表不同群体对于每个维度的相对重视程度。其中，2.00—12.67 分为较低分数，12.68—23.35 为中等分数，23.36—34.00 为较高分数。

有参研群体都认为参研学校在这一维度的表现较好。但值得注意的是，这一维度在重要性指数的得分为最低，这意味着相对于其他维度，社区参与普遍被认为是学校效能中相对不太重要的方面。这说明，学校虽然在社区参与方面表现突出，但并未在意识层面上使得各个群体达成共识。同时，本课题研究发现，领导团队对这一维度的自评分数在四个利益相关群体中为最低。然而，基于有关学校效能的大量研究发现，社区参与是形成有效学校非常重要的一个方面，不可忽视。

四、结论与启示

基于本研究的发现与讨论，不难发现，各参研群体在不同维度上的评估分数与其在各维度重要性评分的排序并不完全一致，这种差异化分布体现出了有效学校的不同维度在重视程度与具体实施上的脱节。这在某种程度上体现出了学校在未来提升学校效能工作中的重点。不同群体对于不同维度的重视程度差异源于多种因素，如因不同利益攸关者的角色差异，对不同维度的关注程度必然有所侧重，但对于学校来说，有效的学校更希望通过不同群体之间达成共同目标与形成共识，促进高效能教学共同体的形成。

究其根本，不同利益相关方对于国际化学校以及国际课程的内涵、价值等的认知差异，或许是本研究评估结果及重视指数差异化的可能解释之一。教育国际化应非照搬他国教育，国际化课程也实非留学准备课程，然而目前国际化教育实然存在这些误区。我国国际化学校应服务于我国人才培养需求、进行本土化创新、将国际课程落地（杨明全，2018），才能结合我国特有文化及社会背景思考国际化学校的有效性及其评估标准。

尽管剑桥大学国际考评部的"学校评估标准"十分成熟，且适用于绝大多数国际化学校，但对于评估指标的直接应用，某种程度上忽略了国际教育的本土化过程。本课题研究针对数据所进行的二次整合及落地化分析，在一定程度上解决了这一问题。未来研究建议着力于有效学校及学校改进的实践研究，打破思辨研究与实证研究的壁垒，在引入现有理论模型及成熟工具的同时，结合我国国情、社会文化及学校的实际情况（Rooney，2018），注重将研究成果应用于学校实践（王刚，2010），形成适用于中国本土国际化学校的学校有效性评估模型，进而有效地为社会培养具有国际视野和全球胜任力的优秀人才（滕珺等，2016）。

参考文献

[1] 滕珺，胡佳怡，李敏. 2016. 国际课程在中国：发展现状、认知维度及价值分析 [J]. 比较教育研究，38（12）：54-60.

[2] 王刚. 2010. 学校效能研究批判及启示 [J]. 外国教育研究，37（05）：48-51.

[3] 杨明全. 2018. 基础教育国际课程的认识误区与本土化抉择 [J]. 中国教育学刊，（01）：67-71.

[4] 杨明全. 2019. 基础教育国际化：背景、概念与实践策略 [J]. 全球教育展望，48（2）：55-63.

[5] Edmonds, R. 1979. Effective schools for the urban poor [J]. *Educational administration quarterly*, 37 (1): 15-24.

[6] Rooney, P. K. 2018. A cultural assets model for school effectiveness [J]. *Cambridge journal of education*, 48 (4): 445-459.

作者简介

李东玉： 博士，北京外国语大学国际教育学院讲师，硕士生导师。主要研究方向为校长领导力、教师专业发展、跨文化思辨能力培养、课堂教学有效性等。出版英文合著一部，合作发表同行评议 SSCI 英文论文十余篇。

杨柳津垭：外语教学与研究出版社教育服务经理，英语教学及教师教育实践者。主要从事教育服务产品研发及英语课程体系搭建工作。研究方向为社会文化理论视域下的英语教师专业学习共同体建设、国际教育课程建构等。

消解"基础"隐喻：国际化学校中学生状态与教师专业发展研究

Adam Poole［英］　北京外国语大学国际教育学院

杨柳津垭　石　越　外语教学与研究出版社

【摘要】本文聚焦新兴的中国国际化学校（Chinese internationalised school）。在西方国际教育的研究语境下，国际学校被认为是"优质"或"精英"人群的学习场所，但本研究中的国际学校却不同——它为无法在国内公立教育体系中获得成功的学生提供了一条通过国际教育获得成功的途径。本研究采用个案研究方法，选取华东地区的一所中国国际化学校作为研究对象。通过对教师和学校领导的采访，我们发现由于该校校址较为偏远，使得招生和教师招聘都遇到了不少挑战。疫情进一步加剧了这些挑战，导致许多潜在的留学生放弃了出国计划，转而选择在本地公立学校继续学习。因此，学校被迫招收一些不具备学习剑桥国际课程所必需的英语语言能力的学生。一系列连锁反应影响了学生的学习成绩、学习动机和教师教学策略的运用。访谈中，教师们反复提到"基础"一词，用此来比喻他们所感知到的连锁反应。文章最后，我们提出了一些基于教师专业发展可采取的干预措施，以帮助建立学校及教师生存共荣所需的语言和教学基础。

【关键词】国际学校；中国国际化学校；教师专业发展；新冠疫情

一、引言

本研究着眼于中国国际化学校中的非传统国际学校（non-traditional international schools）（Hayden & Thompson, 2013）。传统国际学校接收国际/外籍学生（Bunnell, 2020），非传统国际学校则面向本地的新兴中产家庭（Bunnell, 2019）。近年来，中国国际学校的版图发生了巨大的变化（Bunnell, 2014）。曾经"全球北部"是国际学校的主要聚集地，现在"全球南部"开始成为主导力量（Poole, 2020a）。

在中国，由于就读传统国际学校的学生必须持有非中国的护照，非传统国际学校的兴起在中国就表现得尤为明显。根据 ISC（2019）的数据，中国目前有 563 所该类学校，大约有 24.5 万名在校生。Keeling（2019）更指出这类学校占中国所有国际学校的三分之二（即约 600 所）。这些学校变得更受欢迎也可以归功于越来越多的中产阶层，他们认为国际化学校更能保证他们的孩子进入海外大学（Hayden, 2006）。

中国的国际学校版图呈现复杂和碎片化的特点（Woods & Kong, 2020）。在中国的背景下，非传统国际学校有各种各样的名称，如"中国国际私立双语学校"（international Chinese private bilingual schools）（Gaskell, 2019），"中资国际私立学校"（international Chinese-owned private schools）（ISC, 2020），"非排外国际学校"（non-exclusive international schools）（Young, 2018），"非顶级的国际学校"（non-premium international schools）（Bunnell, 2019）和"中国国际化学校"（Chinese internationalised schools）（Poole, 2019）。一些所谓的"卫星"学校的出现使得国际学校的分类变得更复杂化了。"卫星"学校指的是英国著名私立学校的海外特许分校，其数量在不断增加（Bunnell, 2020: 5）。除了 Bunnell 在他的文章中提到的一些英国的学校，美国和加拿大的学校也是受本土中产家庭欢迎的选择（Wang, 2017）。

在承认中国国际化学校版图的异质性的同时，本文的研究重点是中国国际化学校（以下简称 CIS）。CIS 通常将中国课标课程与某种形式的国际课程融合在一起，如国际文凭大学预科课程（International Baccalaureate Diploma Programme，IBDP）（Poole, 2020b）。在义务教育阶段，必须全覆盖课标课程，如历史、地理、数学（Gaskell, 2019）。在高中阶段，学生过渡到国际普通中等教育证书（IGCSE）课程，并在高三参加 A-level 或 IBDP 课程。由于学生必须学习课标课程，课程的总体设置通常无法给学生留足够的时间准备国际考试（Gaskell, 2019）。在我们的研究中，老师们也谈到了这一点，特别是学生们缺乏充足的时间来提高他们的英语。这类学校的教师队伍由中国本国教师（Gaskell, 2019）和外籍人士（40%）组成。

迄今为止，对中国国际教育的研究主要集中在一线大城市，如上海（Blatti et al., 2019; Poole, 2017, 2020a）、苏州（Kong et al., 2022）、香港（Wright & Lee, 2014）和北京（Young, 2018）。这些城市或地区的国际学校通常能够得到国际文凭组织（IBO）或剑桥考试的认可，因此也被与"优质"学校画上等号（Bunnell, 2019）。然而，正如Bunnell（2019）所观察到的，二三线城市依然存在着一些有着较大发展空间的国际学校。有别于顶尖的私立国际学校，这些学校为在中国本土教育体系中遇到学业困难或在激烈竞争中（Waters, 2007）艰难生存的学生提供"庇护所"（Kostogriz & Bonar, 2019）。因为这些学校的入校门槛较低（Young, 2018），学生从本土学校环境转学到国际化学校体系是一件相对轻松的事情。然而，对于家长来说，放弃本土学校环境转投国际学校大多是因为他们想寻求更高质量的教育服务，他们的这种期待在不知不觉中营造了一个高压的环境。本文后面将会提到，家长的期望加剧了教师面临的窘境。

本研究采用个案研究方法，聚焦了中国国际化学校的一个子集，即"非顶级"的中国国际化学校，该学校位于中国东部，在本文中化名为华南国际化学校（简称SCIS）。为了向学者和关心国际学校发展的人士展示与解读位于非核心城市区域的国际学校所面临的困境（以及该困境如何在疫情影响下进一步加剧），我们访谈了该校校长和15名教师。本文表明，疫情不仅影响了位于非核心城市区域国际学校的招生人数和招生收入，还影响了其招生质量，造成了教师职业认同感的降低。本研究发现，教师们发现自己处于一种矛盾的境地：一方面，教师的压力来自于他们必须让学生在考试中取得更好成绩，从而巩固学校的声誉（因为该校建校时间不长，尚处于建立学校威信和声誉的阶段）；另一方面，由于疫情影响，学校被迫降低了入学要求，在老师看来，这导致学校招收了一群不具备足够英语语言"基础"和学科知识"基础"的学生。"基础"一词在访谈中反复出现，教师用这个概念来比喻学生语言、学科知识能力水平和动机表现，这些"基础"限制了教师实施部分教学的策略与方法。

二、研究背景

（一）中国国际化学校的地理分布

近期的 ISC 研究（2020 年）表明，在中国有 857 所国际学校，其中 563 所是中资国际私立学校，或前文所述的"中国国际化学校"。大多数中国国际化学校位于中国的一线城市，尤其是东部沿海地区。根据 Gaskell（2019）引用的 ISC 研究数据，可以看出国际学校最多的城市和数量：上海（169 所）、北京（141 所）、深圳（55 所）、广州（47 所）和成都（27 所）。与此同时，中国国际化学校越来越多地出现在二线城市（Keeling, 2019）。根据一家全球管理咨询公司 LEK（Abdo et al., 2018）撰写的报告，有 11 亿中国人生活在一线城市以外，提供了一个约有 1.65 亿富裕消费者的潜在市场。从前，鲜有中国国际化学校关注这一市场群体，但根据 ISC 的研究结果和 Keeling 的观察，这一趋势似乎正开始逆转，越来越多的中国国际化学校将非一线城市的中产家庭作为目标消费群体。因此我们可以将本个案研究中关注的国际学校——放置在该社会发展背景下进行解读，分析国际化教育如何在服务中国一线城市以外，且日益壮大的中产家庭中蓬勃发展。

（二）研究场所

华南国际学校（SCIS）是一所"典型的私立学校"（Jean），距离中国东部的一个县级市（化名长江镇）大约三个小时的车程。虽然长江镇在行政划分上被列为市级城市，但其城市核心建筑面积远不及其乡土面积。接受访谈的老师形容这座校园"很美"，但它偏远的位置是个问题，比如老师们会说：

它几乎在"乡下"。

离市中心很远。（Angela）

学校离城市有点远，所以我们远离一切。

即使只是去超市，你也要开 20 分钟的车。（Kelly）

本文中探讨的许多问题都可以归因于学校较为偏远的地理位置，以及学校所处的建校起步阶段（学校从 2018 年开始对外招生）。

SCIS 与当地的公立学校关系较为复杂。一方面，该校独立于当地公立学校，该学校的学生遵循不同的课程体系（由剑桥国际考试提供）。另一方面，用校长的话来说，SCIS 是在当地学校的支持下建立的，由当地学校提供基础设施和住宿等硬件支持。SCIS 与其他本地校的关系并不总是和谐的。一位名叫 Patrick 的老师认为："我觉得当地学校觉得我们的学校或学生都不如他们，而且他们毫不避讳这种想法。"

SCIS 主要由某教育集团管理，该集团致力于 K-12 教育的国际化，主要从事学校运营、课程设计和实施、教师发展的评估与研究。该教育集团下属多个与 SCIS 类似的剑桥课程中心（学校授权提供剑桥考试，如 IGCSE 和 A-level）。本研究是该集团开展的剑桥课程中心利益相关者专业发展需求的一个子项目。

2018 年开学时，SCIS 只有 28 名学生，但由于缺乏纪律管理规范，它很快遇到了困难。建校三个月后，第一位校长（一位外籍人士）被 John 校长取代。John 校长迅速建立了明确的纪律规则，颁布了学生手册，概述了学生行为准则。由于这些严格的规定，一些早期入学的学生离开了学校，最初的 28 位只留下了 13 人。然而，我们在研究中发现，纪律始终是个问题，许多学生在课堂上睡觉或拒绝交作业。

第二年（2019 年），该校获得了当地学校的支持协助，招收了更多的学生。当年有 60 名学生报名，但为了保持学校的基本生源质量，学校只招收了其中的 32 名学生。然而，由于疫情的影响，SCIS 在接下来的 2020 年未能保持同样的招生势头。再加上学校的规模和地理位置，招收学生变得很困难。许多在 SCIS 报了名的学生最终还是转去了当地的高中。尽管如此，学校还是招收了 33 名学生。然而，学生的质量远低于学校的预期。对此，教学主任的解释是："今年，由于疫情等无法控制的国际形势变化，新生的数量和质量都有所下降。国内到处都是这样"。另一位老师 Sally 说，"我们能招到的学生如果只凭成绩，什么学校也进不去。他们连 prize（奖品）这样最基本的英文单词都不会拼。"

在本研究收集数据的时候，学校共有 73 名学生，分为 5 个班：10 年级两个班（30 名学生），11 年级两个班（30 名学生），12 年级一个班（13 名学生）。教师 15 人，行政人员 7 人。15 名教师中，外籍教师 4 名。据校长说，所有的中国教师都能使用中英双语上课。但我们在收集数据时发现，大多数的中国教师依然以普通话作为主要教学语言。

三、研究方法

个案研究方法可以使研究者更好地关注一所学校的教师，探寻事件、人际关系和其他因素间真实、动态的交互作用（Cohen et al., 2011）。对于 Creswell（1994）来说，个案研究指相对封闭系统中的单一实例，如学校或班级。然而，其他学者（如 Yin, 2009）认为，现象及其背景之间的边界不是那么明确，个案研究需要将案例置于一个社会背景中，以探索真实的深度。本文选择了 Yin（2009）提出的研究方法，因为我们关注的是探索社会、历史、地理背景（包括疫情、非一线城市地理位置）如何塑造教师为中国学生的国际课程进行教学设计。

为了招募足够多的参与者以提高本研究的信度和深度，我们采用了"滚雪球"式的采样方法。我们最初联系了学校的校长，他帮我们招募了一些可以参加访谈的老师。最终，我们采访了 15 名学科教师（包括学术主任和学校辅导员），以及学校校长。受访的 15 名学科教师中，有 4 名是外籍教师。大多数教师没有正式的教学资格证书，但他们都拥有教育或学科相关的研究生学历，如硕士学位（其中一名外籍教师拥有博士学位），或曾在海外学习。有关受访者的个人信息概述见表 1。所有的受访者都口头表达了参与本研究的知情同意，并收到了一份项目简介和数据使用说明。

表 1 受访者详情

国籍	名字 [1]
中国籍老师	Alvin, Angela, Avril, Franny, Jean, Laura, Lily, Mike, Patricia, Rosanna, Sally, Terry
外籍教师 [2]	Derick, Harry, Kelly, Patrick

由于我们的重点是了解教师对学校与学生的看法，因此访谈被认为是最适合的数据收集方法。访谈可为我们收集"翔实"的数据（Lincoln & Guba, 1985），有助于将我们的研究普及到有类似情况的其他中国国际化学校中去。受现象学将访谈分为不同阶段的启发（Seidman, 2013），我们将访谈分为三个部分。第一部分阐明参与者的背景信息，例如他们是如何成为教师，他们到该校任教的动机，以及他们对学校和学生的看法。这部分信息为我们分析后面两个阶段的访谈内容提供了背景知识。第二部分探讨了参与者在该校的教学经历，主要了解他们对教学策略的认知与使用。访谈的最后一部分要求受访者谈谈他们的职业发展经历，以及他们希望在未来获得何种职业发展支持。该部分的访谈基于教师的需求构建了一个面向未来职业发展的愿景及途径规划。受访学校支持我们向老师们进行调研，不仅是为了评估和诊断问题，更是帮助老师们改善现状，获得更好的职业发展。我们希望以访谈作为起点，研究如何采取干预和治理措施，并在后期的子课题中陆续评估及报告这些干预措施的效果。

由于研究人员（位于北京）与受访教师（位于中国南方某城市）相隔距离较远，访谈通过微信实时语音和视频进行。由于微信不允许用户通过应用程序录制音频，我们使用电脑或手机上的录音软件来录制教师访谈。每位教师访谈时长为 40—50 分钟，使用的主要语言为英语，也可以使用中文。实际操作中，除了两个访谈个案外，所有访谈都用英语进行。在数据分析开始前，两次中文访谈都被译成了英语。访谈的转录文本均已发送给访谈参与者进行核对。核对过程不仅可以加强文本转录的准确性，而

---

1. 表中所有名字均为化名，其中 Alvin, Avril, Franny 和 Patricia 四名受访者信息未在本文引用。

2. 为确保匿名性，受访教师的原籍国被隐去。

且通过授予受访者对研究过程的部分所有权，有助于增强研究的伦理规范（Harvey, 2015; Poole, 2020b）。

数据分析采用的是主题分析法。主题分析方法包括识别、分析、组织、描述和报告在数据集中发现的主题（Braun & Clarke, 2006）。由于主题分析可以帮助我们解读丰富、详细而复杂的数据（Braun & Clarke, 2006），因此适用于本研究——了解在一所新建成的中国国际化学校中教师的努力与挣扎存在于哪些方面。

数据分析的第一阶段为熟悉数据。研究团队成员仔细阅读访谈转写文本，回顾现场笔记，彼此分享访谈经历。第二阶段为生成初始代码。为了创建 Nowell 等人（2017）所建议的"编码框架"，团队成员分头分析了同样的三份访谈样本，对教师的需求、教学策略和困境等主题进行编码。随后，几位研究者分享编码准则，并在比较各自生成的编码框架后提炼代码，生成公用的数据分析模板。第三阶段，研究团队使用该数据分析模板（即代码列表：语言学的、学术的、动机性的和教育学的）分析其他访谈转写文本，并在周例会上分享研究发现。对一些代码列表尚未涉及到的新主题我们会进行讨论。为有效管理访谈文本的编码过程，研究团队使用在线互动文档创建了一个交互式文档以记录该阶段数据分析的编码与分析。在该交互文档中，被编码的相关访谈转写内容被拷贝到相关代码所在的列。如果出现了未能编码的访谈内容，研究者即在交互文档中创建一个新的编码标题，并将相应的访谈数据与其对应。通过这种方式，数据的完整性得以保证，同时也能相对容易地访问和检索数据。访谈数据编码与分析后，最初的代码压缩并分解成两个主要的主题关键词：基础（涉及语言、学术、动机和教学等层面）和挑战（有关父母的期望和时间）。

四、研究发现

分析教师访谈数据，研究团队发现教师提到的"基础"这一主题主要涉及四个层面：语言、学术、动机和教学策略。需要指出的是，其中一些类别是相互关联的，例如语言基础和学术基础。但是因为在访谈中，教师们将它们单独看待，为了忠实于教师们的感知，本文将分别汇报这两个层面。

（一）语言基础

语言基础指的是学生的英语语言水平，而这一水平被教师普遍描述为"薄弱"。许多老师用雅思分数来描述学生的语言能力。雅思是一项针对英语为非母语人士的国际标准化英语语言能力测试，也是海外大学入学要求的语言能力证明之一。例如，Patrick老师估计很多该校学生的英语水平在雅思3.5分左右。Terry老师也有类似的判断，他估计"另一部分学生只能达到3.5或4.5分"。Kelly老师说"我们10年级一班的雅思平均分是4.5分，二班的是3.5分"。根据国际标准欧洲共同语言参考标准（CEFR）对语言能力的描述（A1级别为初学者到C2级别为掌握一门语言），雅思3.5—4.5分相当于该标准的A2级（基础阶段使用者），该级别认定语言使用者能够简单地描述自己的背景、当前环境和眼下需要讨论的事由（Council of Europe, 2020）。然而，剑桥国际普通中等教育证书（IGCSE）课程针对的是B2阶段学生（独立语言使用者，雅思约5.5—6.5分）。在该阶段，学生需要能够理解具体和抽象主题的复杂文本及其主要思想，并就广泛的主题写出清晰、详细的作文（Council of Europe, 2020）。这也就说明，根据老师的判断，该学校的学生在刚入校时不具备进入IGCSE所必需的英语技能。

然而，学生通过在校期间的学习，可以获得语言能力的进步。例如，Jean老师很自豪地观察到她的学生近一年来的进步：

> 我现在教12年级，我的学生们在11年级我刚刚来这里的时候英语水平基本上是雅思4.5到5分的水平，他们现在的平均分是5.5分，有些学生可以达到6.5分。所以真的很好。（Jean）

学生能达到雅思平均5.5分则接近IGCSE所要求的语言水平。Jean老师和其他受访教师对学生语言基础评估出现差异可能是她只关注一个班级——她从11年级到12年级只教了一个班的学生，因此能够看到他们的进步。Jean 的回答也表明，学生们能够取得进步，但是需要一段较长的时间。Sally 老师在她的访谈中也提到："正是这些点滴的成功和成就感引领着学生们前进。所以，你必须让他们觉得他们有能力学习，有能力前进"。然而，对于大多数学生来说，提高是件很难实现的事，因为他们忙于应付课程过高的要求。

我们可以分析出不少相互关联的因素可以解释为什么学生的英语如此薄弱。首先，学校的招生受到疫情影响，很多实力较强的学生放弃了出国留学的计划，选择了本地的公立学校：

> 这对我们来说很艰难，因为疫情不仅影响了学生，也影响了招生。有些家长想把他们的孩子送到国外，但是他们会想："不，我不能这么做，外面不安全，因为海外疫情严重。"像我们这里小城市的父母更会这么想。（Laura）

Patrick 的表达更直白："在这样一个小城市，'乞丐'不能挑肥拣瘦"。与此同时，一些教师反思当地教育系统未能为学生提供在国际化学校取得学业成功所必需的英语语言基础：

> 我想这只是当地环境的问题。长江镇的教育体系没有在学生们还上小学和中学的时候就为他们设置一个足够的英语环境，这是无可奈何的事。（Laura）

Laura 认为，学生缺乏英语语言基础不是他们的错，而是由基础教育阶段英语课程培养目标与 IGCSE 的语言能力要求不一致导致的。国内英语课程对阅读训练的重视可以帮助学生们准备高考，但是不能为学生提供比高考更高级别的 IGCSE 所需的语言储备。

学生缺乏坚实的英语基础造成了一系列的连锁反应，导致学生发展出现问题。下文中，我们将继续探讨在学术上、教学法上及动机层面所产生的影响。

（二）学术基础

学生英语基础的不足严重地影响了他们的学习成绩，使他们很难理解学科内容。以下两段访谈片段说明了这一点：

> 即使学生能理解你的意思，他们也不知道怎么把他们理解的写下来，但在 A-level 课程中，你必须运用英语梳理知识，完成作文或论文写作。学生们的词汇量限制了他们完成英语写作任务。（Terry）

> 如果他们的英语不是很好，就会有很多东西学不到。很多数学或物理知识对他们来说就会非常难。与北京、南京等地的学生相比，他们的英语水平要低得多，所以我们的老师教他们比较困难。（Laura）

再一次，学校校址的地理位置被认为是解释学生能力不足的一个重要因素。受访者认为来自北京、南京等大城市的学生具有优势，因为他们有机会获得更好的教育资源。

（三）动机

缺乏坚实的英语基础对学生的情绪和动机也会产生严重的反作用。Patrick 老师在他的访谈中用"严重削弱"一词来表达该负面影响。这一点也得到了其他老师的证实，比如 Kelly 老师，她观察到她的学生：

> 睡觉，完全不参与课堂。老师总是把问题归咎到学生身上，认为"他们得自律，学习要靠他们自己的动力，他们太懒了"。但也得试着想想：如果你处于类似的情况下，比如你在西班牙上西班牙语教授的各种学科，课上你什么都听不懂，也没人会花时间给你提供配套练习，你也不能跟坐在你旁边的人问一问来帮助你理解老师在讲什么。

Kelly 老师的上述观察意义重大，原因如下：她不仅捕捉了学生们的整体情绪，而且对他们的困境报以同理心。她没有责备学生，而是努力去理解他们。她明白学生用非母语来学习学科知识需要额外的鼓励，而且从 Kelly 的角度来看，许多课程并没有给学生提供主动学习的机会。当她说"没人会花时间给你提供配套练习"，是在暗示需要为学生创造主动学习的机会。但是后面我们会说到，实施以学生为中心的课堂活动，培养学生的课堂参与性，并不是一件容易的事情。

学生缺乏学习动力的另一个原因是 IGCSE 课程取消了对于"英语作为第二语言"（ESL）这门课的认证：

> 当我在另一所国际学校工作的时候，英国的大学仍然接受 IGCSE 成绩来代替雅思，所以一些学生会非常努力地去学习。但是现在，大多数大学只接受雅思，所以很多学生不想参加 IGCSE 考试了。（Jean）

许多教师指出，学生缺乏努力学习的动力。只有受到一些外因的驱动，比如参加重要的考试，他们才会有动力学习。如今，IGCSE 考试不再是重要的考试之一，这种"降级"的结果是，学生本应该在 IGCSE 课程中取得的技能，例如推理和文体学习，都无法在课程中得到充分的练习，因为学生们觉得既然考试不重要，这些学习内容也变得不那么重要了。相反，他们把更多的精力放在了雅思课程上，因为这对他们的大学申请至关重要。另一个困难是，学生们觉得他们在 IGCSE 英语课中学到的语言技能无法迁移到他们的雅思考试中：

> 一些学生不重视英语，因为英语课没有什么实在的产出物能帮他们申请上大学，他们不认为学校的英语课和他们准备的雅思考试有什么联系，这让我很苦恼。（Diff）[1]

---

1. 这条访谈摘自另一所剑桥国际学校在职的外籍教师的访谈。

学生家庭的社会背景（中产阶层）也在某种程度上影响了他们对学习的态度，Derick 老师解释说，许多学生没有学习的动力，因为"他们要么已经成功了，要么看不到任何理由继续前进或更努力。有些学生在情感上已经放弃了"。Terry 老师举了一个 10 年级学生的例子，用他自己的话来说，这个学生试图"收买"他：

> 有一个 10 年级的新生，在微信上发了图片，她说她现在有一个亿，作为一个孩子，她可以做任何她想做的事。她觉得她可以收买我，她说她会给我一百万元让我允许她做任何她想做的事。这里的很多学生的想法和行为都打破了我的想象力。

学生们懒散的学习态度和对老师有些不敬的态度也可能归咎于家庭教育的缺失。一位老师猜测说：

> 学生们淘气是因为他们都来自于小城市。他们的父母可能没有接受过很多教育，因此这些孩子的家庭教育基础也比较低。（Angela）

Angela 的观察巧妙地说明了此类学生和家长在中产阶层中的不稳定性。虽然他们拥有相当的经济实力，但不一定拥有象征中产阶层的高学历水平。这些家长希望通过把孩子送到国际学校和海外大学来改变这种情况。Young（2018）用"不稳定"来形容新兴的中产家庭进入中产阶层社会划分时的状态。当这些新兴中产阶层还没有站稳脚跟的时候，国际教育成为这类父母巩固和推进社会阶级跃迁的策略。对于一些国内的中产父母来说，原本自己的孩子很难有机会出国读书，现在因疫情的影响不少更优秀的孩子放弃了出国留学的计划，他们的孩子反倒有机会了。

（四）教学策略

学生英语水平的缺乏还限制了教师可以采用的教学策略种类。例如，

Derick 热衷于使用多样的教学方法，但由于学生英语水平不高，他感到很拘束：

> 因为我们这里学生的英语基础不是很好，实施以学生为中心的教学策略，让学生"主导"课堂，让他们回答问题，效果并不好。

另一位教师 Rosanna 也表达了和 Derick 一样的反思：

> 这就是为什么我认为让他们参与一些活动会非常困难的原因，因为他们听不懂，他们不能说出任何有价值的信息。或许他们有一些想法，但因为很难翻译成英语，或者因为没有足够的信心表达自己（而放弃了）。这都使得我们的课堂教学变得艰难。（Rosanna）

尽管以学生为中心的教学法通常被认为可以有效地培养更高层次的思维能力，但因为课堂时间限制，一些教师不得不选择放弃这种教学法而更多地使用以教师为中心的方法教学：

> 我有点"一言堂"，但那是因为我的教学时间有限。学校要求我在 12 个月内完成 IGCSE 课程，而在英国，IGCSE 课程需要两年的时间。所以我不太能以学生为中心，我也写不完他们的学习报告。（Terry）

以学生为中心的活动也难以实施，因为这些活动经常会导致纪律问题和课堂管理方面的问题：

> 我试着以学生为中心，但他们有时会失去控制或对英语失去兴趣，尤其是在阅读和听力这类语言输入的课堂上，很难让他们成为中心。（Rosanna）

由于教师既需要管理学生，还需要确保完成教学进度，他们只能严重依赖以教师为中心的教学方法，主要是老师在台上讲，然后让学生做笔记。我们对教师访谈数据的分析表明，与其说教师没有掌握足够的教学法知识，不如说是他们是被迫使用单一的教学策略来应对学生因为英语能力不足而导致的难以融入课堂的问题。我们在访谈中发现，大多数教师掌握不少有关教学方法的知识和技能，只是他们不确定在当下的教学环境中什么时候才能用得到这些教学法。

尽管困难重重，教师们还是制定了一些策略来应对学生英语水平的不足：

> 我把我的课基本上成了英语作为第二语言课程。比如我要教如何在句子中使用这些（学科）词。我把学生们带到实验室，给他们看一件设备，然后就像教我四岁半的女儿一样，问学生们："好吧，这是什么？一个量筒"。（Patrick）

Harry 老师试图通过"制作一份学科用词定义表"来帮助学生积累学科词汇，但他觉得这并不够，因为学生们还没有坚实的语言"基础"，他说"学生们需要有足够的语言基础来提升学科学习"。外籍教师想帮助学生积累新词汇的方法虽然用意良好，但因为学生本身缺乏语言基础，这些方法反而难以调动学生的学习积极性。正如 Sally 老师所指出的，这些学生已经"习惯了失败"。当学生已经习惯了学不好，老师再将他们视为"不完整的"国际学生[1]，有可能会强化学生接受自己的"不优秀"。尽管教师们必须在解决学生学习问题和理解学生处境之间找到平衡，但事实上很难做到。第一个挑战就此产生：教师需要并希望把学生视为成熟和独立的学习者，但这种情况妨碍了教师对学生们的实际情况报以足够的同理心。

与外籍教师相比，中国教师更具优势，因为他们可以用汉语来讲解英语词汇和学科概念：

---

1. 不具备进入剑桥课程所需的语言、文化和学术基础的学生。

我想说的是，应该给学生们一个更容易的学习英语的办法。如果我让一个外国人学中文，你会说它真的很难，对吧？这是因为没有人说中英两种语言有相似之处。我帮助我的学生优先建立一个英语语言的大致结构，如果他们不知道如何说一个具体的英文单词，我就会让他们先用中文说。（Jean）

大约三分之二的学生能听懂我在课堂上介绍的内容，另外三分之一听不懂。我大多数时候用中文讲知识点，这样所有的学生都能更好地理解我。（Rosanna）

与外籍教师相比，中国教师处于明显有利的情况，因为他们能用学生的母语来讲解语言知识和学科概念。和外籍教师如 Harry 和 Patrick 采用的有限教学策略相比，中国教师能够更容易利用学生的汉语能力教授学科知识。但是，对汉语的过度依赖限制了学生听英语和使用英语的机会，正如 Patrick 指出的，他观察到学生接触英语的时间"限制在一天一节或两节课，因为基本上，中国老师大都用中文教授学科内容"。新的挑战产生了：学生需要用英语来学习学科知识，但受到语言能力限制，学生只能先用中文来进行学习，这反过来又限制了他们英语能力的提升。

（五）其他挑战

上文中讨论的问题揭示了部分学生和教师在"基础"层面上面临的挑战。譬如，为了培养坚实的语言基础，学生需要沉浸于英语学习环境中。然而，由于学生欠缺基本的英语基础，教师不得不大量依赖学生的母语，使用以教师为中心的教学方法，以帮助学生们理解课程内容。听到老师们描述他们都尽了最大的努力，使得我们更想知道，如果是更有经验的老师是否能够处理这种矛盾。

另一个挑战与学校认定的"学校首要任务"（Bunnell, 2016）有关，即学生取得优异的考试成绩，学校得以生存与发展。例如，为了达到招生目标并保持盈利，学校不得不招入一些未达到入学要求的学生。这种情况在非传统的国际学校中尤为凸显，因为这类学校以营利为目的（Hayden，2006）。在中国迅速扩张并且竞争激烈的国际化学校市场中寻求利润和质量之间的平衡十分困难（Gaskell，2019）。对于像 SCIS 这样位于北京和上海这样的城市中心之外、且具备"补习"性质的国际化学校来说，寻求这种平衡更加困难，因为这类学校很难招到高质量的学生和教师。2020 年开始的疫情加剧了这一情况。许多符合学校入学要求的潜在学生选择放弃出国留学，升入当地的公立学校完成学业。

最后一个挑战与在中国国际化学校学习所期待的学习成就有关。为了保证学生能被西方一流大学录取，学校必须在短时间内提高学生的学术和语言能力。然而，学生的父母显然不认为这是一件难事。Patrick 老师很好地总结了这一"怪现象"："（家长）是在告诉我，我成绩最差的学生上不了中国排名前 700 位的大学，但他们可以上哈佛。"这些父母"不切实际"的期望或许来源于他们作为新兴中产的不稳定性。这些父母希望通过他们独生子女的教育成果来巩固他们作为中产家庭的地位。父母在孩子们未来的成功上下了很大的赌注。这种情况并非 SCIS 所独有，而是在国内普遍存在的现象（Hu & Hagedorn，2014）。家长对学校的期望很高，希望学校能确保他们的孩子进入好的海外大学。但与此同时，取得成功的条件严重不足，这些学生就连最基本的语言基础都尚未达成。加上疫情的影响，这些矛盾和挑战都使学校、教师和学生处于一个岌岌可危的境地。

五、研究启示

虽然没有"灵丹妙药"可以迅速解决 SCIS 此类学校所面临的矛盾与挑战，但通过教师专业发展巩固语言与学科教学基础，可以成为帮助学校和教师走出困境的一个关键的、很好的起点。下文中我们探讨的解决方案绝不仅限于 SCIS，它们同样适用于中国的国际化学校和其他国家的非传统国际学校。这些学校都面临着营利压力，因此可能会遇到同样的平衡质量与利润的问题。为了满足学校的需求，笔者建议实施自上而下和自下而上的教师专业发展计划。

（一）建立教学法基础

第一个解决方案与学生的英语水平有关。虽然访谈中教师表示他们试图整合学科内容教学和语言教学，但这些努力很大程度上是临时性的，不成体系。同时，教师的专业发展主要集中在发展和深化对剑桥课程的理解上。为了更好地帮助教师，可以向他们提供基于"内容与语言整合式学习"（Content and Language Integrated Learning，以下简称 CLIL）的自上而下的教学方法培训。

CLIL 注重学科内容与语言学习的融合，而不是单纯强调学习语言本身（Sepešiová, 2015）。CLIL 由四个核心原则组成，也被称为"4C 框架"，分别代表内容（content）、交际（communication）、认知（cognition）和文化（culture）。在备课 CLIL 课堂时应该考虑同时包含这些原则。比如，"内容"与学科知识相关，如"对知识、技能和理解与学习相关"的主题（Coyle, 2005）。"交际"则可以看作是语言学习的最终目的，因此，在 CLIL 教学过程中，交际是不可忽视的。此外，CLIL 课堂鼓励更多的师生互动，而不是教师的"一言堂"。CLIL 课堂不只是简单地传授学科内容和语言知识，它还涉及批判性思维技能和更高层次的思维技能的培养。此外，"文化"是 CLIL 教学法的一个关键原则，通过它，学习者可以在真实和有意义的语境中学习语言。这种文化空间也能帮助教师重构学生的基础，帮助教师调整视角，不仅仅把学生看作是"不完整的"国际学生。文化共情还可以促进学习者对未知知识的探索，培养学生的文化意识（Sepešiová, 2015）。

将"4C 框架"纳入教学实践中，可以缓解英语语言和学科知识层面的师生矛盾。CLIL 教学法可以满足英语语言学习在输入和输出两方面的需要，提高学生在学习学科内容时所需要的听、说、读、写技能。更重要的是，CLIL 教学法非常重视交际，这与第二语言习得的教学理念不谋而合。鼓励学生与同伴交流，将有助于提升他们的自信和主动使用英语的意愿。正如访谈中有教师提到的，学生们缺乏学习动力是因为他们不相信自己能取得成功。因此，CLIL 某种程度上有助于夯实学生学习动机层面的基础。

虽然我们很普遍地把国际学校里每个老师都看作是语言老师，但是在

SCIS 任教的教师大多不认同他们的工作内容是教英语（ESL 课程）。正如 Kelly 老师强调的那样，他们认为教英语是英语老师的责任，其他学科教师要按他们的教学大纲进行教学。因此进行 CLIL 教学法的培训需要考虑到如何满足学科教师的教师身份认同，这可能是实施 CLIL 培训的难点之一。本文笔者认为，剑桥国际教师专业发展课程（以下简称 PDQs）可以在一定程度上帮助缓解教师对于进行语言教学的抵触心理。PDQs 课程注重培养教师的创新能力和反思性实践，并鼓励教师参与批判性思考。该课程共设三个学习模块，分别为"探索学习和教学""探讨实践中的教与学"，以及"探讨教师反思和研究型教学"。剑桥的 PDQs 的课程框架灵活，可以嵌入 CLIL 相关的教师专业发展定制培训。此外，除了提供包括 CLIL 教学法在内的教师专业发展培训课程，我们还建议为教师提供额外培训课程来培养他们的反思能力，这些课程也可以纳入 PDQ 框架，帮助教师更好地成长。

（二）建立教师专业学习社区

为了满足教师积累教学策略相关知识及教学资本储备（Munro, 2007），SCIS（以及其他附属学校）可以依托其与剑桥体系下其他国际学校的合作关系，构建教师发展共同体，吸收和发展教师的集体经验与智慧。迄今为止，SCIS 参与过的共同体活动仅限于几次教师专业发展研讨会。这些研讨会大多只提供被动的、以培训师为中心的学习环境，受训教师的互动和参与机会十分有限（Bedford, 2019）。学校老师需要的是一些更有规律和可持续的教师发展机会，以帮助教师学以致用。建立一个教师专业学习社区（Professional Learning Community）可以有效地帮助教师发展其教学知识。许多受访教师提出了建设与参加教师专业学习社区的想法，他们表示希望与其他附属学校教授同样课程的教师建立合作与联系。Mike 老师总结了教师们跨校建立教师专业学习社区的需求：

> 我认为学校可以根据科目组成小组，分享教学材料及经验，甚至是他们的大纲安排。将剑桥所有学校的教师按学科串联起来建立一个系统，在我看来是很有帮助的。（Mike）

"专业学习社区"旨在为具有相似教学目标和教学环境的教师建立一个相互信任的专业学习社群。与普遍的、范化的专业发展活动形式（如讲座、培训和听评课，或其他由学校领导和学科专家提供的自上而下的指导）不同的是，教师专业学习社区靠教师自我引导和自我维护。它鼓励教师在被动地吸取教学法知识的同时，根据自己独特的专业知识和经验进行知识产出和分享（Sullivan et al., 2018）。Bullough（2007）同时认为，一个教师专业学习社区为教师提供了平台进行资源共享，讨论大家共同面临的挑战，并建立社交关系。教师专业学习社区对于学校来说不可或缺，因为它帮助建立了员工之间的归属感和引导大家发现共同努力的方向（Bullough, 2007）。此外，大量关于教师专业学习社区的研究证明了其在提高学生学习成绩方面的有效性（Rosenholtz, 1989; Lee & Smith, 1996; Louis & Marks, 1998; Wiley, 2001）。

剑桥体系的国际学校（或其他遵循相同课程设置的学校团体）的集体经验对指导教师专业学习社区的建立有很强的指导意义。但是由于剑桥体系的国际学校分散在全国各地，实施校际合作有一定的困难。然而，近期关于线上教师专业发展的研究（Bedford, 2019）表明，"虚拟专业学习社群"（Virtual Professional Learning Community）的数字化平台可以帮助教师跨越时间和空间局限，聚在一起实现他们在专业发展学习方面的需求。即时通信和协同工作软件（如钉钉）可以助力虚拟专业学习社群的搭建。钉钉是一个支持在线协作的办公软件，允许用户在个人电脑和手机上进行交互，该软件的"圈子"功能有助于此类虚拟专业学习社区的搭建。这个软件的另一个优点是它可以轻松嵌入到公司的办公自动化（OA）系统中，从而简化该社区的运行。但是，在公司的 OA 系统中嵌入虚拟专业学习社区并不是没有问题。我们本来的目标是创建一个由教师自主运营的、自下而上的专业社区，但是将该社区嵌入学校正式的网络办公空间可能将这个社区置于学校领导层的监管之下，影响其"自下而上"的特质。

另一种建立虚拟专业学习社区的数据工具是社交软件微信。该应用程序可以通过聊天组功能促进对话和资源共享，该功能允许群主邀请个人加入聊天组中。每组都可配有资质的教师专业发展研究人员来发起有关学科教学内容的话题，鼓励教师进行资源分享，包括教学计划、教学方法等，丰富教师的教学知识储备。为了与教师专业学习社群鼓励的"自下而上"的特质保持一致，本文笔者更倾向于使用微信，因为它更日常化，更易于使用，更容易嵌入到教师的日常数字生活习惯中。Bedford（2019: 122）指出，"社交媒体作为教师专业学习的平台，和正式的专业发展课程相比，更能缓解授课时所要面临的挑战"。然而，使用微信的一个潜在缺陷是，它可能会将核心教育资源暴露给第三方，从而危及学校和公司的知识产权。所以需要从一开始就建立明确的微信社群的使用规范。

无论使用哪款软件和工具，教师的教育资源和经验都可以在全国范围内不受时空限制进行共享。同时也可以根据教师的需求，按组、按模块话题等进行分解，以此激发和激励不同学校的教师之间的交流和协作，最终增强教师持续追求专业发展目标的信心。本课题下一阶段将建立一个教师专业学习社区，并在大约2—3个月后通过访谈教师和学生来评估其影响与价值。

六、结论

国际教育研究中的主要研究对象常常是优质国际学校，或是位于像北京、上海这样大城市里的精英学校。本文所探索的受地域等各方面因素影响的中国国际化学校，可以填补该领域的文献空白（Bunnell, 2019）。我们的研究以更人性化的视角描绘了这所学校所面临的挑战（Bunnell, 2019）。我们的访谈数据表明，学校里的老师已经竭尽全力想要做到最好，但他们的努力受一些客观原因引起的问题（由学生家长期望、教学时间不足、学校盈利目标等引起的矛盾）所影响。通过展示这所学校如何为学生提供在中国教育体系中取得进步的机会，我们的研究补充了 Young（2018）关于此类中国国际化学校的研究。我们的研究还通过分析教师和学生因学校地理位置而面临的一系列困难，拓展了中国国际化学校研究的新思路，勾画了未来的研究方向，提供了两种可以解决某些教师困惑的专业发展干预措施（提供 CLIL 教学法培训和建立虚拟教师专业学习社群）。

虽然本文关注的是中国国际化学校的一个子集，但研究结果和解决方案同样适用于其他背景下的学校。到目前为止，疫情对国际学校的影响尚未得到充分研究。本文的研究结论说明，以中国国际化学校为代表的国际学校盈利模式受到了疫情的影响，使得本身就位于不利地理位置的学校面临更大的招生挑战。世界各地的学校都处于一个需要适应当下环境的阶段。只有学校的根基足够牢固，才能既保证学校的运行和长足发展，也能使得在当下环境的适应能力得以发展。从这个意义上说，学校需要把眼光放得长远，不能仅仅关注眼前的生存，更应该采取可持续的发展结构。支持教师参加专业发展体系课程不失为一项有效的途径。其他国家的学校因为意识形态不同可能会有不同的需求，我们文中提到的"基础"这一概念可以帮助学校领导和老师判定自己的情况，并有针对性地巩固和发展这些"基础"。

本研究还可以通过访谈学生来进一步了解他们使用英语学习学科知识的经历。但是由于研究安排的局限性，本文没有收集相关数据（因为学生大部分时间都在上课，通过微信访谈学生具有一定难度）。在后续的研究中可以不断丰富数据来源，获得学生的视角既能帮助我们"三角"印证教师的观点，也有助于我们探索学生如何看待他们的老师，以及他们在学习语言和用英语学习学科知识时使用的策略。未来的研究还可以聚焦本文所提供的解决方案的实施——即 CLIL 教学法的培训和建立虚拟专业学习社群——该方案应该有助于建立坚实的学校发展基础。在后期的研究中，我们将评估这些干预措施的实施效果并分析其影响，形成影响力报告。

参考文献

[1] Abdo, M., Chen, J., Hase, V. & A. Sharma. 2018. The Ultimate consumer good. Education trends in China [Z/OL]. [2021-10-10]. LEK. https://www.lek.com/sites/default/files/insights/pdf-attachments/The-Ultimate-Consumer-Good_v2.pdf.

[2] Bedford, L. 2019. Using social media as a platform for a virtual professional learning community [J]. *Online learning journal*, 23 (3): 120-136.

[3] Blatti, T., Clinton, J. & L. Graham. 2019. Exploring collective teacher efficacy in an international school in Shanghai [J]. *International journal of learning, teaching and educational research*, 18 (6): 214-235.

[4] Braun, V. & V. Clarke. 2006. Using thematic analysis in psychology [J]. *Qualitative*

research in psychology, 3: 77–101.

[5] Bullough, R. V. 2007. Professional learning communities and the eight-year study [J]. *Educational horizons*, 85 (3): 68–180.

[6] Bunnell, T. 2014. *The changing landscape of international schooling: implications for theory and practice* [M]. London: Routledge.

[7] Bunnell, T. 2016. The "institutional primary task" of an international school [J]. *ECIS Global Insights*, 2016 (3): 31–35.

[8] Bunnell, T. 2019. *International schooling and education in the "new era": emerging issues* [M]. Bingley: Emerald.

[9] Bunnell, T. 2020. The elite nature of international schooling: a theoretical framework based upon rituals and character formation [J]. *International studies in sociology of education*, 30 (3): 247–267.

[10] Cohen, L., Manion, L. & K. Morrison. 2011. *Research methods in education* [M]. London: Routledge.

[11] Council of Europe. 2020. Common European framework of reference for languages (CEFR) [Z/OL]. [2021–10–10]. https://www.coe.int/en/web/common-european-framework-reference-languages/table-1-cefr-3.3-common-reference-levels-global-scale.

[12] Coyle, D. 2005. CLIL. Planning tools for teachers [Z/OL]. Nottingham, Eng.: University of Nottingham. [2021–10–10]. http://www.unifg.it/sites/default/files/allegatiparagrafo/20–01–2014/coyle_clil_planningtool_kit.pdf.

[13] Creswell, J. W. 1994. *Research design: qualitative and quantitative approaches* [M]. Thousand Oaks, CA: Sage Publications.

[14] Gaskell, R. 2019. The growing popularity of international K–12 schools in China [Z]. ICEF Monitor.

[15] Harvey, L. 2015. Beyond member-checking: a dialogic approach to the research interview [J]. *International journal of research & method in education*, 38 (1): 23–38.

[16] Hayden, M. 2006. *Introduction to international education: international schools and their communities* [M]. London: Sage Publications.

[17] Hayden, M. & J. Thompson. 2013. International schools: antecedents, current issues and metaphors for the future [A]. In R. Pearce (Ed.). *International education and schools: moving beyond the first 40 years* [C]. London: Bloomsbury Publishing, 3–23.

[18] Hu, J. & L. S. Hagerdorn. 2014. Chinese parents' hopes for their only children: a transition program case study [J]. *Journal of college admission*, 223 (2014): 34–42.

[19] ISC. 2019. ISC Research [Z/OL]. ISC research. [2021–10–10]. https: //www. iscresearch.com.

[20] ISC. 2020. Education in China—how demand and supply is changing [Z/OL]. ISC research. [2020–11–10]. https://www.iscresearch.com/news-and-events/isc-news/isc-news-details/~post/education-in-china-how-demand-and-supply-is-

changing-20190329.

[21] Keeling, A. 2019. International schools support higher ed success says new research [Z]. TIE Online.

[22] Kong, L., Woods, O. & H. Zhu. 2022. The (de)territorialised appeal of international schools in China: forging brands, boundaries and inter-belonging in segregated urban space [J]. *Urban studies*, 59 (1): 242-258.

[23] Kostogriz, A. & G. Bonar. 2019. The relational work of international teachers: a case study of a Sino-foreign school [J]. *Transitions: journal of transient migration*, 3 (2): 127-144.

[24] Lee, V. E. & J. B. Smith. 1996. Collective responsibility for learning and its effects on gains in achievement for early secondary students [J]. *American journal of education*, 104 (2): 103-147.

[25] Lincoln, Y. S. & E. G. Guba. 1985. *Naturalistic inquiry* [M]. Newbury Park, CA: Sage Publications.

[26] Louis, K. S. & H. Marks. 1998. Does professional community affect the classroom? Teachers' work and student experience in restructured schools [J]. *American journal of education*, 106 (4): 532-575.

[27] Munro, J. 2007. Pedagogic capital: an essential concept (and tool) for effective school leaders [Z]. Jolimont, Vic: Centre for Strategic Education.

[28] Nowell, L. S., Norris, J. M., White, D. E. & N. J. Moules. 2017. Thematic analysis: striving to meet the trustworthiness criteria [J]. *International journal of qualitative methods*, 16 (1): 1-13.

[29] Poole, A. 2017. Interpreting and implementing the IB learner profile in an internationalised school in China: a shift of focus from the "profile as text" to the "lived profile" [J]. *Journal of research in international education*, 16 (3): 248-264.

[30] Poole, A. 2019. "I am an internationalising teacher": a Chinese English teacher's experiences of becoming an international teacher [J]. *International journal of comparative education and development*, 21 (1): 31-45.

[31] Poole, A. 2020a. Decoupling Chinese internationalised schools from normative constructions of the international school [J]. *Compare: a journal of comparative and international education*, 50 (3): 447-454.

[32] Poole, A. 2020b. Narrative inquiry and relational ethics: negotiating the lived experiences of international school teachers in China [J]. *International journal of research & method in education*, 44 (2): 113-124.

[33] Rosenholtz, S. J. 1989. *Teachers' workplace: the social organization of schools* [M]. New York: Longman.

[34] Seidman, I. 2013. *Interviewing as qualitative research: a guide for researchers in education and the social sciences* [M]. New York: Teachers College Press.

[35] Sepešiová, M. 2015. CLIL in foreign language education: e-textbook for foreign language teachers [Z]. Nitra: Constantine the Philosopher University.

[36] Sullivan, R., Neu, V. & F. Yang. 2018. Faculty development to promote effective instructional technology integration: a qualitative examination of reflections in an online community [J]. *Online learning*, 22 (4): 341–359.

[37] Wang, F. 2017. Canadian offshore schools in China: a comparative policy analysis [J]. *Journal of education policy*, 32 (5): 523–541.

[38] Waters, J. L. 2007. "Roundabout routes and sanctuary schools": the role of situated educational practices and habitus in the creation of transnational professionals [J]. *Global networks*, 7 (4): 477–497.

[39] Wiley, S. 2001. Contextual effects of student achievement: school leadership and professional community [J]. *Journal of educational change*, 2 (1): 1–33.

[40] Woods, O. & L. Kong. 2020. The spatial subversions of global citizenship education: negotiating imagined inclusions and everyday exclusions in international schools in China [J]. *Geoforum*, 112 (6): 139–147.

[41] Wright, E. & M. Lee. 2014. Developing skills for youth in the 21st century: the role of elite international baccalaureate diploma programme schools in China [J]. *International review of education*, 60 (2): 199–216.

[42] Yin, R. K. 2009. *Case study research: design and methods (4th ed.)* [M]. Thousand Oaks, CA: Sage Publications.

[43] Young, N. A. 2018. Departing from the beaten path: international schools in China as a response to discrimination and academic failure in the Chinese educational system [J]. *Comparative education*, 54 (2): 159–180.

作者简介

Adam Poole [英]：北京外国语大学国际教育学院助理教授。研究方向涉及国际教育和英语教学专业发展。

杨柳津垭：外语教学与研究出版社教育服务经理，英语教学及教师教育实践者。主要从事教育服务产品研发及英语课程体系搭建工作。研究方向为社会文化理论视域下的英语教师专业学习共同体建设、国际教育课程建构等。

石　越：　外语教学与研究出版社基础教育研究中心国际教育研训部资深教育服务经理。研究方向为教师发展、学校发展与评估、英语教学、阅读等。

"韧性课堂"中国儿童社会情感学习的理念与实践

赵宇红　聂　懿　美林教育学院

【摘要】"韧性课堂"儿童社会情感学习项目是结合中华传统文化和中华教育理念，借鉴国际 35 年循证研究的实践经验和科学方法，以建立"韧性课堂"作为提高儿童心理韧性的切入点，通过系统培训转变教师和家长教育观念，帮助儿童学习并实践调节自身情绪的方法技能，学会正确表达情绪的方式方法，通过成人的七种力量，将外部管束转化为培养儿童价值感、责任心及自律性，进而提升学业成绩，为实现终身幸福奠定基础。本项目为幼儿园提供建立"韧性课堂"的实施方案，帮助幼儿园进行校园文化氛围建设，减少校园霸凌，提升孩子解决问题的能力，为实现终身幸福奠定基础。

【关键词】心理韧性；儿童社会情感学习；安全感；情感联结；解决问题

一、"韧性课堂"项目概况

（一）项目目标

"韧性课堂"儿童社会情感学习项目旨在提高幼儿心理韧性，在全国幼儿园创建"韧性课堂"，全面提升儿童情感健康，减少校园暴力，提升孩子解决问题的能力，为实现终身幸福奠定基础。

（二）项目背景

1. 儿童青少年心理健康国家行动计划

2019 年 12 月 18 日，国家正式出台《健康中国行动——儿童青少年心理健康行动方案（2019—2022年）》，明确指出儿童青少年心理健康工作是健康中国建设的重要内容，并对促进我国儿童青少年心理健康工作作出明确规划。

到2022年底，实现《健康中国行动（2019—2030年）》提出的儿童青少年心理健康相关指标的阶段目标，基本建成有利于儿童青少年心理健康的社会环境，形成学校、社区、家庭、媒体、医疗卫生机构等联动的心理健康服务模式，落实儿童青少年心理行为问题和精神障碍的预防干预措施，加强重点人群心理疏导，为增进儿童青少年健康福祉、共建共享健康中国奠定重要基础（国家卫生健康委等，2019）。

2. 全球新冠肺炎疫情下，教育部要求学校高度重视师生心理健康

2020年3月17日，教育部办公厅发布《关于做好2020年春季学期中小学教育教学工作的通知》，明确12项要求，其中第三项要求重点指出，"高度重视师生心理疏导。各地各校要高度重视新冠肺炎疫情对师生心理健康的影响，积极组织心理健康教育专家，在认真开展分析评估的基础上，有针对性地做好教育引导和心理疏导工作，特别是对遭受疫情影响较大的师生，要重点加强心理干预和关爱帮扶。要重视学校整体环境创设，帮助师生尽快调整好状态，以健康乐观的心态和积极向上的精神面貌投入教学工作和学习生活。"

3. 目前我国基础教育在师生心理健康的系统建设的迫切需求

教育部1998年颁布《面向21世纪教育振兴行动计划》以来，我国中小学心理健康教育工作逐步成为学校教育的重要组成部分，是实施落实"跨世纪素质教育工程"、培养跨世纪高质量人才的重要环节。然而，心理健康教育在我国尚属新生事物。虽然中小学心理健康教育在我国已经有了很大的发展，但对这一问题的研究依然存在一些不尽如人意的方面，存在区域发展不平衡，舆论宣传多而实际行动少，提倡性的多而强制性的少，理论研究多而具体方法少，教师心理健康培养缺失等情况。

4. 心理韧性对儿童身心发展至关重要

心理韧性（resilience）也称"心理弹性"，指个体对外界变化了的环境的心理及行为上的反应状态。不同的学者有不同的定义，大多数学者都认

可心理韧性是个体的一种能力、潜能或者特质，通过个体与环境的交互作用的过程，产生出良好的适应结果（臧鹏宇、赵胡世，2018）。能够从挫折中恢复原状，从失败中学习经验，从挑战中获得动力以及相信自己可以克服生活中的任何压力和困难的能力。心理韧性强的人往往能更好地适应生活的变化，因为他们往往对遇到的每一个困难都认真对待，并希望能借此锻炼自己的能力，以适应未来更大的挑战，当目前的困境得到解决后，他们不会再纠缠，而是向前看，着眼于未来。心理韧性的培养对儿童身心发展至关重要。

（三）项目优势

1. 实践性——支持儿童社会情感学习的实践性项目

以 2—6 岁儿童社会情绪学习的最新心理学及脑科学理论为基础，为幼儿园提供教师线下六期互动培训及线上持续教研（见图 1），支持教师心理韧性的提升的同时，学习与应用儿童社会情感学习发展的课程、环境、材料、仪式、绘本等支持策略（见图 2）；通过《韧性课堂教师指导手册》、学校大家庭材料包、家园协同育人互动材料包等可操作的落地实践方案，支持校园进行"韧性课堂"项目的真正落地，从而创建有安全感、情感联结的学校大家庭，支持儿童心理韧性培养的七大技能和七大力量。

图 1　第四期教师线下互动培训　　　图 2　儿童自我情绪调节中心

2. 科学性——哈佛大学高度评价，35 年循证研究实践成果

"韧性课堂"儿童社会情感学习项目源自美国儿童教育与发展心理家贝姬·贝利（Becky Bailey）博士 35 年循证研究实践成果——Conscious Discipline 项目（以下简称 CD）。在哈佛大学教育学研究生院发表并由华莱士基金会资助的一项研究中，针对 25 个知名机构提供的社会情感学习（SEL）项目的全部十个门类的相关对比中，CD 在八个门类中名列第一，获得极高的评价。CD 课程实施后所产生的积极影响包括有效帮助教师及儿童的行为管理和情绪表达，减少攻击性行为；培养儿童自律性，减少纪律问题；提高家长情绪管理及子女管束的技能；提高教学成果和测试成绩（Jones et al., 2017）。

二、"韧性课堂"项目内容

（一）理论依据

"韧性课堂"是建立在大脑状态模型基础上的教育实践项目，将以控制他人为核心的教育体系转变为以安全感、情感联结和解决问题为基础的教育模式。"韧性课堂"帮助成年人掌握智慧成人的七大力量，管理自己的内心状态（安全感）；通过建立学校大家庭，利用情感联结促进儿童合作和大脑发育；通过七大技能使得成人能够有效地教授儿童如何自律和解决问题，最终支持儿童获得成功（见图 3）。

1. CD 的大脑状态模型

CD 的大脑状态模型认为存在三种基本的大脑、身体或心理状态，这些状态可能会产生特定的行为。有意识地了解我们所处的状态，通过接纳和改变自身的状态，进而改变我们的行为。

2. 智慧成人的七大力量

通过这七大力量，我们成人能够从全新的角度看待幼儿的不当行为和冲突事件，保持镇定，并且有意识地应对各种情境。成人有能力调节自身的情绪是其向儿童教授社会情感技能的前提。

3．创建学校大家庭

学校大家庭能够为儿童创造有安全感、富有情感联结的学校氛围，全面提高成人与儿童之间的互动和联结，确保每个人都能健康地成长和学习。学校大家庭式的校园文化是长期通过各种常规、仪式以及课堂元素产生的示范效应建立起来的。

4．智慧自律的七大技能

这七大技能能够将日常生活中的不当行为转变为教育机会，帮助学生掌握所需的社会情感技能和沟通技能，从而使他们实现自我管理，主动解决问题和培养健康的行为。

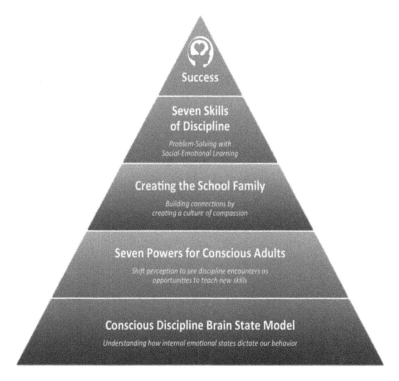

图3　"韧性课堂"理论结构图

（二）核心价值

"韧性课堂"项目是建立在大脑状态模型的基础上，能够帮助儿童管理自己的内心状态（安全感），进而建立富有情感联结、健康的人际关系。在这样有安全感和情感联结的学习氛围中，促进儿童大脑发育，习得社会情感学习发展的七大技能，并形成七大健康成熟的品质：理性客观、坚定果敢、自我价值、自尊自主、学会接纳、心中有爱和有责任感（见图4）。

儿童学会无论遇到什么样的挑战，都能勇敢面对，作出负责任的决定，实现自我管理，主动解决问题和发展出健康的行为，为终身幸福奠定基础。

镇定的技能，感知的力量，培养一个理性客观、诚实正直的孩子；

果断的技能，关注的力量，培养一个坚定果敢、懂得尊重的孩子；

鼓励的技能，凝聚的力量，培养一个有使命感和价值感的孩子；

选择的技能，自主的力量，培养一个自尊自主、有意志力的孩子；

共情的技能，接纳的力量，培养一个学会接纳、富有同情心的孩子；

积极意图的技能，关爱的力量，培养一个心中有爱、善于合作的孩子；

结果的技能，意图的力量，培养一个有责任感、勇于担当的孩子。

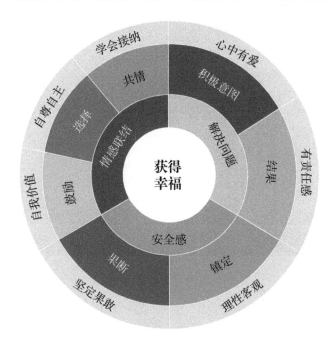

图4 "韧性课堂"核心价值轮

（三）教学体系

"韧性课堂"是一个系统地培养儿童社会情感发展的整体方案，其中包括课程方案、文化创设、支持系统和专业评估四个维度的内容（见图5）。

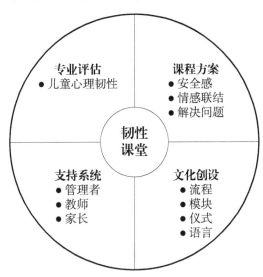

图5　"韧性课堂"儿童情感发展的整体方案

1. 课程方案

课程方案是以脑科学为理论基础，以建立孩子的安全感、打造和谐健康的人际关系、培养孩子解决问题的能力为三大核心的课程体系。

（1）安全感（一级）

每个儿童必须拥有足够的安全感才能很好地学习。镇定的技能可以帮助我们将不当的行为视作一种需要帮助的信号，而果断的技能则让我们可以全身心地专注于我们期望的行为和结果。这些技能共同作用，为学校人人都能体会到的安全感奠定了基础。

幼儿园是孩子从家庭走向集体生活的第一步。小班孩子不仅要经历分离焦虑的痛苦，还要面对陌生环境的挑战。所以，在小班给孩子建立安全感是至关重要的。小班的课程，帮助孩子通过镇定的技能自身能够感知情绪、理解情绪，通过果断的技能，以别人可接受的方式设定行为边界，赢得互相尊重，保护自己在集体生活中的安全。老师通过建立固定的一日流程、可视化的规则和安全仪式等建立有稳固安全感的学校大家庭，让孩子获得充足的安全感。

（2）情感联结（二级）

情绪状态在我们的人际关系、记忆和情绪形成过程中发挥了根本性的作用。我们会在我们大脑中的"光盘"上蚀刻一些认知过滤器。如果我们的"光盘"认为某物是不好的，我们的能量会流向脑干，而我们的身体则会充分动员起来，准备"战斗"或"逃跑"。如果我们的"光盘"认为某物是好的，我们的能量将流向前额叶，同时我们可以作出明智的应对。人际关系就像所有学习活动的守门人，我们"光盘"上的过滤器必须感受到安全感、关爱，才能引导能量流向前额叶，从而实现有效的学习。鼓励、选择和共情的技能，能够帮助我们学会如何营造一个彼此联结、相互友爱的家庭氛围，让儿童更有意愿去探索和学习。

中班的孩子开始学习与人交往和合作，富有情感联结的学校大家庭，不仅关注到孩子的独特性，更鼓励孩子们把独特性在集体中发挥价值。在这种互帮互助、互相尊重与理解的学校大家庭中，让孩子积极主动地参与到健康的人际交往中，充分体现自己的价值感，并获得归属感。

（3）解决问题（三级）

大脑前额叶具有调节功能，可以超越边缘系统和脑干所产生的冲动和不安全感。前额叶的调节功能让我们可以从他人的视角看待问题并且在作出行为反应之前稍作停顿，从而让我们有时间选择有益而非有害的应对方式。问题儿童都是调节功能存在缺陷造成的。奖惩措施会扼杀而不是促进儿童自我情绪调节的发展。积极意图和结果的技能为我们提供了一整套方法，这些都是我们支持儿童前额叶发育和自我调节功能发展的必备方法。

大班孩子在面临新的机遇和挑战的过程中，老师会在这一年把班级出现的真实状况（同伴间矛盾冲突、如何接纳差异、如何对自己的行为负责、幼升小问题等）真正放手给孩子，让孩子成为班级的主人。在这种真实问题解决过程中，孩子通过整合学习过的各种技能，不断提升面对复杂多变环境的适应性及解决问题的能力。

2. 文化创设

文化创设是一种产生于与家庭成员之间情感联结的无形资产。"韧性课堂"将环境、流程、仪式和话语体系有机融入学校氛围，给孩子提供切实感受到的安全感、归属感和价值观。良好的文化氛围可以营造有助于孩子心理和情感健康发展的空间，让孩子度过一个无忧无虑的童年。

3. 支持体系

支持系统意在转变成人的观念，让成人拥有七大心理力量（认知的力量、关注的力量、凝聚的力量、自由意志的力量、接纳的力量、爱的力量和意图的力量），进而支持成人在实践中培养儿童社会情感发展的七大技能（镇定、果断、鼓励、选择、共情、积极意图和结果）。

4. 专业评估

专业评估是针对 18—36 个月的幼儿、3—6 岁学前龄儿童提供的量表，目的是评估儿童的社会情绪学习发展水平，并选取儿童的主动性、自我调节能力、依恋 / 关系和行为问题作为衡量儿童心理韧性的指标，生成儿童个人报告。

三、"韧性课堂"项目成果

（一）幼儿成长：做自己情绪的主人

幼儿乃至青少年时期是情绪相对不稳定的阶段，是大脑发展的关键期，学习并拥有情绪管理能力对孩子的成长至关重要。通过"韧性课堂"的学习，孩子们从最初的情绪识别到感受身体变化，从认知情绪的正面价值到表达情绪，更重要的是和"心情娃娃"做朋友，已经慢慢地渗透到孩子们的思维模式中，他们不再和情绪对抗，而是选择面对它、帮助它，用各种办法让自己恢复理性思考，乃至解决问题。

他们懂得，不是所有时候发脾气都是因为"我生气了"。鞋子总也穿不上，我大喊大叫地发脾气是因为我感到了沮丧；因为生病没有拿到全勤奖而流泪是有一点点伤心；说好的妈妈接，可在幼儿园门口看到的却是爸爸，让我感到不舒服的是失望……

他们发现不同的情绪有不同的表情和动作，开心的时候想跳起来，难过的时候就想一个人待着，害怕的时候会张大嘴巴，瞪大眼睛；慢慢地孩子们变得越来越会观察，会识别绘本中、身边其他人不一样的情绪。

他们懂得情绪的到来是在提醒我们换一种方式来沟通，是在告诉我们我现在需要帮助和保护，是在告诉我们我对这件事情缺乏更多的了解。每一个"心情娃娃"都是我们的好朋友，我们要去接纳他们，保护他们。

他们会自己作出选择来放松自己的心情，在"安全角"有很多课堂上学习过的放松方式，也有很多孩子们自己创编出来的方法，如画画、看书、手指故事、班级相册、情绪乳液……

他们知道只有在情绪平和的时候，才能想到积极有效的解决办法，更好地把事情处理好，聚焦事情的解决，而非情绪的发泄。

情绪管理是一种能力，它需要也只能在实践中获得。孩子们已经在路上，每一次践行都将收获经验，每一个经验的累积，都将成为陪伴他们一生的财富。

案例一： 二宝和"伤心娃娃"的故事

二宝是刚刚入园不久的一名男孩。有一天，在幼儿园的游戏时间，菲菲（二宝同班的女孩）在"家庭区"当"医生"，二宝想加入菲菲的游戏。

二宝问："我可以和你一起玩吗？"

菲菲拒绝道："不可以！"

二宝找到老师，说："老师，小朋友不跟我玩，我很伤心。"

老师问："那你需要老师帮忙吗？"

二宝回答："不需要。"

老师提议："那我们一起去找伤心娃娃帮忙吧。"

（安全角）

老师问："哪一个是伤心娃娃呢？"

二宝指了指心情娃娃，回答说："这个。"

老师说："我们把他拿下来，拿在手里和娃娃面对面。然后，可以把伤心的事情告诉他：刚才小朋友不跟我玩，我伤心了。"

二宝拿着伤心娃娃坐在豆袋沙发上，看着手中的伤心娃娃，摸着他的眉毛、眼睛和嘴巴，跟他对话，说出了自己的伤心故事。

老师安慰说："那我们和伤心娃娃一起做个深呼吸吧，因为深呼吸能帮助我们平静下来。"

三次深呼吸后……

手持"心情娃娃"的二宝平静下来，露出了微笑："我真的好起来了！"

（二）教师转变：欲变世界，先变其身

教师作为理念的传播者、课程的实施者，他们对"韧性课堂"的认可和理解直接影响着"韧性课堂"在园所开展的效果。"韧性课堂"中适宜儿童社会情感学习的歌曲，围绕儿童社会情感学习的七大技能层层递进的儿童绘本，在课堂中搭建的学校大家庭的环境、仪式等丰富的教学形式，让"韧性课堂"的落地实现更具有可操作性。每学期为期三天的培训，不仅讲授支持策略，也是老师们的心灵成长之旅。一位实践"韧性课堂"的贾老师说："情绪问题解决的都是与自己的关系，'韧性课堂'给我打开了不一样的认知大门。"很多老师都因为与"韧性课堂"的结缘，开始改变着自己的认知，学习接纳和面对自己的情绪。伴随着每月的教研实践，老师们对"韧性课堂"的理解更深入了，对课程的更加完善有了很多自己的见解，教师成长了，孩子受益了！

从第一次参加"韧性课堂"的培训，已经快三年的时间了！每一次参加都有更深的感悟！现在情商已经深入到了我的生活，它在我的生活中不仅仅是课程，更是心灵的陪伴。这次培训给我触动的点有很多，比如关注的力量、安全依恋、自动化反应、认

知的力量等等。每一点都直击心灵，像是一种治愈！这次培训结束之后，我最大的感受就是心理更强大了，很多事情能渐渐学着放手，心理压力也就小了很多！感谢"韧性课堂"让我们的孩子们充满信心和希望，能从这么小就开始了解自己，滋养内心！这是最大的幸福！（贾老师）

为期三天的"韧性课堂"培训结束了，收获满满的喜悦之外，是一种难以言表的不舍。老师们之间越来越熟悉，相互交流、讨论、备课、鼓励，那种感觉真的是像一家人一样。导师们耐心细致、风趣幽默的讲解，让原本复杂抽象的理论变得生动形象。培训没有结束，我们就已经开始期待下一次的相聚了。

这次的培训依旧是从课程的理论基础开始，内容涉及脑科学、情绪、模块等内容的讲解，但是却更为深入、具体。第一次的培训，我将其形容为播种，在我心里种下了一颗"韧性课堂"的种子；第二次的培训，我形容其为灌溉，滋养到那颗小小的种子。这一次的培训更像是松土，给到我们更大的提升空间和更多的养料。

之前脑科学的理解只停留在要想做到理性思考是需要链接才能传递的，经过左老师再一次的讲解，我也更深层地理解这一科学理论与课程的紧密联系，从模块到教师的指导策略，从眼神到话术，全部都符合并贴合着我们大脑的工作原理。我越发意识到，自己需要学习的地方太多太多。

除了自己专业知识的提升，更重要的是每一次的培训都是我自己的一次心灵成长，让我更了解自己的问题所在，那些被忽视掉的，没有觉察到的。培训中印象最深、最直达我内心的两点是：认知和关注。别人不会让你愤怒，只会引爆你的愤怒，我们的情绪记忆很大程度上支配了我们的思想，自动化的反应带来的只能是两败俱伤，对孩子的杀伤力会更深远，这种不良的反馈机制带给孩子的是自信心的匮乏。（蕾老师）

转眼第二期的"韧性课堂"培训已经结束了，在这次培训中，又见到了一张张熟悉的面孔，又听到了一些有爱的歌曲，我也在这短短几天的培训中再次加满了能量。

其中老师讲解的镇定的技能和关注的技能让我感触颇多，"关注的越多，得到的越多"。作为一名幼儿老师，一天中的大多数时间我们都是和孩子相处，有时候我们的一些语言就会反映出我们的关注点，进而影响孩子。以前我们班就会经常发生这种情况，有小朋友帮助老师收拾玩具或者绘本时，老师会随口说一句："谢谢你，你真棒！"其他小朋友听到后可能会一下子都跑过来帮助老师，期待老师也表扬自己。通过这次老师的讲解，我也在反思这样做对孩子来说并不是一个合适的引导，这样无形之中是让孩子们在迎合老师，老师也处在一种评判孩子的状态。通过这次培训，我也知道了更好地引导孩子的方法，受益匪浅。在以后的时间里，我会把汲取到的知识慢慢实践，渗透到我的教学中。真是非常荣幸能参加这次培训，期待下一次和大家的相遇。（倩倩老师）

（三）家庭：孩子影响了我

孔子说过，"其身正，不令而行；其身不正，虽令不从。"父母代表着一种行为准则和一种价值体系。孩子的价值体系是在模仿成人之间的互动中形成的。我们常常将"遵我言，勿效我行"的传统管束方式施加给孩子，但事实证明，成人无法教给孩子自己不具备的能力。"韧性课堂"的实施，很重要的一部分是与家长的互动，通过一系列的家长工作坊，转变家长观念，让家长拥有七大心理力量，进而支持家长在实践中培养儿童社会情感发展的七大技能。通过练习将这些力量和技能融入到家庭中。

在这个过程中，最令家长惊讶的是孩子们的变化。在家长工作坊中，总是能听到家长们分享"当我有情绪的时候，孩子说我被情绪控制了，要我深呼吸"。这些成人向孩子学习的案例，都反映出家长的改变。

案例一：Coco 妈妈

在家我和孩子爸爸因为家庭琐事，争吵了起来，橙汁走过来，说："停！你们别吵了，先做深呼吸吧！"

那一刹那，我感受到，孩子成了我们的老师，让我们快速地恢复理性，反思不能当着孩子吵架。为孩子选择咱们幼儿园，是我作的最明智的决定！

案例二：Kitty 妈妈

有一次，我家老大很委屈地说："妈妈，我的语文作业写得和我好朋友的差不多，我好朋友得了个 A，而我却得了个 C，这不公平。"

我说："你感受到不公平。"说完这句话，又觉得成人的安慰是如此苍白，于是，对妹妹 Kitty 说："Kitty，安慰一下姐姐吧。"

只听见 Kitty 一字一句地说："姐姐，C 不就是一个字母嘛！它代表不了你！A 也就是个字母，它也代表不了你。你是独一无二的。"

我很惊讶，这些话从成人口中说出来，不一定有说服力，但是从一个 5 岁的孩子口中说出来，是如此掷地有声，直击心灵。

"韧性课堂"中"独一无二的自己"让孩子从小就知道自己是独特的，任何外界评价都不足以概括自己。感谢"韧性课堂"带给孩子的认知改变。

案例三：在家建安全角

幼儿园的安全角充满了魔力，孩子生气时、沮丧时、焦虑时……都能在这里平静下来，恢复理性思维。

家，是孩子们表露情感更直接的地方，家里建一个安全角十分有必要，它不仅能让孩子在家也有平复情绪的场所，更重要的是家园共育，形成最好的情绪情感教育。

（四）幼儿园：学校大家庭

"韧性课堂"项目就像为幼儿园打开了一个万能工具箱。儿童社会情感学习在园所环境中随处可见，儿童情绪调节的中心、安全守护仪式等环境和仪式，让老师有可操作、可视化的方式支持幼儿建立安全感。时光机中心的建立，让孩子们有了更多解决问题、获得人际关系的机会和方法。这样的氛围在一日当中随处可见。经过"韧性课堂"培训的教师，不仅收获了专业方面的成长，心理也得到了更多的关注，职业幸福感提升了。幼儿园最重要的家长工作也因此变得更加顺畅，通过家长工作坊，家长的观念和理念在发生变化。家园携手，为孩子的社会情感发展共同努力。

> 对"韧性课堂"的认识由浅入深，从最初的懵懂无知，到一知半解，再到现在的全面认识，我们的环境是最好的体现。最初九月份只是完全复制安全角，后来随着老师认识的深入，我们的可视化流程、可视化规则等都逐渐建立和完善，安全角也进一步地丰富。环境是课堂有力的辅助。孩子们对情商的认识也由单纯的"开心、伤心"逐渐深入到规则和意识。
>
> 幼儿园在10月中旬和12月中旬分别举办两次家长工作坊，让家长了解到儿童社会情感学习的重要性和必要性，转变家长观念。几乎所有家长都对我们的课程赞不绝口、大力支持。
>
> 相信功夫不负有心人。我们将继续努力，让"韧性课堂"在我们礼德幼儿园落地开花，让每个老师都成为优秀的"韧性课堂"老师，让每个孩子都能成为"情绪管理小能手"。（礼德幼儿园）

结语

随着"韧性课堂"儿童社会情感学习项目在中国推广实施，在学校、教师和家长之间建立安全的情感联结，从而实现最佳状态的师生互动和家校共育；通过学习培训，对教师进行心理疏导，帮助教师管理和调控好自身情绪；通过脑科学和心理学的学习，充分了解儿童行为背后的大脑状态，充分理解儿童的行为动机，提高教师班级管理技能技巧；运用社会情感学习的七大技能，培养孩子内在的优秀品质；减少人际冲突，减少校园霸凌和校园暴力；显著提高教学效果，全面提升学习成绩。

参考文献

[1] 国家卫生健康委等. 2019. 关于印发健康中国行动——儿童青少年心理健康行动方案（2019—2022 年）的通知 [EB/OL].（2019-12-18）[2022-09-10]. http://www. moe.gov.cn/jyb_xxgk/moe_1777/moe_1779/202007/t20200728_475479.html.

[2] 臧鹏宇，赵胡世. 2018. 心理弹性研究简述 [J]. 新教育时代·教师版，（7）: 295.

[3] 中华人民共和国教育部. 1998. 面向 21 世纪教育振兴行动计划 [EB/OL].（1998-12-24）[2022-10-10]. https://baike.baidu.com/reference/8837701/665756AaauFiE KukI5-IcW9_yRe4IskzBLnYy7aKXTujpL-uBQf9FEdXSt92aOREuTMrP3dZqCVMRWplz 3POMuP3XGPLP5NPjbTGxGGp8BvFK3g.

[4] 中华人民共和国教育部. 2020. 教育部办公厅关于做好 2020 年春季学期中小学教育教学工作的通知 [EB/OL].（2020-03-17）[2022-09-10]. http://www.gov.cn/ zhengce/zhengceku/2020-04/01/content_5498023.htm.

[5] Jones, S., Brush, K., Bailey, R., et al. 2017. Navigating SEL from the inside out—looking inside & across 25 leading SEL programs: a practical resource for schools and OST providers [R]. Cambridge, Massachusetts: Harvard Graduate School of Education.

作者简介

赵宇红： 美林教育学院院长，中国教育战略研究会儿童发展专业委员会理事，河北省托幼协会名誉会长职务。主要研究中国幼儿园管理与课程建设、儿童社会情感学习发展领域。

聂 懿： 美林教育学院研究员，曾参加全国教育科学"十一五"规划项目研究，并在《学前教育研究》发表阶段性研究成果。主要研究学前教育领域课程研究、教师培训、儿童社会情感学习发展领域。

第四部分

国际教育分会学术年会——新时代中国参与全球教育治理的路径与实践

2021 年中国教育学会国际教育分会学术年会综述

苑大勇　刘　全　北京外国语大学国际教育学院

【摘要】为进一步推动新时代国际教育事业创新发展，加强国际教育研究与学术交流，"2021 中国教育学会国际教育分会学术年会暨第二届北外比较教育与国际教育论坛"在北京外国语大学顺利举办。会议紧紧围绕"新时代全球教育治理的理念与实践"的主题，对国际教育领域的理念、国际化人才培养，提升教育对外开放水平以及中国参与全球教育治理等话题进行了充分的交流与讨论。通过本次学术年会，专家学者共同为国际教育发展进程中的挑战、议题与展望提出了真知灼见，为推动中国更好地走向世界、世界更好地了解中国、构建人类命运共同体贡献了智慧。

【关键词】全球教育治理；国际教育；中国方案；中国智慧

2021 年 10 月 23—24 日，由中国教育学会、北京外国语大学主办，中国教育学会国际教育分会、北京外国语大学国际教育学院、外语教学与研究出版社承办，北京外国语大学国际教育集团协办的"2021 中国教育学会国际教育分会学术年会暨第二届北外比较教育与国际教育论坛"在京成功举办，本次论坛同时也举行了亚太地区教育创新文晖奖的颁奖仪式。会议紧密围绕"新时代全球教育治理的理念与实践"的主题，设置 5 场主旨演讲以及 6 个分论坛，60 多位教育学者、国际教育研究者、实践者、从业者、资深外交官等做了论坛发言。会议内容涵盖了全球教育治理、复合型人才培养、国际教育课程开发等国际教育领域的热点话题，来自全国约 300 位教育工作者参加了线下的会议，现将此次会议的主要讨论观点综述如下。

一、推进中国参与全球教育治理势在必行

世界正在面临百年未有之大变局，中国应始终做多边主义的践行者，积极参与全球治理体系的改革和建设。本次年会对全球教育治理的理念发展、价值内涵、实践路径等主题进行了深入讨论，为百年未有之大变局下的全球教育治理，贡献了中国经验、中国智慧和中国方案。

（一）参与全球教育治理需要人才支持

中国参与全球教育治理，需要培养一批具有全球胜任力的国际化人才。北京外国语大学党委书记、中国教育学会国际教育分会理事长王定华教授在主旨报告环节指出，党中央对构建人类命运共同体、推动"一带一路"倡议实施，讲好中国故事，加强国际传播能力建设高度重视。全球教育治理的人才应具有多项能力：要突出外语能力；要注重中文能力；要加强专业能力；要锻炼沟通能力；注重培养可持续发展能力。中国在参与全球教育治理进程中，中国在国际组织中任职的人员比例不足，急需培养更多高素质的国际化人才，联合国教科文组织原教育助理总干事唐虔先生结合自身在教科文组织 25 年的工作经历，针对中国日益强大的国际地位与国际组织中中国外交人才数量较少之间的不平衡问题，从国际组织的人才需求出发，指出国际组织需要的国际化人才离不开两项硬性指标：一是专业教育背景与实际工作经验；二是语言、文字与沟通能力。同时，也要重视软实力培养，例如全球视野与国际知识，熟悉中国的历史和文化以及当代的中国政治、国情和国家利益，拥有一定跨文化能力、领导力以及妥善处理人际关系的能力、逻辑思维能力以及积极表达自我的能力。

（二）全球教育治理的概念与内涵

本次大会围绕全球教育治理的概念进行了探讨，从多个视角对全球教育治理的理念进行了讨论和分析。

梳理了全球教育治理的历史脉络。上海师范大学张民选教授在主旨报告中，通过梳理"治理"一词的历史脉络发展，结合当今时代背景的基础，

认为全球治理的主体仍是国家和政府，但要求世界各方都要参与，中国参与全球教育治理也有一个态度转变的过程：一是要把自己的事情做好；二是应从受益者变成贡献者；三要坚持共商共建共享。张教授还分享了他主持中国的国际学生评估项目（PISA）与联合国教科文组织教师教育中心成立的渊源和经历，以实际行动为参与全球教育治理树立了典型案例。

教育作为基本的人权，全球教育可以推进多主体治理的模式。清华大学谢喆平副研究员从"教育是一项基本人权"视角，阐释了当前进行全球教育治理的必要性和正当性，她认为当今社会面临的教育的多边主义、跨境教育问题以及 PISA 反映的教育问题，都提示着教育应该成为全球治理中的一项重要议题。同时《世界人权宣言》认为教育是一项基本人权，给予了国际社会足够的合法性去干预国际社会的内部成员也就是民族国家内部的教育事务，因此全球教育治理具有一定的合法性和正当性。她进一步强调，全球治理并不是否定国家主权这一概念，而是多主体共同治理，在坚持国家主权原则的基础上，有限度地超越国家的传统政策，有助于提高全球公共性教育问题的治理效能。

全球教育治理概念内涵是十分复杂，需要全新的理论解释框架。北京师范大学丁瑞常博士认为，全球治理体系中，除了现实主义强调强制性权力，还包括结构性权力和生产性权力。全球教育治理的最终目的是达到全球教育善治。他认为全球教育治理不仅有向度，也存在一定的限度，教育的单边主义、孤立主义的不信任问题，国家内的人民反抗力量以及国际舞台上的话语权让渡等问题都限制着全球教育治理的边界。

（三）全球教育治理参与者的真实分享

在中国参与全球教育治理中，各国教育参赞是其所在国家教育的亲历者，能够真实地把握全球教育治理的现实需求。本次论坛设置了教育参赞分论坛，他们结合驻外真实的教育情境，扩充和丰富了国际教育的价值内涵，从更加多元的视角拓展了全球教育治理的视野。例如，国家体育总局对外体育交流中心原副主任、中国驻美国芝加哥总领馆原教育领事公冶民先生，分享了关于国际体育教育的业余原则理念，并以此为理念来构建和引导中国的学校体育教育，即让学校将体育锻炼大众化，既不影响学生的专业发展，又能让学生在业余生活中进行体育锻炼，以体教融合的理念来引导我国体育教育的发展，实现体育与教育的现代化融合。高等教育出版社副总编辑、中国驻休斯敦总领馆原教育参赞龙杰博士运用比较视角介绍了美国社会育人机制中的家校协同理念，她指出要构建一个"跳出教育来看育人""政府主导、学校主体、家庭配合、社会参与"的协同育人机制。中国教育国际交流协会原秘书长、中国驻旧金山总领事馆教育参赞邵巍博士结合自己驻旧金山的教育参赞经历，通过对比国外的教育经验，反思了中国提出的"五育并举"教育理念，他认为实现"五育"和"五育并举"，最重要的关键在于学生个人这一主体，除了外界多方因素的协同配合，提升学生本身身体素质，塑造和发现学生兴趣爱好，培养学生顽强拼搏和奋斗的精神才是"五育"的内核推动力。

二、中国参与全球教育治理的制度设计

在全球教育治理过程中，除了有理念的引导，政策和制度上的持续推进和有效保障必不可少。与会的各位专家从不同视角分析政策实践，为全球教育治理议题开拓了新的政策视角。

（一）"一带一路"倡议成为政策着力点

在参与全球教育治理的议题中，中国与他国之间的文化与教育的互动交流是主要着力点。通过打造与"一带一路"国家间的教育合作平台，中国在参与全球教育治理的进程中迈出了一大步。

陕西师范大学教育学院袁利平教授通过对中国与智利的交往合作进行研究，指出中智两国持续的教育合作建交主要基于构建教育合作机制、增加学生流动、建设孔子学院、开展校际交流，提升了协同合作水平。袁教授进一步说明，中智双方教育交流的实践中，教育交流合作以中智双边关

系发展为基石，以政府政策支持为保障，以人文交流互鉴为纽带，并以国际多边合作为依托。中智教育交流合作不仅受到两国双边合作机制的支持，也受到中拉合作、亚太经合组织等区域性机制的影响。人民教育出版社石筍殷编审主要从中泰之间的学生留学、合作办学、职业联盟、校企联盟以及孔子学院等几方面简要介绍了中国和泰国目前的教育合作与交流现状。他指出中泰之间进行教育互惠的几点关键在于：首先要以人为本，在尊重人的文化背景的前提下进行教育才有效；其次是中泰之间和谐的教育合作也要依赖于政府主导的政策以及民间积极的共振；最后要擅长发挥泰国较多良好的教育平台，特别是在疫情等特殊时期，保证教育的合作与交流稳定进行。

（二）充足人才储备是中国参与全球治理的基础

中国参与全球教育治理，需要充分的人才储备。参会代表一致认为，要使中国在国际舞台上发出自己的声音，应着力培养满足时代需求的国际化人才。外交学院外交系梁晓君副教授首先从国际人才培养的实践层面出发，她认为国际人才的培养需要做到四点：首先是掌握语言，其次是理解制度，再次是熟悉法律法规，最后应遵守国际"游戏规则"。中国人民大学国际关系学院蒲俜教授同样也分享了对国际人才培养的一些看法，在其分享中首先厘清了全球化人才、国际化人才以及国际组织人才这几个概念，指出我们当今需要培养的便是国际组织中最尖端的国际公务员这一类国际人才。同时协同人民大学的教育实践，介绍了国际组织人才培养的三种模式以及详细的课程培养体系。她进一步强调，在国际组织人才培养上最应该关注的三个问题，一是国际组织人才培养的可持续性机制，二是国际组织人才的定位目标，三是国际组织人才的情怀。

西北工业大学的国懿教授结合自己工作院校的背景分享了在工科院校中培养国际组织人才的理念与实践经验。他指出西北工业大学在国际组织人才培养上主要做了课程教学、实践平台和实习基地三方面的三位一体的尝试。课程体系设计的核心是将胜任力素养的培养融入课程教材中，同时组建一批专家团队，另外出版相关的校本教材用于辅修专业课程；接下来的发展中仍然要注意继续完善人才培养的顶层制度设计，要培养方方面面的人才，以及未来要做更深度的国别研究。

北京外国语大学北外学院副院长刘铁娃老师以北外学院的人才培养实践为例，她指出北外学院的人才培养理念是培养复语复合型全球教育治理人才。其中复语指的是英语精通、法语熟练，复合就是政治经济和新闻传播宽口径、多学科培养，同时塑造学生的国际视野和家国情怀。通过北外学院精心的国际人才培养的顶层设计、强大的师资团队、与国际接轨的实习平台、丰富紧凑的课程体系，以及与国内院校、国际组织的联合培养，北外学院在高端国际组织人才以及全球教育治理人才的培养上取得了一定的成绩。

（三）对外教育援助是全球教育治理的重要途径

西南大学徐辉教授认为，"人类命运共同体"的理念体现了中国进行对外教育援助的基本逻辑，遵循反对霸权主义、保障国家主权和安全、履行国际责任、尊重受援国的平等意愿等原则，认为我国教育援助的基本经验首先是秉持构建人类命运共同体的发展理念，其次是坚持平等互信、共同发展的原则，再次是从"授人以鱼"到"授人以渔"，同时要建立健全评估体系，提高援助效益。

北京外国语大学张笑一副教授从女权主义的视角分析和评估了加拿大的对外教育援助政策，她认为需要在两个维度进行分析：从教育援助的维度上看，加拿大在提高女性就业能力上，十分注重教育和培训，同时在各个领域都十分注重女性；从女权主义的视角来看，加拿大在教育援助方面一直推崇的便是女性主义，体现在外交政策、教育援助政策以及政策机构设置等多个方面，这也是加拿大政策推进成功的策略之一。

三、中国需要培养具有全球胜任力的国际人才

在全球教育治理的人才培养议题中，高等教育阶段承担着培养国际化人才、输送高端人才的主要任务，基础教育阶段同样也承担着全球教育治

理预备人才培养的衔接任务。与会的专家们在针对预备人才培养的讨论上主要分享了关于全球胜任力培养的创新与实践方面的一些思考。

（一）全球胜任力的理论思考

北京师范大学滕珺教授分享了她关于中国学生的全球胜任力思考，她认为在中国全球胜任力不是精英阶层的奢侈品，是未来每个学生的必需品。全球胜任力在中国非常重要的一件事情是必须建立在民族国家和身份认同基础之上，全球胜任力对学校来说最为重要的就是做好"立德树人"的拓展和延伸，全球胜任力的培养在中国必须考虑外语学习的问题以及做好树立和平价值观的工作。

中国教育科学研究院王素研究员认为中国孩子未来将遇到的是一种充满挑战的时代。通过大数据和图片等一些可视化手段展示全球化数字时代的相关背景信息，认为全方位培养学生的全球胜任力势在必行，而学生全球胜任力的培养不是一蹴而就的事情，是一个循序渐进的过程，要培养学生的社会适应力，进而才能在一个更大的国际背景下去探索全球胜任力的培养。

国家基础教育课程教材专家夏谷鸣老师结合当下社会的变革，从教材改革的角度讲述了如何基于本土做面向全球的国际化教育，真正做到从globalization 到 glocalization 的转变。基于此，夏老师介绍了 OMO-CTO 项目制学习，探索基于中国经验的"全球胜任力"的培养方法。

（二）培养全球胜任力的课程设计

全球胜任力的培养既需要国际组织人才培养理念的引领和培养体系的顶层设计，也需要最终落实到具体的课程与教学中。与会的多位专家分别以自身相关工作经历或自身所在的国际学校为案例，提出了对国际化课程建设上的创新思考。

华东师范大学王涛副教授分享了自己于 2019 年参与义务教育课程方案修订的工作经历，指出在国家和地方课程开发过程中和课程方案建设过程中，应该始终多带入几个视角，尝试构建因材施教的、跨学科的、形式多样的国际特色课程。

广州市华美英语实验学校陈晓英老师以自己学校的课程融创体系建设实践为具体案例，她指出课程融创首先从教学的内容开始进行融合，其次对教学方法进行调整和融合，如此一来课程与教学的改革才能渗透到每一个角落。

南京外国语学校林沁副校长从国际课程的另一角度分享了她对国际课程的理解，她指出国际课程中民族意识的探索与构建，有助于我们不断完善和丰富现有的国际课程体系，更有利于我们设定国际课程的人才培养目标。她认为首先国际课程应该关注民族意识，同时在国际课程开发中应当注重构建民族意识，从两方面着手：一是国际课程体系主要学科要配备国家课程的支架；二是应充分挖掘国际课程体系中母语课程的独特价值，重视母语课程中的传统文化教育元素。

四、结语

习近平总书记一再强调，构建人类命运共同体，要把中国发展与世界发展联系起来，把中国人民利益同世界各国人民共同利益结合起来，不断扩大同各国的互利合作，以更加积极的姿态参与国际事务，共同应对全球性挑战，努力为全球发展作出贡献。首都师范大学党委书记孟繁华教授在国际视野下教育发展范式转型中谈及，无论哪种类型的教育参与全球教育治理，教育的治理和发展都要牢牢抓住教育最本质的三种功能，即教育要唤醒学生的生命意识、启迪学生的精神世界、建构学生的生命方式，新时期教育范式的转型更要注重创新，并且要建立一种教育生态观。新时代的全球教育治理，要更新教育理念、创新实践，注重方向上的调整和转变，不仅要突破传统，更要突破创新。此次会议积极响应国家战略的要求，在比较教育与比较教育领域着力，汇集各方学术与实践的力量，为参与全球教育治理提供思路与方案，也为新时代的教育改革明确了发展方向。

（本文已在《世界教育信息》期刊 2022 年 1 月期发表）

作者简介

苑大勇： 教育学博士，北京外国语大学国际教育学院副院长，副教授。主要研究领域为国际与比较教育。

刘　全： 北京外国语大学国际教育学院硕士研究生。研究方向为比较教育、国际教育。

中国参与全球教育治理中的国际化人才培养

唐　虔

从联合国教科文组织的角度来讲，全球教育治理有几个维度。首先是分析全球教育发展趋势，推出新的教育理念，引领全球教育发展方向。过去这些年，联合国教科文组织发布的一系列报告，都是在发挥这个职能。同时，要制定标准规则，联合国教科文组织制定发布了一系列的公约，提出了一系列发展目标，包括千年目标、可持续发展目标等。然后还要监测各国实现这些目标的进度。最后，要促进双边和多边国际教育合作，特别是援助发展中国家，为他们提供智力和资金方面的支持。

中国应该积极参与全球教育治理，既是为了履行大国责任，维护和代表发展中国家的利益，同时，通过参与全球教育治理，推动与世界各国的教育合作与交流，也能为我国教育发展争取更好的国际环境，有利于推动我国教育更好地发展。

当前，中国积极参与全球教育治理面对的最大挑战，是国际化人才不足。有能力代表中国从事多边外交、在国际舞台上代表中国利益发言、发声的人才不够；能进入国际组织、胜任国际组织工作甚至进入管理层的人才不够，这是我们面临的最大挑战。

联合国教科文组织本身就是一个全球教育治理的平台，中国在1971年恢复了在联合国教科文组织的合法席位，50多年间，中国逐渐参与到全球教育治理中，正发挥越来越大的作用。我本人在联合国教科文组织工作了25年，最后8年是领导教育部门的助理总干事，直接参与了全球的教育治理，也见证了25年来中国参与全球教育治理的过程。

联合国教科文组织根据一个国家的人口、国内生产总值等因素来确定每个国家能获得多少个教科文组织官员的职位。中国目前获得的名额是最低 38 个，最高可以达到 63 个，在这个区间算是合理区间。但今天中国人在联合国教科文组织里占的职位只有 14 个，这个差距还非常大。国家这些年来开始重视国际化人才的培养，不少大学已经开设了国际组织专业，提出要培养全球化人才、国际化人才和具备国际组织胜任力的人才。我觉得这些是非常重要的举措，培养出来的人才，将来要具备到国际组织工作或者担任常驻国际组织的中国外交官的能力。

我在联合国教科文组织 25 年，一直在教育部门工作，从 P5 级专家的职位做起，一直做到负责教育的助理总干事职位，其间还代理过教科文组织人事局局长和战略规划局局长。结合我的工作经历和经验，我想谈一谈国际组织需要什么样的人。作为国际组织的高级管理官员，我在遴选申请人的时候，主要看什么呢？很简单，一个是专业教育背景与实际工作经验，一个是语言、文字与沟通能力，还有一条是所谓的综合素质。如果前面两个条件符合要求，基本能进入国际组织，但是进入后发展怎么样，就要靠综合素质了。进入后，从低级别的职员到高级别的专家、管理层，需要工作经验积累，更要靠综合素质。

首先，应聘者至少要有硕士学历。为什么呢？因为研究生阶段主要是训练学生的逻辑思维和发现问题、解决问题的能力，国际组织特别看重这些能力。其次，工作经验一定要对口。实际上，申请者的教育背景不是特别重要。本科和硕士的专业不需要和所申请的职位完全对口，但是工作经验一定要对口。不同级别的职位要求的工作经验年限不同，从低级官员的两三年到高管职位的十几年不等。从培养角度来讲，国内的院校要多考虑如何为学生创造条件取得对口的专业经验和国际经验，包括在国内外有关组织和机构实习的机会。

国际组织要求的语言与沟通能力，语言主要是英语或法语，再加上一门第二外语，这是基本条件。在国际组织里，不光是要能熟练用外语说话交流，善于讲，写作能力也非常重要。要善于用精练的语言，把事情说清楚。在多数国际组织里，西方文化的氛围比较浓，我们培养国际化人才，要帮助他们学会适应这种文化差异，能够在不同的文化氛围里把话讲清楚，让沟通对象容易接受，这也是一个非常重要的方面。

我们的国际化人才的综合素质大概包括这样几条：第一，要有基本的国际知识和全球视野。培养全球化人才的时候，必须思考如何加强国际知识、国际视野和全球视野的培养。第二，熟悉中国的历史与文化，了解当代中国的政治、国情和国家利益。在不违反国际组织的规则下，我们要积极推动国际组织与中国的合作关系，这是对双方都有好处的。同时，在国际组织中经常会有很多涉及中国核心利益的工作，比如台湾问题等，在国际组织里如何根据联合国决议、按照国际组织规则，游刃有余、有理有节地维护自己国家的利益，实现双赢，这是优秀国际化人才必须具备的重要素质和能力。

不仅是语言能力、国际视野，还包括中国的历史、文化和政治，都要从小培养。除了传统上的学外语，让学生接触外国文化和外国人，了解外国的文明、文化、语言，创造条件让学生出国交流，还要培养学生的领导能力与妥善处理人际关系的经验、逻辑思维能力，这些都特别重要。

国际化人才培养是个系统工程。国家层面应该制定政策，鼓励学校培养全球化、国际化人才，同时要为学生创造条件，排忧解难，如提供养老退休保障，提供实习、留学和从事相关专业工作的机会。此外，国际化人才素质的培养，不能单纯依靠高等教育来完成，应该从小学就开始。同时，年轻人也要靠自己努力，最关键的是自己努力积累经验、知识和能力，拓宽视野。

去年中信出版社给我出了一本书，把我25年的国际组织工作经历写了一下，我有好多经验和体会在这本书里。总的来讲，现在国家政策这么好，各学校又在努力培养，加上年轻人自己努力，将来会有更多的中国人进入国际组织，参与教育的国际治理，这一点我非常有信心！

（本文为唐虔先生的大会发言，经本人审定）

作者简介

唐　虔：　1993 年加入联合国教科文组织，在巴黎总部教育部门先后担任处长、司长、办公厅主任和副助理总干事等职。2010—2018 年任联合国教科文组织教育助理总干事，负责联合国系统内的全球教育事务，其间曾兼任联合国教科文组织战略规划局代局长和人事局代局长。

关于教育的作用、育人环境及其面向未来等问题的思考

江　波

我非常高兴应邀参加这次论坛，并向本次年会的召开表示热烈祝贺。我认为这个分论坛"教育参赞谈国际教育"的主题非常有意义。分论坛聚焦人才培养、立德树人、德智体美劳全面发展等来进行讨论，特别是希望通过国际比较的视野，通过外交官的亲身感受，来更深入全面地交流这方面的看法和想法，我认为是非常有意义的。

结合我本人 1999 年到 2004 年在中国驻美国芝加哥总领馆教育组工作的经历，我谈些不成熟的想法。虽然时间已经过去近 20 年了，但是我当时的一些经历也常促使我思考一些教育相关的问题。围绕今天的主题，我谈几点体会，供大家参考，请各位批评指正。

首先，我想介绍我正在重新读的两本书。

一本书是王沪宁同志写的《美国反对美国》。这本书从美国一线实际调研出发，比较深入地来讲美国，讲他对美国的观察和思考。对书中的许多观点，结合我在美国五年多的工作、生活、研修的经历，我很赞同。美国不是完全地好，也不是完全地不好，需要我们精准地、准确地、全面地来研究、分析、调研，并在此基础上得出我们的结论。这本书中有专门关于教育的论述，有一段是这样讲的：各个国家都有制度的再生产，教育系统发挥着非常重要的作用。书中说，制度存在最牢固的基础就是社会的认同，新生代是否认同，关系到一定的社会制度能否再生产的问题。制度再生产最重要的机制是社会的教育，社会教育将社会生产的价值观念传播开来，从而提供了制度共存的基础条件。在美国，制度再生产的机制是十分发达的。作者由此展开了许多关于美国的教育制度、教育系统如何来支持美国

制度的再生产，这里因时间关系，我就不一一展开了。我在芝加哥当教育参赞时走访了各级各类的教育机构，我的感受是，芝加哥教育系统的制度设计也是这样，是美国社会制度再生产的一个缩影。

我重读的第二本书是由美国的著名学者约翰·古德莱德写的，书名叫《一个称作学校的地方》。这本书的翻译者是与我在教育部一起工作过的同事，也是今天与会同事中有人认识的苏智欣教授。该书对美国的公立学校进行了深入的调研分析，数据翔实。书中指出了美国公立学校的许多问题，有一段话是这样讲的：看待美国的学校，特别是美国的公立学校，戴上一副眼镜来看，似乎它们是最差的地方；戴上另一副眼镜来看，它们又似乎是最好的地方。书中讲：当我们把学校的教育与我们国家的快速发展以及它在全球的显赫地位联系起来时，我们眼前便会出现一幅玫瑰色的画面。在这种地位的提升过程中，小学和中学的教育作用往往被当作是起因，是我们丰富的资源和利用这些资源发展经济实力时的办学水平。作者认为，在美国，对学校教育有信心的人，坚信它能为每个有志寻求机会的人提供无限的机会，但是，这不是理所当然的。不能只看到美国公立教育体制的优点，而更要看到美国教育当中还存在着大量的问题。作者希望通过他对问题的揭示能更好地提升美国的教育。因时间关系，我这里不详细展开，有兴趣的同事可以进一步阅读此书。

简要介绍上面两本书，一是介绍教育对制度传承的重要性，无论是在美国还是在其他国家，教育的这种功能是如何发挥的，这种功能与人的培养关系，在制度传承中最需要哪些作用等，这些是非常重要的问题；二是教育制度是一个庞大的系统，由各子系统构成，社会越进步、越现代化，子系统就越多，所有的子系统都对育人有关，其中也包括育人环境的问题。在此，我结合在芝加哥当教育参赞时接触到的几件事，与大家分享我的一些想法。

下面我讲第二方面的体会，就是关于育人环境的问题。

第一，芝加哥有南部和北部之分，南部——也就是芝加哥大学的所在地，是非洲裔和其他少数民族的聚集区，北部地区则是中产阶层以上，也就是经济社会条件比较好的家庭的居住地。我在芝加哥教育组工作时的其中一个任务就是调研。大家知道，美国的警察制度有它的特点，在芝加哥，各个片区有专门的警察负责。负责我们教育组所在地的警察平时对我们比较友好，常有联系。有一天我与警察讨论教育问题，他当时对我说的一些话，我到现在都没忘记。他说："你如果要去芝加哥南部学校调研的话，我只有一个建议，我协调那里的警察陪你一起去。"我问为什么，他说因为那个地方危险，不少人有枪，会开枪的，所以要去的话，他们陪我们一起去。

他和他的同事确实提供了帮助，某天我在警察陪同下，去南部的学校调研。第一个印象就是学校门口有安全检查，类似于我们现在入门的疫情筛查。查什么？查验进校学生身上有没有带刀和枪，我非常惊讶。第二个深刻的印象是不少墙面上有子弹洞。在走过一条街道时，陪同我的警察用手指着一面墙对我说："你看到墙上那几个小洞了吗？那是子弹的洞，是昨天晚上打的枪。"现在美国发生那么多的枪击案，正是越来越暴露出美国的问题。作为教育参赞，我当然非常关心我们在芝加哥地区留学的学生们，特别是在芝加哥大学留学的学生，只要有机会，我和我的同事们都会反复提醒他们注意安全。现在，每当在新闻中看到美国的枪击案件，我都会想到当时在芝加哥南部学校看到的情景。这样的"育人环境"下怎么培养人？当然，其中的问题非常多，有当地的弱势群体问题，有美国黑人问题，有单亲家庭（甚至单亲都没有）问题，有就业难问题等等。所以，学校要下更大力气，花更大精力来做培养人的工作，这些工作很难。这说明，社会环境和家庭环境不好的情况下，好的学校教育是多么重要。

第二，我要讲的是芝加哥的北部。相对南部来说，芝加哥北部的情况就完全不一样。当时我到芝加哥工作，教育部给了我一个任务，就是要重新修建我们驻芝加哥教育组的办公楼，也就是位于芝加哥 West Peterson Avenue 3322 的这栋楼。我很高兴的是，在领导和同志们的支持和帮助下，我圆满完成了任务，这栋楼成了该区域的地标。此前，我从来没有想过，我会直接主持完成一个 3,000 多平方米的楼房改造工程。这个办公楼的区域位置处于一个中产阶层以上的街区，由于办公楼工程及其他机缘，我认识了芝加哥市相当于常务副市长的人，他主管有关修建房子所需要的各种各样的审批工作，就住在这个街区。我认识他后，除了跟他讲修楼的事情，也与他讨论教育问题。他是犹太人——这个街区的住户大多是犹太人，他告诉我说："教育孩子，只有一条是最重要的，就看父母能花多少时间陪伴与教育孩子。家庭对孩子很重要，家庭付出多少决定孩子能成为什么样的人。我建议你晚上到你们的办公楼周边走走，去看看这些家庭是不是亮着灯。这些家庭的家长们常常是陪着孩子阅读、交谈。如果你看到了这些，你就知道这个街区的孩子的教育环境比较好，自然就能受到比较好的培养。"这个例子说明了家庭教育的重要性。

第三，美国有多种形态的育人环境。就芝加哥来说，社会上有一系列我称之为"育人的补偿机制"。刚才，上面讲的两个例子，一个是芝加哥南部地区的例子，一个是芝加哥北部地区的例子，让我深入思考的是环境育人问题，包括家庭环境育人的重要性。就社会层面来看，美国是一个高度发达的社会，它有各种社会提供的"补偿"，也就是通过其他的方式来助力育人的环境。我想讲几个印象深刻的事情。

其一是芝加哥有很多各种类型的博物馆。我工作的时候，相当多的博物馆都是免费的，其中有一个工业和技术博物馆，展示了大量的工业和科技的成果，给我留下了印象的深刻，我们当时经常去。还有其他的博物馆、艺术馆等。例如，参观艺术博物馆时，常常可以看到很多孩子围着一幅画，老师或者艺术馆的专业人员在画前进行教学。

其二是图书馆系统高度发达。"9·11"后办理图书馆证件的管理办法变得更加严格，我是在"9·11"前办借书证的，当时我拿着一封信的信封，就是那种普通的邮件（别人寄给我的信），用信封上面的地址，就近在一个芝加哥图书馆分馆办了借书证。书可以借回家，好像限量七本，如果这个分馆没有，图书管理员会帮你在芝加哥的其他图书馆，乃至全国的图书系统中去借调图书。一次我在图书馆阅览时，还碰到一位"无家可归者"。聊天后得知，他把这个图书馆当作他每天读报刊和学习的场所，还利用图书馆良好的洗漱条件每天清洁自己。

其三是社区学院系统。我的居住地附近有个社区学院系统分部，提供各种免费的教学项目。因负责改造教育组办公楼工程，我注意到这个教学点正好晚上开一门 7 学时（7 次）的课"如何建造你家的房子？（How to build your house? ）"。我就报名进行了学习。报名程序很简单，老师很客气，上课的学生十多个，都是中年以上的（其中有个 70 多岁的），为建造或改造自己的房子来学习。课程内容覆盖了从审批的法律规定、建筑规范及程序，到如何找建筑师、如何与工程方签合同，再到基本的管理知识和如何规避风险等。我确实从这门课上学到了很多。

所以说，系统性的"补偿"机制很多。此外，我也认真地考察过芝加哥的教堂如何提供教育。南部地区黑人多，各式各样的教堂、社会非营利组织也多。可以说，确实有严重的社会环境问题，大家都知道是大问题，而同时也有一些"补偿"办法。上面是美国教育环境的另一个面，能否从根本上解决美国面临的教育问题，需要做深入研究。今后，我愿意与大家一起进一步讨论这个问题。

第四，就是育人环境的"包容性"与"全纳性"。芝加哥市有各种中小学，有的被称为"磁性学校"（magnet school），就是除了学校所在片区的学生外，其他地区的学生也可以到这里来上学；另外还有"教会学校"或"私立学校"，有的是公办学校等。那么，看了一些学校后，我印象特别深刻的有以下这些例子。

例如，我们教育组旁边的一个学校，我认真去观察了，属于无论是硬件条件还是教师配备都比较好的，学校是"全纳的"，就是残疾的孩子和非残疾的孩子在同一所学校一起学习。早上，家长或者别的孩子推着坐轮椅的学生到学校里上学，坐轮椅的学生可以得到必要的陪伴，并有一整套管理办法；上一些课程时，由正常的学生推着这些残障的学生到教室里上课。校长告诉我说，在这样的环境中能培养学生的"同理心"与"共情力"。我想这样一种包容性、融入性的教育，对从小培养孩子对人对事的认识是重要的。

再如，每到一个学校参观，留下深刻印象的还有体育设施和对美育的重视，校园里都有很好的体育教育的场所和美育教育的条件，包括学校建筑的设计等方面，都有细致的考虑。我们当时为做好芝加哥教育组办公楼的改造工程项目，还专门去查看学校设计规范，有非常完整的文件资料，对学校怎么设计、如何要求，都有明确的规范和标准。

还有个例子，有一所被称为"精英教育"的学校，很遗憾我在工作期间没能有机会参访。据说这是个公办学校，但实行选拔制和淘汰制，不仅选学生而且选家长，有一套甄别"有天赋儿童"（talented kid）的办法，每年招生人数有限制。对这个学校，有许多反对声音，因为公办学校用的是纳税人的钱，反对者认为这样的学校是教育不公平的表现。但是，每次伊利诺伊州议会、芝加哥市教育管理部门讨论时，都以多种理由予以保留。很遗憾当时没能参访，希望以后有机会能深入调研这个学校，当然希望它届时还能够存在。这个关于"天才"教育的问题很值得关注。

我想以上这些与"育人"密切相关的例子，能引起我们不少思考。我们对美国"大教育"的一些经验可以进一步深入调研，哪些可以借鉴，哪些需要防范等，都要有清醒的认识，从而能更好地完善我们的育人环境建设工作。这是我想讲的第二方面的内容。

我汇报的第三方面想法是，面对人类文明的转型，我们的教育是否准备好了？

教育是面向未来的，我们培养的这个人，他（她）是要在未来发挥作用的。他（她）能不能成为未来社会的中坚力量、骨干力量，能否成为我们社会主义事业的建设者和接班人，这是我们教育工作者必须面对和思考的问题。

未来是什么样子的？现在有很多的讨论说未来的教育我们要创新。创新什么？习近平总书记讲"人类文明新形态"。我的学习体会是，主要还是要对未来世界的"场景"进行深入的思考。我认为，未来年轻人要生活的场景至少会发生两大方面的变化，也可以说是现在的文明形态正向两种文明快速转型：一种文明，是我们讲的"生态文明"，也就是与人类要可持续发展、地球要可持续发展的理念相一致，并且比西方话语体系中的"可持续"还更具有引领性。我们必须高度关注人和自然的关系，生态文明是政治、经济、文化、社会、生态五位一体的。第二种文明的场景可以被称为"数字文明"，现在我们生活在信息化、数字化、互联化迅猛发展的时代，发展速度超出我们的想象。现在这一代孩子们从小就生活在这样一个场景下，也是在这样的场景中成长起来的，他们是原住民。那么有新文明，就要有新人类，新人类要求有新教育。

我们的教育能够适应吗？准备好了吗？是否可以说，我们现在是腿已经迈进这个新文明了，但是我们的脑袋还没有进去，或者说没有完全进去？新人类是不是已经培养好了？培养新人类的"工具"是不是新的？我认为，这些远远还没有结合实际认真讨论和研究，这是我们教育工作者的重大责任。我们应当要把这样一个培养人的责任牢牢记在心上，并勇于扛在肩上。换句话说，新的文明——生态文明也好，数字文明也好——需要我们的教育能够培养出真正能适应这样的新文明，并且能在这样的新文明里起建设性、引领性作用的人，而不是培养出在这个文明里起破坏作用的人。我觉得无论是中国，还是美国，或者其他国家，都要认真考虑这个人类面临的新任务。我们现在还没有真正做好迎接这样的挑战的准备。

在汇报了以上三方面的体会后，我还想讲一点，就是结合今天的"教育参赞谈国际教育"的题目，我特别希望我们重视在中外交流中的语言沟通问题。现在我在和外国朋友交流我们的"五育并举"时，我感到，要把"五育"（德智体美劳）这几个字翻译好，讲好中国故事，让外国朋友真正理解，并能与我们深入沟通讨论，可能还要再花一些功夫。本次论坛在外语教学的顶级重镇北外举办，又是和北外的国际教育学院、外语教学与研究出版社一起来合办，我认为，在这方面还可以进一步做好中外话语体系的对接、中外话语体系的交流、中外故事的互讲，真正使我们不仅能够很好地借鉴世界各国的优良经验、重视存在的问题，同时也能真正传播好中国的故事，把我们国家社会主义现代化事业建设和发展得更好。

（本文为江波先生的大会发言，经本人审定）

作者简介

江　波：　哲学博士（教育学），教授；全国职业教育外语类专业教学指导委员会主任；中国成人教育协会副会长兼学术委员会主任；欧美同学会理事、法比分会副会长；中国教育发展战略学会学术委员会委员；同济大学国家现代化研究院联席院长、教育现代化研究中心副理事长；中国教育国际交流协会原秘书长；同济大学原党委常委、副校长；曾任中国驻芝加哥总领馆教育参赞。

培养高素质、复合型、具有中国情怀和国际视野的国际化人才

衡孝军

感谢中国教育学会国际教育分会的邀请，提供这个面向全社会的交流平台，使大家能够分享各自的想法。刚才听了教育外事同行们的发言很受启发，大家从不同角度探索国际化人才的培养问题，有外交一线大使、教育部司局长、教育厅厅长，还有教育工作者、教育管理者、教师和校长来参加这个分论坛，这是一次非常好的交流机会。我想借此机会谈三点，题目就是"培养高素质、复合型、具有中国情怀和国际视野的国际化人才"。

国家对国际化人才有很高的要求，首先是高素质，包括政治素质、业务素质、品德素质；复合型，无论是通才或是专才，都应具备多种能力，包括沟通能力、协调能力、组织能力、谈判能力、跨文化交流能力、外语表达能力等等；要具有中国情怀，爱党、爱国、爱人民，为国家振兴和民族复兴作贡献；同时要具有国际视野，了解国际知识和国际规则，对外开展工作才能进行有效交流。所以国际化人才的培养是个系统工程，需要多方协调培养，国家要重视，政府有措施，学校机构包括高等教育、基础教育、职业教育都来做自己的培养方案，还可能涉及到企业、社会的关注。具体来说，第一点想简要谈谈为什么现在我们这么重视国际化人才的培养；第二点谈谈我们国家国际化人才的数量和储备状况以及竞争力和胜任力如何；第三点谈谈我们怎么培养国际化人才，路径是什么。当然，政府有政府的路径，学校有学校的路径，企业有企业的路径，不同层次、不同类型学校的培养路径也各不相同、各具特色。

第一点是为什么我们现在这么高度重视国际化人才的培养。过去近四十年来，我一直从事外交外事、国际教育交流和国际化人才的培养，根

据我的经历和感觉，宏观上说，国家经济社会和对外交往的发展阶段，给我们提出了一个客观要求。经过四十多年的改革开放，国家的经济社会发展取得了举世瞩目的成就，综合国力大为增强，国内生产总值稳居世界第二，同时我国在国际事务中的影响力越来越大，已经站到了世界舞台的中央。从国内来说，党的"两个一百年"奋斗目标，第一个"百年目标"已经实现了，再经过将近三十年的奋斗，到本世纪中叶，把我们国家建设成为一个现代化的社会主义强国，实现中华民族的伟大复兴。我们现在的高中生在未来二三十年发展中正是年富力强的时候，所以培养国际化人才必须要从现在着手，从高中阶段开始，不然就满足不了国家经济社会发展的需要。另一方面就是对外交往的需要。党的十九大提出了"两个构建"，即构建新型国际关系、构建人类命运共同体，要积极建设"一带一路"，积极参与国际治理。国际治理很重要，如果在国际规则的制订和修订方面没有发言权，就只能跟着人家走；国际话语权在谁的手里也很重要，我们必须提升话语权，对外讲好中国故事，讲好中国人民的故事，讲好中国共产党的故事，维护国家利益。随着我国对外开放的深入，我们坚持"走出去"战略，根据疫情前的统计，每年有一亿多人走出国门。由此可见，无论是经济社会发展还是对外交往，我国都需要大量的国际化人才。

如果从区域经济发展来看，我们地处首都北京，北京提出了建成"四个中心"，即政治中心、文化中心、国际交往中心和科技创新中心，其中国际交往中心与国际化人才培养之间的关系就非常密切了。前不久大家可能注意到了，联合国教科文组织在上海设立了教师教育中心，这是一个落户在上海的国际组织。但是总体来说，国际组织的总部落户在我们国家是不多的，应该不超过十个，多数是区域性国际组织——例如上海合作组织秘书处设在北京。在世界范围内，影响力比较重要的国际组织总部在我们国家很少，但是我坚信，随着我们国家经济社会快速发展，随着中国越来越走近世界舞台的中央，今后越来越多的国际组织总部会落户在中国。所以从宏观上来讲，无论是对内经济社会发展，还是对外交往，我们都迫切需要培养大量德才兼备的国际化人才，大家现在都高度重视这方面人才培养的问题。

第二点是现在我们国际化人才的数量和储备还不足，即在国际人才发展、国际知识技能以及国际人才的竞争力和胜任力方面的总体水平还不够，还满足不了国家的现实需求，这就是我们要改进和提高的地方。这些可以从以下三个方面看出。

第一个方面，今年（2021 年）7 月初，外交部发言人在例行记者招待会上回答记者的提问，有这样一句表述：现在中国籍公民在联合国秘书处中只有 548 人，只占总人数的 1.5%。这个数量是很少的，我们有超过 14 亿人口，而且我国是联合国安理会常任理事国，每年缴的联合国会费位居第二，仅次于美国。我们在联合国系统中担任领导职务的人也不多，只有 19 人。当然近年来，随着我国国际影响力的扩大，不断有中国公民在国际组织中担任主要领导职务，例如在罗马的国际粮农组织总干事是中国公民，在蒙特利尔的国际民航组织秘书长是中国公民，以前世界卫生组织、国际刑警组织、国际展览局主席都曾是中国公民，这些都说明我们的影响力在不断地扩大，但是总体来看数量还不多。

第二个方面，现在外交给人们的感觉不像以前那么神秘了，外交的领域和方式发生了很大变化，外交的概念也扩展了。除了双边的政治外交，还有经济外交、文化外交、人文外交、科技外交、军事外交、公共外交，具体来说还有体育外交，当年还有"乒乓外交"。除了元首外交、首脑外交、官方外交，现在还有半官方外交、民间外交、全民外交，公民关注国家外交，对外交的兴趣表现越来越明显，可以说外交不像以前那么神秘了。但是我们从事对外工作的人员还是比较少，在联合国安理会五个常任理事国中我们的工作人员是最少的，大家感兴趣的话可以在网上查到相关统计数据。我觉得应该逐步增加人员编制，满足国家对外交往的需要，逐步达到联合国安理会常任理事国的平均数这一水平。

第三个方面，就是我们国际化人才在竞争力和胜任力方面有很大提升空间。多边主义是世界发展的潮流，现在我们倡导多边主义，重视多边外交，坚持相互尊重、合作共赢、公平正义，在国际多边舞台上提升中国的影响力，例如参与制定和修改国际规则、提升国际话语权。但是我感觉到，我们在国际组织工作人才的竞争力和胜任力还不够。过去一段时间以来，我参与了国家有关部委的国际组织后备人才的培训，涉及到在国际刑警组织、世界知识产权组织、国际电信联盟、世界卫生组织等国际组织开展工作。目前看国际组织后备人才的培训出现了一个高潮，总体来说培训内容集中在四大领域：第一是外语水平，到国际组织工作至少要会一种外语，如果到加拿大工作会英语和法语就更好了，因为这是一个双语国家。第二是国际知识，既包括专业领域知识，还包括国际事务通识教育，例如联合国维和行动、防止大规模杀伤性武器扩散、中东和平进程、气候变化与全球变暖、消除贫困和性别歧视，这都是经常谈起的国际话题。我们需要专才，但也需要通才，国际化人才不仅要做专才，还要做通才，包括对体育、音乐等各方面知识的了解。例如，到巴西工作不了解足球不行，到奥地利工作不了解音乐也不行。第三是综合能力，在多边舞台上要解决问题，必须具备一定的沟通能力、协调能力、组织能力、交流能力、谈判能力、礼宾能力、外语表达能力、跨文化交流能力等等，这些都是在国际多边组织工作所需要的综合能力，这些能力如果不足就难以跟人家合作。第四是担当意识，在国际组织工作不仅仅需要开展多边业务交流与合作，还要维护国家核心利益，面对国家主权、领土完整等涉及到国家核心利益的内容，要具有坚定的政治立场和斗争意识，坚决维护国家利益。总之，通过外语水平、国际知识、综合能力、担当意识等方面的培训，可以有效提高国际化人才的竞争力和胜任力。

第三点是如何培养国际化人才，路径是什么。这个方面仁者见仁、智者见智，路径不可能只是一种，方法也是多种多样的。这应该是一个系统工程，国家要重视，政府有措施，学校有担当，社会、企业也都要有自己的想法。这里主要讲学校培养，讲基础教育高中阶段国际化人才的培养。我觉得现在国际化人才的培养不应该从大学才开始，应该前置到基础教育阶段，下移到高中阶段。例如，北京王府学校现在承担教育部基础教育课程教材发展中心的实验区项目：基于跨文化体验的"青年外交官"校本课程开发与实践。王府学校是经北京市教育主管部门批准设立的第一所中外合作办学国际学校，一直重视国际理解教育，办学目标是培养高素质、复合型、具有中国情怀和国际视野的国际化人才。在培养国际化人才方面特别重视以下四个方面：

首先，必须认真贯彻党和国家的教育方针政策。有两个文件很重要，第一个是去年 6 月，《教育部等八部门关于加快和扩大新时代教育对外开放的意见》正式印发，提出了四点要求：第一要破除机制体制障碍，加大中外合作办学改革力度；第二要加快国际化人才的培养，满足国家对经济社会发展和对外交往的需要；第三在教育对外开放中实现高质量内涵式发展；第四要为教育国际治理提供中国方案，贡献中国智慧。在疫情的高峰期，在中美关系陷入低谷的时候，很多家长对教育国际交流与合作包括出国留学产生疑虑，文件的颁布坚定了人们的信心，国际化人才培养道路要继续走下去。第二个就是去年 10 月，中共中央、国务院印发了《深化新时代教育评价改革总体方案》，提出以德为先、立德树人、五育并举，坚持"德智体美劳"全面发展。这两个政策文件是方向性的指导文件，作为教育工作者和管理者，必须要吃透其内容和精神。

其次，仅知道教育方针政策还不够，作为国际学校的管理者，还必须有先进的办学理念。我觉得有三个方面非常重要：第一是把中国传统文化教育同国际教育相结合，两个方面都应给予重视。国际学校的培养目标是国际化人才，他们高中毕业之后主要出国留学，留学目的国主要是英国、美国、加拿大、澳大利亚、新西兰等西方英语国家，学生的国际知识和国际视野通常比较宽阔，但是我们必须加强中国传统文化教育，培养的人才要植根于中国传统文化，将来为国家建设发展和民族复兴作出贡献。第二是处理好素质教育和应试教育的关系。应试教育当然不好，但不是说不要考试。高中毕业后在国内高考，录取还是要成绩的；学生到国外学习，还要外语标化成绩和学科成绩，没有成绩也录取不了，但是我们要找到平衡点，做到"德智体美劳"五育并举。第三是在教学中强调知识、能力、学科素养三位一体。举例来说，驾驶车辆的司机要知道交通规则这些基本知识，但是只会背诵交通规则而不会开车还不行，必须具备驾车的实际操作能力。但是具备知识和能力还不够，还必须有行车素养，要礼貌行车。如果前面是斑马线需要停车礼让行人，就应当礼让行人先通过，这就是素养。所以在学校教书育人的过程中，应当综合考虑到知识、能力与学科素养的关系，要全面发展。

第三，学校办学最重要的特征是课程体系，完整的课程体系至关重要。例如王府学校的国际课程很有特点，拥有美国的 AP 大学预科课程（2006年引进）、英国 A-level 课程（2003 年引进）、国际文凭组织 IB 课程（2018年引进）、加拿大 OSSD 课程等等，形成了完整的国际课程体系，经过多年的引进、吸收、消化，现在进入到创新阶段，正在承担教育部基础教育课程教材中心的课改项目：国际课程与国家课程的融合发展，为高中阶段课程改革探索中国方案。把国家课程和国际课程进行融合不是简单的"1+1=2"，不是"串联"，而是根据实践中的反复比较把各自优秀的部分有机地融合在一起，包括吸收他国深度学习与创新思维、实践教学与动手能力等先进的教育理念，实现"并联"。这样的课程融合项目完成了，能够在我们国家的国际学校中起到示范性作用。教学是学校的中心工作，教学质量是生命线，所以课程体系很重要，有了课程，有了师资，有了先进的教学理念和方法，就为创新型国际化人才培养奠定了扎实的基础。

最后，要凝练办学特色。学校的办学特色是经过多年的积淀逐步形成的。我上个世纪九十年代曾在驻外总领馆教育组工作，其间访问了美国俄亥俄州阿克伦大学。这所大学地处一座小城市，学校排名 200 名开外，不是那么有名，但是有一个高分子材料与工程专业，全美排名基本上是在最前列的。因为这个小镇是固特异轮胎的总部，把产、学、研结合在一块，教学、研究、生产相结合就产生了这个橡胶城，可以说是"山不在高，有仙则名。水不在深，有龙则灵"。我还去过很多中学，纽约市有五个行政区，曼哈顿区有一个知名公立中学斯蒂文森高中，布鲁克林区有布鲁克林技术高中，布朗克斯区有布朗克斯科学高中等等，各自有各自的特点。曼哈顿岛上还有一个德怀特私立中学，特别强调艺术和体育教育，学校各种体育设施、音乐工作室、画室应有尽有，给人留下深刻印象。国内的多名中学校长也去访问过，交流办学经验。

经过 25 年的办学实践，王府学校形成了鲜明的办学特色，根据人才培养目标设立了青年外交官校本课程，提供多语种外语教学，讲授国际理解知识，培养国际理解技能，开展国际理解教育，同时还举行一系列配套活动，包括模拟联合国、礼宾礼仪大赛、外语演讲比赛、世界知识大赛、跨文化交流活动等等，多方面培养学生的综合能力，包括外语表达能力、跨文化交流能力、组织能力、协调能力等等。这是综合素养的培养过程，是一个循序渐进的过程，对于学生以后走向国际舞台施展才华会有很大帮助。

（本文为衡孝军先生的大会发言，经本人审定）

作者简介

衡孝军： 北京王府学校校长，中国教育国际交流协会中外合作办学专业委员会副理事长，英语教授，北京市教学名师。获全国教育系统劳动模范称号和人民教师奖章，享受国务院特殊津贴。曾任中国驻纽约总领馆任教育领事，驻美国大使馆、驻加拿大大使馆公使衔参赞。

国际教育交流"走出去"助力软实力建设及人才培养

付吉军

　　我在中国驻外使馆常驻过 18 年，从事外交外事工作也有 30 多年，对国际教育交流可以说很有感受。在使馆的分工里，外交部派出的干部主要是主管政治方面的交往，虽然教育交流也是政治交往的一部分，工作中多少会了解一些，但不可能像主管教育交流工作的教育参赞那样对教育交流有更系统性的理论和实践研究，所以我今天只能借此机会谈点自己的感受。借此机会我先表个态，非常荣幸受聘为国际教育分会的学术委员，我愿尽可能努力为分会的工作作出力所能及的贡献。以下我想与大家分享一下今天倾听各位专家报告的几点感受。

　　第一点是国际教育交流的重要性。我觉得从大的方面看，国际教育交流可以说是实现"两个一百年"奋斗目标和推动人类命运共同体建设的需要；从小的方面看，也是培养更多国际教育与交流人才的现实需要。比如，随着中国越来越走到世界舞台的中央，我们对国际交流人才的需要也越来越多。我们国家的驻外使馆、领馆、使团和代表机构等已经从改革开放初期的几十个，发展到现在的 220 多个，总数已经超过美国，但我们的工作人员人数仍远远少于美国和其他大国。单从驻外使领馆的角度看，我们需要的国际交流人才数量就远远超过过去。过去我们曾经有过一个人的使馆，但随着驻外使领馆各种业务和对外交往重要性的增加，我们每一个使领馆除了要有大使和总领事外，都至少要配备一个担任首席馆员的政务参赞和副总领事及一定数量的工作人员。其中，驻大国的使领馆更是需要大量人手，它们都拥有主管不同业务的专业处室；其中驻美国使馆的规模最大、人数众多，至少有十几个处室，每个处室的人数可能都相当于一个中小使领馆的工作人员人数。

第二点是国际教育交流在软实力建设方面发挥着非常重要的作用。前面几位老师在报告里都谈到了，对外交流的一项重要任务是如何能将我们所要传播的信息让对方能够"听得见、听得懂、能接受和能认同"。可以说在这四个方面我们都还有不少差距。其中，"听得见"我们在多数发展中国家已经做到了，中国国际电视台（CGTN）、新华社、中央人民广播电台等的节目、新闻和我们出版的大量外宣书籍都已在发展中国家实现了落地，但在发达国家仍受到这样那样的限制。在"听得懂"方面，随着我们培养的大量外语和传播人才的水平不断提高，也许我们已经及格了，但仍需作出巨大努力。在"能接受"和"能认同"方面我们存在的差距可能更大。这些都对我们的国际教育交流工作提出了非常高的要求，反过来也说明我们有很大的潜力来挖掘，有很重要的角色可以扮演。

第三点是国际教育交流在人才培养方面的作用。我想强调的是需要加大人才引进的力度，可能大家都注意到了我们的一个痛点，就是我们培养的清华、北大的学生，我们培养的很多理工科学生，特别是"双一流"学校的学生，很多人都到国外去了。这当然是好事，我一直认为交流就要大出大进，大开大放，有出去的就有回来的。但我们不能只出不进，所以我觉得我们应该向引进更多高端国际人才这个方向努力。好在中央政府、不少省市和大学已经开始越来越重视这方面的工作了，我们还应该思想更开放一些，步子迈得更大一些。

最后，从长远角度看，我们还要像重视国内教育一样重视国际教育交流，让它像许多发达国家那样发展成为一个重要的服务性产业。大家都知道，我们的留学生每年给美国和其他西方国家支付了大量学费。据统计，美国大学每年从接收留学生中所获得的学费收入就超过500亿美元，这些学生还会通过生活和消费为美国经济作出更多贡献，他们为美国创造的就业机会就有几十万。所以我觉得我们将来也可以把国际教育交流作为一个服务性产业来看待和发展，不仅招收更多自费留学生，而且我们的大中小学也可以像西方国家的学校那样走出去办学。我们现在刚起步，比如厦门大学已在马来西亚建了分校，将来也可以继续推进在海外设立更多大学和中小学。

招收更多自费留学生到中国留学是否有市场和需要呢？从我个人的驻外工作实践看还是有的。这里仅举两个例子。一是马来西亚沙捞越州一家非常富有的华人企业集团，他们坚持把家族的既定接班人送到中国来读大学。按照他们家族的经济实力，他们完全可以把孩子送到英国的贵族学校或英美最好的私立大学去读书，但他们没有，而是坚持把孩子送到中国的大学学习。因为他们家族的财产在亚洲，从长远看，将来中国和其他亚洲国家的经济发展肯定会超越西方，将来孩子继承财产后肯定需要与中国做生意，所以送他到中国学习了解中国文化、结交更多中国人就可以使他为继承家族生意做好准备。第二个例子是我在担任驻利比里亚大使时认识的该国国务部的不管部长。他有两个孩子，一个孩子被送到美国学习，另一个孩子被送到中国学习。他说，将来美国很可能变成老二，中国有可能在经济上成为老大，我的两个孩子一个在美国学习过，一个在中国学习过，无论如何他们都会有不错的发展前景。

从以上几个方面看，可以说在国家建设、人才培养和我们经济发展的各个方面，国际教育交流可以发挥的作用都非常大。所以，我也很荣幸加入国际教育交流分会这个团队，希望能为这项非常有意义的工作贡献自己的绵薄之力。

（本文为付吉军先生的大会发言，经本人审定）

作者简介

付吉军： 曾任中国驻休斯敦领馆领事、驻坦桑尼亚联合共和国大使馆参赞、外交部外事管理司参赞、驻古晋（马来西亚）总领事等职；2018—2020 年任中华人民共和国驻利比里亚共和国特命全权大使。

第五部分

国际教育资讯述评——中外
国际教育发展的行业动态

2021 年全球教育政策十大事件

苑大勇　北京外国语大学国际教育学院

【摘要】2021 年意义非凡，"两个一百年"奋斗目标交汇，中国开启了全面建设社会主义现代化国家新征程，以国内大循环为主体、国内国际双循环相互促进的新发展格局正加快构建。这一年新冠疫情肆虐全球，国际局势错综复杂，时代需要中国在参与全球教育治理能力和水平上有新作为，为充满不确定性的国际局势注入稳定性，发挥教育在促进人类命运共同体建设中的基础性和可持续性作用。回顾 2021 年，疫情应对仍是全球教育核心议题，联合国教科文组织、经合组织、亚欧会议等国际组织召开重要会议、发布相关报告重构教育未来，推进可持续发展教育实践，多国教育国际化战略升级，第五届国际学习型城市大会等如期召开，这些重要的全球教育政策与重大事件，深刻影响着未来全球教育治理的格局。新年伊始，万象更新，北外国际教育学院、北外国际教育研究院、北外全球教育治理研究中心、中国教育学会国际教育分会联合发布 2021 年度全球教育政策十大事件。

一、各方面全力应对新冠肺炎疫情对教育的巨大挑战

2021 年，新冠肺炎疫情继续在世界范围内持续蔓延，各主要国际组织以及世界各国纷纷出台政策支持教育的恢复与重建。联合国（UN）发布《新冠疫情之下及之后的教育政策》提出重塑教育，加快教与学的积极变革，为建立更具前瞻性、包容性、灵活性和弹性的教育系统奠定基础。联合国教科文组织（UNESCO）建立全球教育联合平台（Global Education Coalition），通过多主体的合作解决教育重建过程中所需的支持与合作。经合组织发布《OECD 数字教育展望 2021》《OECD 技能展望 2021》《全球教

育现状：疫情 18 个月后反思》等报告，在系列报告中建议各国加强对教育重建的投资，着眼于未来教育新生态的建构。中国联合国教科文组织全国委员会发布《教育应对疫情参考手册》，为世界贡献中国的教育应对疫情经验。3 月，美国国会通过了《美国 2021 年救济计划法案》，总计提供了 1.9 万亿美元的联邦刺激资金，其中对教育的援助资金超过 1,700 亿美元，这也是美国联邦政府对学校的最大单笔投资，主要用于疫情中教育的恢复。

二、全面监测基础教育发展指标，以促进公平、提高质量

2021 年 12 月 10 日，联合国教科文组织《2021—2022 年全球教育监测报告》发布，报告主题为《教育领域的非国家行为体：谁能主动选择？谁将错失机会？》。报告敦促各国政府将所有机构、学生和教师视为教育系统的一部分，呼吁关注教育领域的非国家行为体。非国家行为体的作用不仅仅是提供学校教育，还包括在各个教育层次和影响领域进行干预。该报告指出，如果没有非国家行为体，另外 3.5 亿儿童的教育责任将落在国家身上。非国家行为体的参与影响到儿童使用的教科书、食堂的食物、儿童得到的额外支持、儿童学习的技能等等。由此，政策制定者面临的问题不仅仅是非国家行为体参与教育是否符合商定的质量标准，还包括非国家行为体如何帮助或阻碍确保教育公平和包容的努力。各国应利用非国家行为体可以作出的贡献，在不牺牲平等的情况下提供高质量的教育。《2030 年教育仁川宣言和行动框架》指出，《全球教育监测报告》的任务是"监测和报告可持续发展目标 4 以及其他可持续发展目标中的教育事宜的机制"，该系列报告成为增进世界各国教育交流的重要成果机制奠定基础。

三、联合国教科文组织发布《柏林可持续发展教育宣言》

2021 年 5 月 17 日至 19 日，联合国教科文组织策划的"ESD 2030"全球启动会议在柏林举行，会议通过了《柏林可持续发展教育宣言》（Berliner Erklärung zur Bildung für nachhaltige Entwicklung，以下简称《柏林宣言》）。

《柏林宣言》再次强调可持续发展教育（ESD）将构成实现可持续发展的基础。教育要对思维方式和世界观的积极转变作出决定性贡献，可以惠及经济、社会和环境可持续发展的各个方面，从而确保发展道路不仅追求经济增长目标。《柏林宣言》指出"可持续发展教育 2030"（ESD 2030）框架是未来十年实施可持续发展教育的行动指南。该宣言确保可持续发展教育是各级教育系统的基本要素，将环境和气候行动作为课程的核心组成部分；将可持续发展教育纳入教育和培训的所有领域，以便为所有公民提供终身教育的机会和在所有领域获得可持续发展的机会；努力确保可持续发展教育消除贫困，尤其是极端贫困，并为学习者提供与满足个人和社会要求相关的技能培训等承诺。《柏林宣言》不仅是德国教育可持续发展的承诺，也是推动全球可持续发展教育的实际践行。

四、联合国教科文组织召开 2021 全球教育高级别会议

2021 年 11 月 10 日，联合国教科文组织 2021 年全球教育高级别会议在法国巴黎召开。中国国家主席习近平特别代表、教育部部长怀进鹏以视频方式出席会议并讲话。来自 40 多个国家的国家元首和政府首脑以及教育部长通过了《巴黎宣言：向全球呼吁投资于未来的教育》，会议通过的《巴黎宣言》重申了国家对国内和国际教育投资的承诺并鼓励政策措施，以加快实现可持续发展目标 4，即 2030 年教育议程（优质教育）的进程，为教育的未来铺平道路。参与国在其中承诺依靠公共融资和公私合作来改善教育投资；同时呼吁增加对教育的国际援助，将实现官方发展援助占捐助国国民生产总值 0.7% 的目标作为优先事项。中国响应联合国教科文组织和法国发起的全球呼吁，在新冠危机之后增加对教育的投资。

五、联合国教科文组织发布《共同重新构想我们的未来：一种新的教育社会契约》报告

2021 年 11 月 10 日，联合国教科文组织面向全球发布报告《共同重

新构想我们的未来：一种新的教育社会契约》（Reimagining Our Futures Together: A New Social Contract for Education），探讨和展望面向未来乃至2050年的教育。该报告认为，世界疫情冲击、社会经济不平等、气候变化、生物多样性丧失、颠覆性技术的出现，给教育带来严峻挑战。教育作为解决世界不平等现象的重要支点，承载着人类美好期许，它需要回应"为何学、怎样学、学什么、哪儿学、何时学"这些问题，并对它们重新构建。报告强调，教育将我们与世界联系起来，为我们带来新的可能性，增强我们对话和行动的能力，但要塑造真正和平、公正和可持续的未来，教育本身亟须转型。该报告提出，教育可以视为一种社会契约，以此将人类联合起来，通过集体努力，提供所需的知识和创新，帮助我们继承优秀教育传统，革新教育教学方式，强调生态、跨文化和跨学科学习，支持学生获取和生产知识。同时，该报告强调培养学生批判性思维和应用知识的能力；重新构想学校，以推动世界更好地向更加公正、公平和可持续的未来转型；让人类享有和扩大终身教育，及其在不同文化和社会空间中受教育的机会。

六、亚欧会议发布《2030 年教育战略和行动计划》

2021 年 12 月 15 日，第 8 届亚欧教育部长高峰会议通过并发布了《2030 年亚欧教育战略和行动计划》，指导亚洲与欧洲各国的教育合作与发展。亚欧会议（Asia-Europe Meeting, ASEM）是亚洲与欧洲之间级别最高、规模最大的政府间论坛。为了回应全球挑战，尤其是新冠病毒给世界和全人类带来的挑战，亚欧各国密切合作，加强教育与文明的沟通，构建具有包容性和高质量的教育与培训体系，形成亚欧双向共融的多边合作伙伴关系。作为加强区域间教育合作的行动指南，该《计划》主要涵盖四个目标：平衡亚洲和欧洲之间的人员流动与交流；增进教育资历框架的互认；促进教育界与工商界的联系；增加终身学习，包括职业教育和技术教育的机会。

七、数字技术在教育领域的发展与元宇宙理念

2021年6月8日，经济合作与发展组织发布一份最新报告《数字教育展望2021：用AI、区块链和机器人推向前沿》，介绍已经应用于教育系统的人工智能（AI）或机器学习、机器人和区块链三种智能技术正如何改善课堂教学、教育机构以及教育系统的管理。8月18日，联合国教科文组织教育信息技术研究所（UNESCO IITE）与中国电子图书馆共同启动了"利用人工智能和数字技术进行教师能力建设：教师电子图书馆"项目。项目倡导在推进教育技术深入发展的同时，也要注重学习者权利的保护。11月11日，法国爱丽舍宫发布《行动呼吁：在数字环境中捍卫儿童权利》（Appel à l'action: défendre les droits de l'enfant dans l'environnement numérique），呼吁各国政府、在线服务提供商和相关组织在数字环境中共同捍卫儿童权利，使儿童能够独立安全地使用数字工具。呼吁合作伙伴共同开发儿童友好型数字工具，让儿童更好地了解数字环境，号召各国政府、在线服务提供商和相关组织建立跨部门伙伴关系，确保儿童免受网络威胁。2021年，元宇宙概念爆发，"元宇宙＋教育"也成为全球范围内的重要教育理念。在互联网大时代中，个人计算机互联网是1.0时代，移动互联网是2.0时代，而"元宇宙"将是互联网的3.0时代，面对依旧全球蔓延的新冠疫情，数字技术成为必然的解决路径。

八、多国出台教育国际化战略报告

受疫情影响，传统的留学输入国纷纷出台应对政策。2021年2月，英国发布报告《2021国际教育战略升级——支持复苏、驱动增长》，旨在有效推动英国国际教育从复苏转向可持续增长，确保2030年英国国际教育战略目标如期实现，巩固和扩大英国国际教育在全球的市场份额。英国政府提出实施更具针对性的发展战略，在重点领域采取进一步关键行动，包括加强国际学生来源市场的多元化，提升国际学生的留学体验，建立持久的全球伙伴关系，面向全球输出教师培训课程，支持教育出口和国际化增长等，

具体包括推出新的图灵计划（Turing Scheme），投入 1.1 亿英镑资助 2021—2022 学年的国际交流项目与相关活动，比如大学学习、中小学交流和毕业生的工作实习等。3 月，澳大利亚开启《国际教育战略 2021—2030》草案磋商进程，该进程重点关注复苏国际教育，扩大国际学生的来源国和来源地，确保多样化的国际学生群体，开发新的教育提供模式，鼓励教育机构转向大规模数字授课，加大对国际学生的支持，吸引更多国际学生就读职业教育领域等。

九、欧洲大学联盟发布《欧洲大学开放科学调查结果》

2021 年 12 月 16 日，欧洲大学联盟发布《从原则到实践：欧洲大学 2020—2021 年开放科学调查结果》，分析了开放科学在欧洲各大学的学术评估中的地位。积极支持大学向开放科学过渡。开放科学是科技事业的全球化运动，随着大数据时代的到来，以"自由、开放、合作、共享"为核心的开放科学理念与实践正冲击着传统科研范式与学术交流模式，并逐步影响社会领域。新冠肺炎疫情暴发以来，全球公共卫生事件也对开放获取、开放数据和软件平台资源等形成新需求。仅仅依靠单一团体、机构和国家的力量无法完全摆脱人类面临的复杂性、系统性和全球性的困境，而是亟须全球科学家形成共识，协同合作，共享数据。欧洲大学联盟积极支持欧洲大学向开放科学过渡，同时开发、实施并完善科研数据管理、数据共享体系以及欧洲开放科学云（EOSC），在大学与其他主要利益相关者之间建立前瞻性对话机制。这份调查报告涵盖 36 个欧洲国家，主要关注欧洲大学开放科学的发展水平，讨论了开放科学在机构战略优先事项中的作用及其实施情况，有助于为机构、研究人员、研究资助者和决策者提供向开放科学过渡的循证建议，构建以开放共享为核心的科学研究价值观。

十、建设学习型城市，推动全民终身学习

2021 年 10 月 27 日—30 日，由联合国教科文组织终身学习研究所与

韩国延寿市联合举办的第五届联合国教科文组织国际学习型城市大会召开，会议发布了《延寿宣言》。本次邀请了联合国教科文组织学习型城市网络229 个成员的教育专家和代表共同商讨"从紧急应对到迅速恢复：通过学习建设健康和恢复力强的城市"这一主题。2013 年，由联合国教科文组织、中华人民共和国教育部和北京市人民政府联合举办的首届国际学习型城市大会在北京召开，会议通过的《建设学习型城市北京宣言》和《学习型城市的主要特征》对世界范围内的学习型城市建设具有指导意义。此后，国际学习型城市大会每两年召开一次，在全球范围内国际大会已经成为联合国教科文组织推进终身学习的旗舰项目。学习型城市建设以终身学习理念为引领，是一项具有创新性的领域。与传统的学校教育不同，学习型城市建设的目标更加丰富，参与的主体也非常多元，通过开展国际学习型城市大会传播其对于学习型城市建设理念、建设原则、建设目标、建设维度及建设方案等，深化了城市参与全球教育治理的理念。

2021 年中国国际教育十大事件

苑大勇　北京外国语大学国际教育学院

【摘要】2021 年意义非凡，"两个一百年"奋斗目标交汇，中国开启了全面建设社会主义现代化国家新征程，以国内大循环为主体、国内国际双循环相互促进的新发展格局正加快构建。放眼全球，国际教育与交流面临疫情等多重挑战，联合国教科文组织发布《共同重新构想我们的未来》报告指出，需要建立团结与国际合作的未来教育才能应对。回顾 2021 年，中国的教育对外开放蓝图更加清晰、布局更宽广、助力更显著，构建人类命运共同体的目标与路径逐渐清晰。在这一年中，习近平总书记给北外老教授回信为国际教育人才培养目标提供根本遵循；金砖国家部长会议、中国与东盟教育交流周开幕、亚太地区教育创新文晖奖揭晓、国际人工智能与教育会议等活动展示了中国深度参与全球教育的图景；中国国际教育年会召开，描绘了教育对外开放高质量发展的实施路径；中国教育学会国际教育分会成立、《中华人民共和国民办教育促进法实施条例》施行，为国际教育提供了专业指导与法律遵循；海南设立陵水黎安国际教育创新试验区、广州市公布首批教育国际化窗口学校培育创建单位等，为国际教育发展树立了典范。总结过去，方能更好地面对未来。北外国际教育学院、北外国际教育研究院、北外全球教育治理研究中心、中国教育学会国际教育分会联合发布 2021 年中国国际教育十大事件。

一、习近平总书记给北外老教授亲切回信

2021 年 9 月 25 日，在北京外国语大学 80 周年校庆到来之际，中共中央总书记、国家主席、中央军委主席习近平给北外老教授们回信，向他们以及全校师生员工和校友致以诚挚的问候。习近平总书记指出，深化中外

交流，增进各国人民友谊，推动构建人类命运共同体，讲好中国故事，需要大批外语人才，外语院校大有可为。提高育人水平，努力培养更多有家国情怀、有全球视野、有专业本领的复合型人才，在推动中国更好走向世界，世界更好了解中国上作出新的贡献。这也为我国的国际教育的人才培养目标提供了根本遵循。

二、中国教育学会国际教育分会成立

2021年6月25日，中国教育学会国际教育分会成立大会暨"一带一路"国家文化教育大系首批新书发布会在北京外国语大学召开。中国教育学会名誉会长、国际教育分会顾问顾明远，北京外国语大学党委书记、国际教育分会理事长王定华，中国教育学会秘书长杨银付，教育部中外人文交流中心主任杜柯伟等200余位专家、学者莅临盛会，共同见证国际教育分会的成立，共商新时代中国国际教育的发展大计，共祝"一带一路"国家文化教育大系图书正式出版。中国教育学会国际教育分会将聚合国际教育研究，整合国际教育实践力量和资源，为服务和推动我国国际教育的高质量发展发挥重要作用。中国教育学会国际教育分会秘书处设在北京外国语大学。

三、第八届金砖国家部长会议举行

2021年7月6日，第八届金砖国家教育部长会议以视频方式召开。本届教育部长会议由印度教育部主办，中国、巴西、俄罗斯、南非等金砖国家教育部门代表出席。教育部副部长田学军出席会议，分享了疫情期间我国实施"停课不停学"，利用数字技术保障包容和公平的优质教育的有益经验，介绍了疫情后促进数字技术与教育教学深度融合的重点举措，支持金砖国家开展科研学术合作，并提出了具体倡议。田学军表示在今后一个阶段，中国将系统总结疫情期间大规模在线教育的经验，并与金砖国家在"互联网＋教育"、教育基础设施建设、师生信息素养培养、在线课程质量提升等方面加强合作。与会各国代表表达了推动优质教育发展、加强科研与学术合作交流的共同愿望。会议通过了《第八届金砖国家教育部长宣言》。2022 年 1 月 1 日，中国接棒印度担任金砖国家轮值主席国。

四、《中华人民共和国民办教育促进法实施条例》施行

2021 年 9 月 1 日起《中华人民共和国民办教育促进法实施条例》（以下简称《条例》）施行。《条例》明确，实施义务教育的公办学校不得举办或者参与举办民办学校，也不得转为民办学校；其他公办学校不得举办或者参与举办营利性民办学校；公办学校举办或者参与举办民办学校，不得利用国家财政性经费，不得影响公办学校教学活动，不得仅以品牌输出方式参与办学，并应当经其主管部门批准；公办学校举办或者参与举办非营利性民办学校，不得以管理费等方式取得或者变相取得办学收益。当前，中国的国际化特色学校相当一部分都属于民办学校性质，《条例》的出台必将进一步规范国际化特色学校的办学行为。

五、中国加强与东盟的国际教育合作

2021 年 9 月 24 日，中华人民共和国教育部党组书记、部长怀进鹏出席2021 中国-东盟教育交流周开幕式并作视频致辞。怀进鹏谈到，2021 年事逢中国-东盟建立对话关系 30 周年，中国和东盟坚持各领域交流蓬勃发展，为地区人民带来福祉。在这一进程中，中国-东盟教育交流周应运而生，并已经成为中国-东盟在教育领域互联互通、互学互鉴的重要机制化平台，促进了双方在师生双向流动、人才联合培养、青少年友好交流、智库联合科研等方面的务实合作，为深化中国-东盟战略伙伴关系作出了积极贡献。中国已与东盟全体成员签署了《双边教育交流合作协议》，与五个国家签署了《双边高等教育学历学位互利协议》，构建中国-东盟学历学位互认框架，打造中国-东盟教育合作体系，为疫情后人员恢复往来做好准备，为区域内学者未来畅通流动奠定基础。

六、海南大力建设陵水黎安国际教育创新试验区

2021 年 10 月 11 日，海南陵水黎安国际教育创新试验区（下文简称"试验区"）正式开学，标志着国际教育创新岛建设取得重大阶段性成果。目前，已有 20 所中外高校与海南省签约计划进驻试验区，包括北京大学、东南大学、南开大学、电子科技大学、中国传媒大学、北京体育大学等"双一流"建设高校，以及加拿大阿尔伯塔大学、英国格拉斯哥大学、英国考文垂大学等国际知名高校。作为海南自贸港建设的 11 个重点园区之一，海南采取超常规举措推进试验区建设，在教育现代化区域创新试验上接续发力。

七、第二十二届中国国际教育年会召开

2021 年 10 月 21—24 日，第二十二届中国国际教育年会在京举办。2021 中国国际教育研讨会全体大会在京召开。在世界经历百年未有之大变局、教育国际交流因疫情受阻之际，年会围绕国家战略，回应全球关切，聚焦主题"育新机，开新局，建设开放的高质量教育体系"，围绕各级各类教育国际交流开展 80 余场活动，分析研判新征程中教育对外开放高质量发展的实施路径，擘画全球教育合作新蓝图。中国教育部部长怀进鹏出席并讲话，中国教育国际交流协会会长刘利民主持大会开幕式。

八、第十一届亚太地区教育创新文晖奖揭晓

2021 年 10 月 23 日，由我国和联合国教科文组织合作设立的亚太地区教育创新文晖奖第十一届颁奖仪式以线上线下相结合的方式在北京外国语大学举行。来自马尔代夫和尼泊尔的项目获得文晖奖，哈萨克斯坦、马来西亚和澳大利亚的项目获得荣誉奖。本届文晖奖主题为"应对流行病和其他紧急情况的教育创新"。马尔代夫的"疫情期间不停学：国家电视频道视频课程"项目，尼泊尔的"加强科学教育，抗击新冠疫情"项目获得文晖

奖；哈萨克斯坦的"抗疫英雄，您的孩子我们教"项目、马来西亚的"'疫情中的一代人'之声"项目，以及来自澳大利亚的"STEM教育服务创新"项目获得荣誉奖。

九、2021 国际人工智能与教育会议举行

2021年12月7日，由中华人民共和国教育部、中国联合国教科文组织全国委员会与联合国教科文组织共同主办的2021国际人工智能与教育会议以线上方式举行。本次会议主题为"确保人工智能服务共同利益促进教育变革"。联合国教科文组织大会主席穆朗、教育助理总干事贾尼尼在线致辞。包括塞尔维亚第一副总理，斯里兰卡、科特迪瓦等15国部长、副部长在内的近50个国家的代表以及国际机构代表、专家学者和私营部门代表在线出席会议。中国教育部部长怀进鹏出席会议并讲话。

十、广州市公布首批教育国际化窗口学校培育创建单位

2021年12月，广州市教育局公布了广州市首批教育国际化窗口学校培育创建单位名单，共有20所学校（包括19所中小学校、1所中职学校）入选。创建教育国际化窗口学校，是广州市贯彻落实《教育部等八部门关于加快和扩大新时代教育对外开放的意见》，规范和引领全市中小学校加快推进教育对外开放工作，进一步提升学校教育国际化发展水平和质量，培养德智体美劳全面发展且具有国际视野的新时代青少年的一项重要举措，也是《广州市教育事业发展"十四五"规划》和《广州市教育对外开放"十四五"规划》重点工程之一。2021年至2023年，依据教育国际化窗口学校创建指标体系，广州每年确定15至20所学校为建设单位，至2025年，广州市拟培育和创建不少于50所市级教育国际化窗口学校。

2021 年国际教育热点综述与分析

熊恩顺　李　月　北京外国语大学国际教育研究院

【摘要】教育决定着人类的今天，也决定着人类的未来。千年来世界大国崛起的历史表明，人类的进步、国家的强大，必须植根于教育的兴盛。疫情的全球蔓延给国际教育带来了前所未有的挑战，打乱了国内外教育的常态，但也提供了新的机会。新冠疫情暴发以来，国际局势更加错综复杂，各国家之间的教育交流活动也受到了较大影响，美国、英国、澳大利亚、新西兰等发达国家的留学形势仍不稳定。为适应全球化发展，疫情下的国际化人才的培养面临诸多困难，对国际化人才提出了更多要求，国际教育也需要注入新鲜血液和新的活力。于是，各国纷纷制定并出台相关教育政策，采取了多项行动，并颁布了一些有益举措，使国际教育在危机中育新机、于变局中开新局。各国教育政策内容表现出了凸显政府教育治理主体责任，为国际教育政策有力实施提供全面的保障机制，以及重大疫情下仍坚持促进教育国际化有序发展等特点。疫情危机下，各国教育发展及其政策回应也引发了对教育治理体系、远程在线教育能力以及教师专业发展等问题的相关思考。

一、从"新民促法"实施，看国际教育发展新契机

时隔民促法新法颁布近五年、送审稿发布近三年，新修订的《民办教育促进法实施条例》（以下简称《条例》）于 2021 年 5 月 14 日在中国政府网正式公布，于 2021 年 9 月 1 日起施行。作为"十四五"开局之年颁布的第一部教育法规，该《条例》开启了后民促法时代，使民办教育未来的发展方向，有了更明确的指导，意义重大。该《条例》有哪些重要变化？具体还会给民办教育领域带来哪些重要影响？

　　《条例》一共 68 条，其中涉及义务教育的有 11 条。该《条例》对政府、公办学校参与办学的行为，进行了明令禁止。要求地方政府不得利用国有企业、公办教育资源举办或参与举办实施义务教育的民办学校。公办学校不得仅以品牌输出方式参与办学，不得以管理费等方式取得或者变相取得办学收益。此外，对民办义务教育学校作出了禁止性规定、对民办学校办学行为作了限制性规定，着力引导民办学校提供差异化、多元化、特色化的教育供给，充分保障民办学校师生的同等权利，更加强调支持和规范并重。以下列举部分具体条款加以解释说明。

　　《条例》第五条：在中国境内设立的外商投资企业以及外方为实际控制人的社会组织不得举办、参与举办或者实际控制实施义务教育的民办学校；举办其他类型民办学校的，应当符合国家有关外商投资的规定。《条例》第十三条：任何社会组织和个人不得通过兼并收购、协议控制等方式控制实施义务教育的民办学校、实施学前教育的非营利性民办学校。相较于送审稿第十二条：实施集团化办学的，不得通过兼并收购、加盟连锁、协议控制等方式控制非营利性民办学校。这就要求举办控制非营利民办学校的不得取得办学收益，不得排除和限制竞争，对于营利性幼儿园、非营利性或营利性高中和高等教育机构均留有外商投资的空间。

　　《条例》第十五条提到，地方人民政府及其有关部门应当依法履行实施义务教育的职责。设立实施义务教育的民办学校，应当符合当地义务教育发展规划。这就要求义务教育类民办学校，在设立实施上需要符合当地义务教育发展规划。

　　《条例》第二十九条提到，实施义务教育的民办学校不得使用境外教材。实施学前教育的民办学校开展保育和教育活动，应当遵循儿童身心发展规律，设置、开发以游戏、活动为主要形式的课程。《条例》将以往条例中的"自行"改为"自主"，更加强调民办教育与公办教育在教育内容管理上的差异，鼓励民办学校开发具有特色的教育教学内容。民办义务教育学校课程要以国家课程标准为基础，开设多种多样的校本课程。自主开设的校本课程及教育教学活动需要达到有关课程标准，选用教材要依法审定，实施义务教育的民办学校不得使用境外教材，民办义务教育使用的教材应符合国家有关教材审批的相关规定。《条例》更加突出民办义务教育学校的主体性，在关键教材准入及使用方面加强了国家监管及审批。《条例》在规范民办义务教育教学内容方面，做到了张弛有度，既发挥了民办义务教育办学主体的能动性，也关注到规范民办教育的教学内容。

《条例》第四十五条提到，实施义务教育的民办学校不得与利益关联方进行交易。其他民办学校与利益关联方进行交易的，应当遵循公开、公平、公允的原则，合理定价、规范决策，不得损害国家利益、学校利益和师生权益。义务教育类民办学校的关联交易也被禁止。

《条例》第五十八条提到，县级人民政府根据本行政区域实施学前教育、义务教育或者其他公共教育服务的需要，可以与民办学校签订协议，以购买服务等方式，委托其承担相应教育任务。委托民办学校承担普惠性学前教育、义务教育或者其他公共教育任务的，应当根据当地相关教育阶段的委托协议，拨付相应的教育经费。这给义务教育类民办学校提供了更多元化的发展路径，在受托经营的前提下，开展直接面向学生的各类素质兴趣课程等服务。

《条例》对义务教育类民办学校也作了更详细的要求。义务教育类民办学校，其理事会、实施义务教育的民办学校理事会、董事会或者其他形式决策机构组成人员应当具有中华人民共和国国籍，且应当有审批机关委派的代表。

《条例》针对义务教育教学形势的变化和质量提升的需求，明确规定民办学校在借助互联网开展线上教育教学互动中，必须遵守国家关于互联网管理有关法律、行政法规的规定，而且要充分提高网络安全意识，自觉服从网络安全规定，尤其是对外籍教育教学人员采用互联网开展教育教学活动提出了针对性的管理要求。《条例》对民办义务教育学校在线教育教学活动进行了及时而富有针对性的规定，反映了"互联网＋教育"理念在我国民办义务教育教学中的重要指导作用。

《条例》详细规定了民办义务教育学校财务经费的来源及使用方面的要求，提出"三不得"原则。民办义务教育办学主体不得损害国家利益、学校利益和师生权益。需要指出的是，《条例》加强了对民办义务教育办学主体的财务监管制度建设，要求各级教育部门、人力资源社会保障部门及财政等有关部门最大限度发挥多方协同治理的优势，以提升民办义务教育财政治理能力和体系的现代化水平。

随着《条例》的正式颁布，很多问题都尘埃落定，但同时也将会产生不少新的问题。但可以肯定的是，《条例》正式稿的颁布对于各级教育行政主管部门、各民办学校、教育投资人和教育从业者都是一个新的挑战。作为民办教育工作者，应认真学习新施行的《条例》，深入思考在改革开放大背景下如何有所作为，端正办学定位，提高质量，办出特色。

二、疫情时代，多国视角下的国际教育政策盘点

自疫情以来，世界各国经济处于深度调整之中，各国的教育也在发生着深刻变革。随着全球一体化的趋势加强，各国的教育发展与经济社会之间的联系会更加紧密，作为社会的子系统，教育的一切活动都要适应社会的发展，为社会发展服务。面对疫情下的国际教育，各国不约而同地将目光聚集于教育，为了在世界格局中抢占先机，各国更是将危机作为全面审视教育、对教育进行彻底改革的新机遇。

中国教育部留学服务中心 2021 年 3 月 19 日发布正式通知，对疫情期间留学人员学历学位认证工作进行了补充说明。新冠疫情暴发以来，中心密切关注疫情对我国留学人员海外生活和学习带来的诸多不利影响，积极通过多种形式和渠道回应留学人员关切，并根据疫情形势及时调整学历学位认证的有关政策，最大限度地降低疫情对于广大留学人员正常学习秩序的不利影响，此举维护了广大留学人员的切身利益，受到留学人员的普遍欢迎。4 月 7 日，国家发改委发布《关于支持海南自由贸易港建设放宽市场准入若干特别措施的意见》。《意见》指出，鼓励国际知名高校在海南合作办学，招收"一带一路"国际学生。国务委员兼外交部长王毅在十三届全国人大四次会议上，宣布了三则事关留学生的消息：一是中国将推出"春苗行动"，积极协助和争取为海外同胞接种国产或外国疫苗；二是中国将推出国际旅行健康证明；三是中国将全面实现海外领事"云服务"。虽然

疫情对我国的国际教育带来很多的不确定性，但这些政策的颁布实施说明我国把危机视为新的机遇，对国际教育转"危"为"机"，应对新冠疫情的冲击打了一个漂亮的翻身仗，展示了卓越的能力、实力和负责任的大国风范。

美国教育部长米格尔·卡多纳（Miguel Cardona）在接受美国全国广播公司（NBC）专访时表示，随着疫苗接种工作的有序进行，预计在2021年秋季，全美100%的学校都将开放且恢复线下授课。美国教育界更是心急如焚，联合上书呼吁优先考虑国际学生的签证及工作许可申请，留学生可赴第三国家办理签证。2021年5月13日，美国国务院发布新通知，允许符合条件的来自中国等地的学生、访问学者等家属获得美国利益豁免（NIE）资格，无须在第三国进行14天隔离，即可直接赴美。此项政策对国内的留学生来说是一个利好政策，自疫情暴发以来，美国加大了对中国留学生的防控和监管。与此同时，由于新冠疫情在美国不断蔓延，美国已有上百所高校决定改为线上授课。部分美国高校措施更为严格，要求学生全部离校，甚至限期从学校宿舍中搬离。这些"逐客令"的发布引起了中国留学生的恐慌。7月26日，美国国务院和教育部发布联合声明《美国对国际教育的新承诺》（A Renewed U.S. Commitment to International Education），宣布将大力促进美国成为国际学生的留学目的地，并助力全球学术交流。这是20多年来美国政府首次发布这样的声明，对于美国国际教育具有里程碑式的意义。布林肯表示，"让美国继续成为国际学生的世界顶级留学目的地，这符合我们的国家利益。""继续培养充满活力的国际学生社区是外交政策的当务之急。"为此，美国采取多项行动重建国际教育，具体包括在本次声明中的以下几点：鼓励更多的国际学生和学者来美国。更多的美国人到外国学习和研究，努力多元化地参与国际教育；在国家从新冠疫情中恢复过来的过程中，重点关注国际教育；促进扩大获得国际教育的机会，包括在无法线下实地体验时使用在线教育技术；制定政策和程序，以促进国际学生的学习和工作实践，同时保护项目完整性和国家安全；明确传达国际学生的政策指导，建立"公平、高效和透明"的学生签证流程；利用现有的国际教育计划和资源来扩大入学机会；加强联邦政府、大学和私营部门之间的合作，从而维护联邦政府资助的知识产权和研究的完整性，并保护它们免受外国影响。中美旅行禁令也有望在8月取消。美国积极应对挑战，加强领导和决策，针对疫情带来的影响，制定面向未来的教育决策，以确保所有学生能够在秋季入学接受线下教育，争取在变化莫测的全球经济形势中占有一席之地。

英国公布了学生返校指南以及教育近期更新的春夏返校指南。2021年4月，英国政府发布了《国际教育战略》政策报告，指出将恢复提升英国国际教育，致力于实现两个关键目标，即2030年将英国教育出口总额扩大到每年350亿英镑和国际学生增加到每年60万人；要实现这些目标，需要确保教育出口总额的年均增长率提高4%，国际学生人数年均增长率约为2%。为此，政策报告提出了五大策略：一是设置国际教育工作重点，将优先关注印度、印度尼西亚、沙特阿拉伯和越南，重点关注巴西、墨西哥、巴基斯坦、欧洲和中国，英国政府将致力于在这些国家和地区增加教育出口机会。二是建立持久的全球伙伴关系。英国政府将与海外政府密切合作，重视与欧洲、印度太平洋地区、撒哈拉以南的非洲和中亚地区的联系。三是提升国际学生的体验。将通过提供从申请到毕业一系列的帮助以吸引更多的国际学生，包括完善国际学生申请程序、提高国际学生学术体验、关注国际学生的成绩和就业能力、确定可供选择的学生经费等，旨在给予留学生更大的灵活性，为国际学生的学习和发展未来职业提供更清晰的路径。四是制定"国际合格教师资格"（International Qualified Teacher Status，简称 IQTS）。英国政府与教师培训机构合作，设立了国际教师资格证书，将吸引更多国际学生到英国接受高质量的教师资格培训。五是英国在支持特殊需求和残疾（Special Educational Needs and Disabilities，简称 SEND）儿童方面拥有领先的专业知识、资源和经验，在 SEND 系统的转型和与 SEND 相关的教育技术方面具有特别的优势，报告建议支持英国特许专业机构、SEND 服务机构开展教育出口工作。2021年5月17日英国陆续恢复面对面线下授课，在国内上网课的学生可以陆陆续续抵达英国，尚未返回校园的学生，在学校建议返校日之前，可以继续参加线上的课程学习。英国移民部长凯文·福斯特表示，在签证层面强制要求国际学生9月抵达英国"不是一个适当的决定"。他在 2021 年 7 月 1 日确认了签证优惠延期的消息，对在英国学习的签证规则的优惠将延长至 2022 年 4 月 6 日，以备下次入学。同时，政府将鼓励学生将 4 月 6 日视为"截止日期，而不是到达目标"。这一消息意味着，如果健康和签证协议要求，新抵达的国际学生将能够开始远程学习，但毕业后仍有资格获得在英国工作的签证。7 月 1 日开放的"毕业生工作签证"面向所有成功完成本科或以上学位的学生开放。它为学生提供了在完成任何级别的高等教育后在英国工作或寻找工作的机会，而无须获得资助。获得该签证的留学生都能在毕业之后继续留在英国工作或找工作，本科和硕士毕业生可留两年，博士毕业生可留三年。毕业生工作签证路径的申请将采用全新的数字化申请流程，能全程在 UK Immigration：ID Check 这款手机应用程序上完成。这一方式为申请人提供了极大的便利，申请人将无须亲自前往英国签证及公民申请服务中心或重新提交生物识别信息。走"毕业生工作签证"的人将能够在英国灵活地工作、换新工作并发展自己的职业生涯。如果他们找到了符合条件的合适工作，可以随时申请转换到永久性工作签证。这是"毕业生工作签证"在 7 月 1 日正式开放申请后的又一重大留学生利好政策。2021 年 8 月 10 日，剑桥大学国际考评部向全球学校发布剑桥国际 2021 年度 6 月 AS 和 A-level 考试成绩，剑桥国际普通中等教育证书 IGCSE 于 8 月 12 日放榜。经过一年多的努力与调整，全球范围内的剑桥国际资质证书考试正陆续恢复常态，这得益于良好的疫情防控形势和积极举措。中国 2020—2021 学年总考量超过 12 万人次（不含港澳台地区），较疫情前一年同期涨幅达 27%。数学、物理、经济科目报考人数继续霸榜剑桥国际 AS 和 A-level 前三甲，高阶数学科目继大纲调整后持续升温，增长超一倍。传统热门科目之外，剑桥 IGCSE 计算机科学科目考量增长显著，涨幅达 58%。剑桥大学国际考评部东亚区总监赵静博士表示："疫情影响之下，中国学子出国留学目的地多元化趋势越发明显，英美双申、多国同申现象更加普遍。剑桥国际资质证书广受欧美顶尖高校认可，推动中国考量增长。面对疫情带来的负面影响，英国政府围绕'迎接新挑战，巩固面向所有留学生的教育'出台大量教育新举措，既抓住了机遇，又加快了构建世界一流教育体系的进程。"

澳大利亚作为世界第三大国际教育市场提供者，国际学生人数在过去十年翻了一番，中国学生目前约占其所有入学人数的三分之一，但2020年澳大利亚的国际学生入学率与上一年相比下降了7%，入学率的下降对该国的经济增长也产生了影响。澳大利亚教育部长艾伦·塔奇表示，澳大利亚国际教育商业模式的中断将迫使人们重新思考该国的国际教育战略。塔奇认为，旨在吸引海外学生到当地校园就读的澳大利亚目的地奖学金项目可以重新配置，该项目应定位在工程和信息技术等技能短缺领域，而不是管理和商务领域。澳大利亚利用疫情影响转危为安，重新启动新的国际教育战略，期望以教育带动经济发展，促进经济复苏。澳大利亚教育部曾发布《2025年国际教育国家战略》（National Strategy for International Education 2025），该战略全面阐述了澳大利亚当前国际教育的发展现状、战略目标、相关实施建议，其中主要提出了三大支柱、九大国际教育发展的具体目标。三大支柱分别为：加强基础，建立变革型伙伴关系，提高全球竞争力；九大目标为：建立世界一流的教育、培训和研究体系，提供最佳学生体验，提供有效的质量保障和监管体系，加强国内伙伴关系，加强海外伙伴关系，增强流动性，与校友建立持久联系，成为更加优秀的国际教育提供者，抓住发展国际教育的机遇。此外，该战略还对国际教育的发展提出了创新和团结协作的新要求，促使澳大利亚现有的国际教育系统更加完善，旨在加强澳大利亚的国际教育在招生、培训及学术研究领域的世界领先地位。2021年7月27日，据澳大利亚联邦内政部最新数据显示，截至2021年7月的12个月内，超过一半等待进入澳大利亚的学生签证持有者是中国学生，近14.3万名中国学生占澳大利亚海外学生总人数的30%，与前12个月相比保持稳定。因新冠疫情导致澳大利亚国境关闭，目前在澳境外的所有学生签证持有人中，超过56%的来自中国。澳大利亚国际教育协会首席执行官菲尔·霍尼伍德（Phil Honeywood）表示，中国学生对在海外线上学习接受得很快，"相比之下，我们的民间以及院校之间的联系，鼓励了中国学生坚持学习澳大利亚课程，良好的互联网接入、相近的时区以及获得澳大利亚一流大学学历也是积极因素。"霍尼伍德还称，中国学生继续流向澳大利亚院校也助于缓解两国关系。"今后，中国学生从我们的世界一流院校毕业所带来的软性外交利益，将远远超过我们的经济价值。"

新西兰教育部出台了《2018—2030年国际教育战略》用以进一步推进新西兰国际教育的发展。其内容主要提及了三大目标：一是提供优质的教育和学生体验，二是培养全球公民，三是促进教育可持续增长。从该政策的核心内容可以看出，新西兰政府更加注重国际教育的市场化发展，包含多元化的价值取向，完善教育国际化的发展目标，注重国际教育的多样化发展，极大地推进了新西兰教育国际化新发展，对新西兰国际教育的未来发展具有重要战略指导意义。

加拿大联邦政府在全球事务部的领导下出台了《立足成功：加拿大国际教育战略（2019—2024）》（Building on Success: Canada's International Education Strategy 2019—2024），提出"加拿大要通过成为21世纪国际教育的领导者来吸引顶尖人才，为本国公民做好迎接全球市场的准备，从而为国家的繁荣奠定基石。"此外，这份文件对加拿大国际教育的发展因素、发展目标、具体措施、存在的问题等进行了详细分析，对加拿大国际教育具有纲领性战略指导作用，是加拿大扩大经济影响力的重要战略纲要。

欧洲大学联合（EUA）年会2021年4月28日指出，学生出国留学等学生流动应该尽快完全恢复，其原因是远程的在线教育学习不能替代真实的教育环境的体验。新冠疫情打破了当前政治、经济、双边、多边的国际关系秩序，对国际教育的发展产生了重大影响。确实，新冠疫情阻碍了世界各国留学生的出国计划，大部分学生只能在家进行线上学习，留学生的学习生活被影响，学习效率和学习效果大打折扣，留学生和其背后的家庭被焦虑和不安所困扰。但网课毕竟代表不了真正的实地教学，它也存在一些弊端。例如，教师在线授课不能完全发挥自身能力、网络有卡顿的问题、在线学习的留学生的自律问题、在线上课时间无人监管、在线网课缺乏社交、时差问题等。居家学习处于相对封闭状态，学习变得枯燥无味，线上学习不能实地去体验、感受国外的风土人情，不能更深入地了解国外的实际学习环境。因此，这些问题对留学生们提出了更高的要求，自律、克服困难、建立批判性思维和终身学习的能力仍将是学生未来需要获得的基本素养。

全球教育伙伴关系组织2021年4月发布了《2025战略计划（2021—2025）》，该战略计划为全球教育伙伴关系组织参与全球教育治理明确了发展方向，主要倡导全球教育向包容、公平、兼具质量和效率的方向转变。该计划旨在进一步完善全球教育合作与融资平台，结合自身独特的全球教育合作伙伴关系、技术专长以及资金流动，为世界低收入国家的教育转型提供战略、资金、技术等多方面支持，并为每个孩子提供高质量的教育，动员伙伴国家之间的教育掉队的全球教育协作机制。作为全球专门致力于推动低收入国家教育发展的组织，全球教育伙伴关系组织出台《2025战略计划》，进一步明确后疫情时代的优先发展领域与目标，促进完善资金运作模式以及多方合作机制，将有助于其在全球教育治理中发挥更大作用。

21世纪以来，世界各国都在考虑本国未来国际竞争中的地位和影响。教育作为全球化发展的重要组成部分，是世界各国经济利益和政治利益的发展需要，是促进一个国家经济发展、建立友好合作关系、健全国际化人才培养制度的必要元素。6月1日，爱尔兰教育部提案将6,650万欧元投入数字化教育；6月10日，欧盟委员会主席冯德莱恩表示，欧盟承诺将在2021年至2027年期间为全球教育伙伴关系组织资助7亿欧元，帮助约90个国家和地区改善教育体系。对教育的财政投入一直在世界各国的经济预算中占有重要比例，一些发达西方国家大力发展国际教育有其自身的经济目的，只有大力投入资金、完善本国的国际教育环境，才能吸引更多国家的留学生。例如，日本在国际教育的投入也相对较高，日本政府为吸引国际留学生所投入的公共财政主要包括：一是加大国际教育预算支出，为留学生提供更加便利、舒适、完善的国际教育环境；二是较高的奖学金政策。其奖学金资助范围覆盖了从研究留学生、教员研修留学生、大学本科留学生、日语日本文化研修留学生、高等专门学校留学生到专修学校留学生六大类型，每人每年资助金额则从11.7万日元到14.8万日元不等。除文部科学省之外，日本外务省、日本国际协力机构（JICA）等外交部门也对部分外国学生提供奖学金，其中包括：年轻行政人员长期培养支援项目（JDS）、利用日元贷款资助赴日留学的政府开发援助（ODA）奖学金项目等。

从以上各国颁布的国际教育相关政策法规可以看出，国际教育仍是当今世界各国发展经济的重中之重。全球社会发展与国际教育相互关系变得广泛与深刻，国家已成为参与国际教育竞争有影响力的行动者。若国际教育要向前迈进，国家就必须充分了解教育的发展方向。国际学生流动则是国际教育战略竞争的中心，未来学生在全球范围的自由流动，就需要世界不同国家政府超越基于全球竞争论的学生流动意识形态，审慎地讨论新的全球化时代国家政策在促进学生国际流动中面临的新挑战，尽量满足留学生的留学体验与实地教学，加大对国际教育的资金投入，设立留学生奖学金制度，发挥留学生奖学金项目的政策导向作用。未来国际教育的发展也应更加注重国际间的交流与合作，深化数字应用技术教育改革，加强技能型人才培养，促进教育公平，提高教育质量；加强资源整合、集团化合作，加强国际人才的培养，促进国际学生双向流动；提高基础教育质量和水平，推动互联网及科技创新的教育变革，融入国际教育交流、对话和合作的平台，助力国际教育新发展。

疫情稳定后，国际教育的重要性和发展趋势仍不会改变，国际教育发展也不会被削弱。目前，国际上顶级的大学大多在西方国家，不少国家的教育体系确实存在很多优势，它们能提供高质量的本科及研究生教育，同时也为学生提供了个性化发展的机会。因此，无论从教育发展的大方向来看还是从个人发展来看，国际教育的道路仍然会充满光明的前景。

三、疫情影响下国际教育的未来发展

国际教育发展至今，围绕着国际教育的发展，教育界已提出诸多研究观点，例如终身教育理论、教育国际化、国际教育的合作与交流等。国际教育是我国教育发展的未来方向，更是世界各国教育发展的重要组成部分，国际教育是教育界研究的重点课题，其能否健康有序发展关乎着国家教育发展的进程。

突然暴发的新冠疫情给国际教育事业带来了严重的冲击与挑战，国际教育就是国际合作，各国教育都无法独善其身。自疫情暴发以来，全球有超过数亿人次的学生由于学校关闭被迫在家进行线上学习。新冠疫情的暴发将全球的教育由线下转至线上，这不仅触发了全球在线教育大战，更是对世界各国数字技术教育的极大考验。截至2020年5月9日，全世界177个国家超过12亿大中小学停课，约占世界学生总数的72.4%。突然大规模的开展线上教育，让各国教育措手不及的同时，也给各国的线上教育带来诸多挑战。对我国国内的留学生而言，网络和时差一直困扰着学生的学习效率。在进行线上教育的过程中，网络的不稳定性极大影响着学生的听课注意力和兴趣；对于留学欧美发达国家的学生来说，线上教育的时差问题往往影响着他们的精神状态和听课效果。在这些双重问题的压力下，催生出国内留学生家庭的担心和焦虑，教师在线授课不能完全发挥自身能力，接受线上教育的学生缺乏自律性，线上教育时间缺少监管，线上教育缺乏社交等问题影响着中国家庭是否继续坚持让孩子出国留学的意愿。新冠疫情对留学生们的个人生活形成了不小的冲击，疫情让留学生们的学业生活少了许多娱乐活动，生活的压抑与疫情的严峻形势考验着留学生应对生活的能力。

新冠疫情是一场没有硝烟的战争，世界各国的教育都被迫卷入其中，此时，团结和合作至为重要，世界各国联起手来，共同抗击疫情更显得尤为重要。疫情对世界各国的教育工作者提出更高的要求，线上远程教育打破了传统的教育时间和教育空间的界限，实现了国际教育的全球化和信息化，新技术的产生必然要求教师要转变传统的教育观念和教育方法，教师要坚持不断积极学习新技术，向数字技术教育教师进行转型，这给教育工作者带来了新的挑战。例如，教师们要掌握更加熟练的线上教育技术，授课的同时如何调动学生的积极性？线上线下教育如何更好地互动与互补？如何使线上教育达到和线下教育相同的效果？这些都需要完善的管理与规划，最终构建一个数字化、网络化、信息化的终身线上教育体系，实现"人人能学、时时能学"的教育状态。

因此，在全球疫情的影响下，若要恢复到原始的国际教育状态，需要很长的路要走。在全球疫情仍在蔓延的情况下，尽管疫情限制了国际人员的往来流动，但进一步推进教育国际化，扩大教育对外开放的需求仍然存在，要进一步提升我国的来华留学教育事业，要为更多来华留学人员提供更多的便利，扎实做好来华留学教育工作的同时，要建立健全来华留学生群体疫情防控制度，完善来华留学生群体疫情防控规范和标准，制定来华留学生防控工作规定，严把来华留学入学审核，提高来华留学生源质量。来华留学教育事业与国家整体命运息息相关，扎实做好来华留学生工作，对应对当前疫情和未来中国的留学事业起着重要积极作用。

疫情影响下的留学趋势呈国别分化减弱的态势，但不可否认的是，美国、英国等发达国家仍是主流。蔓延世界的新冠肺炎疫情给国际教育市场带来了众多无法预测的挑战，关注留学发展的家庭仍面临诸多困难。国际教育随着全球化的发展日益普及，对一个国家的发展有重要推动作用，因此应该从动态变化的多元角度关注国际教育的新发展。经济全球化的发展趋势不会改变，世界多极化的发展趋势不会改变，中国持续向好的发展趋势不会改变。美国仍是主流留学地点，美国对我国留学生的吸引力短期内不会改变，美国具有全球顶尖的科研实力，中国留学生到美国留学的主流趋势不会改变。

在疫情的影响下，国际教育面临改革，要从危机中发现机遇。当疫情结束后，要对疫情期间的教学情况和学生的学习情况进行及时有效的评估和总结，重新思考当下的教育形式的缺点和不足，积极拓展国际教育的灵活性和合作性，积极注入新的国际教育元素，展现国际教育更多的开放性、包容性、多样性和人文性。当下更为重要的是国际社会应团结协作，共同抗击疫情，在此基础上逐渐恢复国际教育，只有让每个国家、每个阶层、每个机构都真正地受惠于国际教育，教育的国际化才具有真正的历史意义。

作者简介

熊恩顺：　北京外国语大学国际教育研究院科研助理，云南大学教育学硕士。研究方向为比较教育学。

李　月：　北京外国语大学国际教育研究院科研助理，首都师范大学教育学硕士。研究方向为高等教育学。

后 记

当今世界，科技变革迅猛发展，社会变化不断加速，教育改革也随之深入。国际社会的发展依旧存在很多不稳定因素，新冠疫情依旧蔓延全球，局部战争不断，全球治理遇到瓶颈，全球发展的不确定性、复杂性和模糊性不断增加。在此背景下，中国的国际教育发展的理论研究、实践路径以及政策出台都面临诸多不确定性的挑战，中国的国际教育改革需要适应国内外新的发展形势，才能形成适应中国国情的政策理论和发展路径。

中国教育学会国际教育分会发挥专业学术团体的优势，汇聚国际教育领域的研究学者和实践工作者，针对当前中国国际教育的重要议题贡献智慧，编撰这本《中国国际教育：观察与研究 2022》，作为分会的年度研究报告，恰逢其时且十分必要。本报告围绕中国国际教育的核心议题，进行深入观察，分享案例，总结提炼，形成理论。报告主体内容分为五个部分：国际教育的理念升级、实践创新、专业发展、学术年会和资讯述评，这五个部分的内容相互映衬、互相支撑，反映了中国国际教育的现实状态，展示了当前学者们的理论思考，并分享了部分国际教育机构的典型案例，可以为中国的国际教育发展提供重要参考。

本报告的完成，是全体撰稿人集体智慧的结晶，他们分别是李劲红、朱竹、罗晓航、王亚菲、杨志娟、李梅、李莎、刘娜、曹天骄、刘春梅、冯云英、周庆、高志英、杨院生、顾彦、沈一芬、刘杨、孙艳、何光友、郭楚鑫、杨航、王雪婷、苗宇晨、徐墨、Adam Poole［英］、李东玉、杨柳津垭、石越、赵宇红、聂懿、刘全、唐虔、江波、衡孝军、付吉军、熊恩顺、李月（按书中出现次序），感谢各位作者辛勤付出。本报告在编撰出版过程中，得到了中国教育学会国际教育分会、外语教学与研究出版社、北外国际教育学院各位伙伴的支持，在此一并表示诚挚谢意。

本报告作为中国教育学会国际教育分会的年度研究成果，期待能给读者带来中国国际教育的新思考，激励各位国际教育同仁不忘初心、牢记使命、砥砺奋进，共同为中国国际教育的长远发展贡献智慧。由于编者水平所限，报告中可能会有疏漏与不足之处，敬请各位同仁批评指正。

中国教育学会国际教育分会副秘书长
苑大勇
2022 年 10 月 25 日